规模与质量双赢

文艺路第二小学集团化办学
品牌增值的实践探索

田冬————

著

辽宁人民出版社

ⓒ田冬 2021

图书在版编目（ＣＩＰ）数据

规模与质量双赢：文艺路第二小学集团化办学品牌增值的实践探索/田冬著． — 沈阳 ：辽宁人民出版社，2021.7

ISBN 978-7-205-10252-4

Ⅰ．①规… Ⅱ．①田… Ⅲ．①小学－办学经验－沈阳 Ⅳ．①G629.283.13

中国版本图书馆 CIP 数据核字 (2021) 第 156589 号

出版发行：辽宁人民出版社
　　　　　地址：沈阳市和平区十一纬路 25 号　邮编：110003
　　　　　电话：024-23284321（邮　购）　024-23284324（发行部）
　　　　　传真：024-23284191（发行部）　024-23284304（办公室）
　　　　　http://www.lnpph.com.cn
印　　刷：沈阳市昌达印刷有限公司
幅面尺寸：170mm×240mm
印　　张：19.75
插　　页：2
字　　数：330 千字
出版时间：2021 年 7 月第 1 版
印刷时间：2021 年 7 月第 1 次印刷
责任编辑：高　丹
封面设计：丁末末
版式设计：辽宁新华印务有限公司
责任校对：吴艳杰
书　　号：ISBN 978-7-205-10252-4

定　　价：58.00 元

田冬

TIAN DONG

　　1970 年生人，中共党员，辽宁省沈阳市沈河区文艺路第二小学教育集团总校长。先后获得"沈阳市教育专家""辽宁省语文特级教师""辽宁省劳动模范""辽宁省'百'层次人才""辽宁省首批专家型名校长""辽宁省首批推进素质教育拔尖人才""辽宁省华育十佳校长""全国优秀教师"等荣誉称号。十一年来，在区域教育均衡化发展背景下，他率先走上集团化办学实践之路，带领学校从一所单体优质学校成功转型为集团化品牌学校。集团现已形成"幼小联动、资源共享、特色发展"的"一校五部三园"的办学格局，师生总数达 11000 余人。在"兼济区域"的同时，他带领团队更是通过一拖四城乡共同体建设、跨多个区域委托办学、名校长工作室建设、全国影子校长及骨干教师培训基地建设等形式，让文艺二校品牌走出沈阳、走向全国，践行了办一所负责任的学校的办学理念，彰显了集团化办学强大的影响力与社会价值。他积极致力于教育集团现代治理范式的改革探索，《法治·分权·共治：教育集团现代治理范式的"破与立"》等多篇文章发表于中文核心期刊《中小学管理杂志》。集团化办学经验先后在《人民日报》《光明日报》《中国教育报》《人民教育》报道。《集团化办学的实践与思考》《责任教育》等专著先后出版。

序言（一）

  党的十八大以来，深化教育领域综合改革，让更多的人接受更好的教育，是办好人民满意教育的必由之路。集团化办学作为探索优质教育资源拓展、实现优质资源公平配置、推进教育优质均衡发展的一个重要策略，成为全国区域教育全面深化改革的热土，从区域推进到学校实践，都取得了明显成效。

  沈阳市沈河区依托沈阳市大学区建设的成果和区内丰富的优质学校资源，从2011年开始，启动实施"全员纳入""全面覆盖"的集团化办学策略，"以教育公平为诉求、以优质均衡为目标、以适合的教育为理念、以综合改革为手段"，通过政府主导、科研引领、集团带动、学校联动的运行方式，推进体制机制创新，充分发挥优质教育资源辐射引领作用，扩大优质教育资源覆盖面，促进沈河教育高质量发展。从实践效果来看，集团化办学快速有效地推动区域优质教育资源广覆盖，让更多的孩子在家门口就能享有优质教育。同时，我们也欣喜看到，集团化办学极大推进了集团学校管理体制机制改革和教育教学创新，增强了集团学校内在办学活力，促进了集团学校向现代化治理转型，实现了学校文化品牌升级。沈河区文艺二校教育集团就是在集团化办学过程中成功实现品牌增值和治理转型的典型样本。

集团化办学的一个重要价值追求是满足更多人对优质教育的更高需求。沈河区文艺二校教育集团历经整体兼并、多次重组、领建分校、对外托管等多种形式的集团办学探索，不断拓展单一学校边界，形成"一校五区三园四成员两托管"的集团化办学格局。集团学校服务学区由 2 个增至 11 个，服务学生由 2300 余人增至 8800 余人，将集团学校丰厚的责任教育文化辐射到更多学校和人群，努力承担优质教育资源的供给，为全区和全市的教育优质均衡发展做出了贡献，充分反映了集团学校对育人责任和社会责任的深刻理解，对集团化办学的准确把握。

集团化办学的一项重要任务是促进学校治理体系和治理能力现代化。集团化办学的最终目的是为了更好地育人，它理应成为五育并举、立德树人落地的新路径、新机制。文艺二校在破解集团化办学带来的种种问题和挑战的过程中，不断构建完善与集团发展相适应的新型管理范式。他们建章立制，重构管理，着力构建与集团化办学相匹配的学校制度体系、治理结构、运行方式以及创新发展模式，探索形成了"分权式"领导架构、"雁阵式"管理模式、"责任文化浸润式"队伍融合经验、"共治式家校联动""一强带四弱"等成功经验。在优质资源扩张过程中，始终坚持聚焦学生核心素养目标，凝心聚力推进课程教学、信息技术、育人项目、队伍建设等方面的改革创新，推动集团学校实现由外延发展向内涵发展转型，由自治方式向共治方式变革，实现了规模与质量的双赢。从中，我们可以看到田冬校长和领导团队的责任担当和教育智慧。

文艺二校集团化办学品牌增值的实践探索，是沈河区在学校层面对集团化办学理念与行动框架的重要改革探索，是经过实践检验的富有积极成效的改革模式。尽管改革还处于发展阶段，他们的成果经验的总结凝练还不够成熟，但无疑为其他学校和地区提供了可借鉴的有益参考。期待更多集团和学校投入到集团化办学和教育综合改革之中，不断创新、丰富集团化办学的模式和路径，为推进区域义务教育优质均衡发展、加快实现教育现代化、建设教育强区、办好人民满意的教育贡献智慧和力量。

金书革

沈河区教育局党组书记、局长

序言（二）

从教三十年，校园早就是我生活中最美的风景，无论是课堂上教与学严谨沉静的格律之美，还是大操场上孩子们茁壮挺拔的欢腾之美，还是那一帧帧静止的阳光、花叶、微风、飘雪组成的生态之美，还是洁净的墙壁、整齐的桌椅、明朗的廊道等等所构建的整洁之美。我想，如果说起学校品牌给人的感受，美，应该是校园品牌传导的最直观印象吧！这里，美在教师，美在学子，美在青春的希望，美在栋梁的明天。

2020年第一场雪的周末午后，我正沉浸在这冬日美好之中时，接到了田冬校长给予我的一个厚重任务：他希望我作为文艺二校的"老人儿"，为集团第三本专著写一篇序。我欣然接受，因为这本书说的是我们自己的品牌教育，说的是我们成就品牌增值的顶级设计和方法路径，书中所呈现的每一项工作我都是参与者、亲历者，以及成果的受益者；因为这本书是我们对曾经的自己，过去的作为，再做一次系统的复盘和梳理，从而总结出可参考、可复制、可应用的品牌"逻辑"和品牌"招法"，为更多的教育工作者提供镜鉴；因为这是一次艰巨的教研课题，也是一次难得的思想历程倾吐，一定程度上承载了我们的教育梦想和教育实践。我眼中是雪后初晴，心里是静水深流，回首走过的路，有风有雪是常态，风雪无阻是心态，风雪兼程是状态，这条路，是我们自己，一个一个脚印走出来的。

我们想在书中呈现品牌之型。如同学校专家委员会的一位教师所言：从阶段上说文艺二校是一所小学，从集团规模和社会影响上看二校又是小学中的"大学"，这既有物理空间的扩张，又有管理体系的分裂与复制，教育品牌的增值在于它不是单纯物理意义上的增值，不是由 2400 名学生到 8900 名学生的增量，而是数字背后辐射的 11个社区，惠及万余个家庭的社会价值的增值，这样的集团品牌规模之美，让多少"新教师"油然而生波澜壮阔之感，让进入名校的"小确幸"变成了增加人生厚度和广度的"大使命"。规模与秩序往往对立统一，与规模匹配的是学校管理体系的科学之型，有核心主线，可以化繁为简；有价值判定，可以广泛接受；有因势利导，可以印在心田。每个人做每件事，都知道边界，都知道令行禁止，让"雁阵"齐头并进，让"高铁"平稳快速。规模也在包容整齐与个性，我们也能够让个体学校原有的生命力更加鲜明，让学校所长在大平台上得到更大的舒张，移步换景，各美其美，我们做到了开放性的"共治"。

我们要在书中展现品牌之神。我在文艺二校的教育沃土中成长成熟，从一名普通教师到学科带头人，从中层干部到集团党委书记，我更愿意说出我对品牌的理解：文艺二校由一所普通学校成为声名远播的名校，由一所单体学校发展成为拥有万名师生的教育集团，其最大的品牌就是人民的信任与口碑，其最核心的品牌载体就是二校的每一个人。每一个人的精神世界，每一个人的教学水准，每一个人的言谈举止，就是二校，别人对你看法如何，就会对二校看法如何。我们是否把老专家丛莲芳校长的"责任重于泰山 质量胜于生命"的精神承继好，我们是否把这样的价值观内化于心，外化于行，成为我们的标识？我相信我们一定程度上应该做到了，田冬校长以兼济区域的勇气与担当，摸着"石头"过着集团化的河，创造性地传承责任文化，提炼责任教育，做强责任品牌，开启新的征程。快车道提升、青蓝计划等方略激活了我们的进取心，让年轻人成就学校品牌的同时也成就了个人品牌，成为高素质教师团队一个个中流砥柱，我们不用谈太多责任，我们一直在践行责任。曾有来校参加国培的校长问我们："十年间你们五次合校，合并的都是薄弱校，这在全国也是鲜见的。你们怎么还能保持这样强劲的发展势头？靠的是什么？"靠什么？靠责任到此，不可再推！这是政府和人民给我们的担子，我们必须挑起来，也愿意挑起来，也真得咬着牙挑起来！我还记得一位曾在合校过程中对学校领导提出质疑的家长，在合校一个月后再次对我们说："我曾经非常反感合校，并为此质疑了你们。但是一个月来，我看到老师的尽责奉献，看到一周一个变化的校园环境和教学设施的改善，看到校领导倾听家长意见信守诺言的努力付出，我信服了。这样的二校只会越来越好！"责任造就团队，团队成就学校品牌；责任造就人才，人才保证教学质量，这是规律，这也是我们最强大的品牌成长基因。

多言数穷，十数万字的书稿，很简约，很直白，可能有着不是尽善尽美的地方。但其贵在真实，情真意切，尤其是还有着领导和专家对我们的雕琢和指导，因为探索还在继续，集团还在成长，我们的品牌建设之路还要更加立体、更加科学地进入"十四五"新阶段。品牌增值这一课题还会有更多精彩的延续，紧密型、松散型、内生型、联盟型、托管型的组合，会激发出我们更多的创新举措。我们要在下一轮热烈的集团化竞赛中，紧握奋斗之桨，高扬实干之帆，乘团结之舟，"把握生命里的每一分钟，全力以赴我们心中的梦"，保持信心、坚定决心，激荡出无往不至的品牌力量，继续做不负时代使命的"真心英雄"。

作者

目　录

第一编　绪论

当前，基础教育领域集团化办学正呈现快速发展的势头。作为促进教育均衡的重要途径和重点举措，各地区集团化办学已经取得了显著成效，它在一定程度上促进了优质教育资源的扩大和共享，满足了人民群众对子女接受优质教育的需求。对于持续推进教育公平，补齐民生短板，办好有质量的教育具有积极意义，是在新形势下促进区域和学校教育健康发展的有益探索。纵观我国基础教育集团化办学发展20年历史，我们也看到，作为教育管理的一项综合改革，集团化办学的模式、机制和体制还在探索之中，集团化办学的前路还存在许多有待研究和破解的问题，还有很大的空间等待我们去探索、实践和创新。

2009年，文艺二校作为沈阳市沈河区一所以"责任教育"和办学质量而闻名的优质小学，以敢为人先的精神，在区内开启了基于公办学校集团化办学的先行试点。在第一个五年，文艺二校基于集团重组的需要，盘活闲置的优质教育资源，推进适合集团管理的体制和机制改革，促进新老教师多元文化的融合，兼容并蓄促进成员学校和而不同特色发展，顺利完成了组建初期的各项任务，实现了从优质单体学校向教育集团的转身。学校扎实进行集团化办学的实践研究，将成果和经验辑录成集，出版了《集团化办学的实践与思考》一书。在实践反思中，学校深刻认识到，这一时期集团开展的种种改革举措，是在集团规模扩张过程中的因需而生，主要应对的是集团组建期的整合、融合等问题，集团的治理体系、规划设计和运行机制等还不够完善，不足以应对再发展的目标要求。未来进入发展期、成熟期的教育集团如何转型升级，体制和机制如何进一步优化，集团如何实现规模和质量的双赢，怎样激发内在活力，确保教育集团的可持续的品牌增值发展？为此，文艺二校在"十三五"开局之年，着手布局和实施下一个五年集团发展的整体规划，并同步申请了全国教育科学规划办立项的科研课题《集团化办学品牌增值的实践研究》，成为国家社科基金扶持的省内唯一基础教育课题，填补了省内近年的空白。由此，文艺二校集团高起点开启了下一个五年的集团品牌增值发展的实践探索。

在实践中，文艺二校教育集团统筹谋划，创新发展，不断探索与集团发展相适应的管理方式，站在让品牌增值的高度推进集团化办学新理路，以责任教育引领品牌定位，以共治保障品牌发展，以团队托起品牌形象，以创新驱动品牌发展，以辐射促进品牌增值，持续对集团发展进行管理重构；以课题为推动，不断深化集团教育教学综合改革，通过价值引领，研制教育质量标准体系，聚焦品牌的输出，实现优质教育的复制和推广，实现成员校共生增值、托管校社会化增值。

在第二个五年的集团化办学过程中，文艺二校教育集团没有因为"量增"而"质减"，反而更深入地致力于集团管理体制和机制改革创新，抓住"法治、分权、共治"这三个"破与立"的发力点，着力构建与集团化办学相匹配的学校制度体系、治理结构、运行方式以及创新发展模式，探索形成了"分权式"领导架构、"雁阵式"管理模式、"责任文化浸润式"队伍融合经验、"共治式家校联动""一强带四弱""课程与教学创新""学生十大发展项目"等成功经验，稳妥处理好融合与稳定、发展与改革、自我发展与协同并进之间的关系，将一所优质学校办成一个同样优质的名校集团，取得了规模与质量的双赢，促进了集团教育品牌的增值发展，使集团化办学背景下的责任教育品牌更具生命力、更具影响力，为区域内集团管理范式改革提供了典型样本。

在成功打造"多元共治"的现代集团管理范式的同时，文艺二校教育集团也收获了一批理论和实践成果，积累了丰富的经验，成为全国集团化办学的辽沈代言。集团化办学实践逐渐得到社会各界的认可与好评，经验在国家、省、市、区推广，田冬校长先后应邀赴天津、重庆、广州等九个地区交流、讲学。学校先后接待了来自国内外多批次考察团，累积接待近万人。新华网对学校的集团化办学实践进行了专题采访，《中国教育报》《基础教育参考》《中小学教育管理》《教育文摘周报》等多家媒体对学校的集团化办学进行报道；学校的责任课程、责任德育、创客教育、艺体特色等也先后在《沈阳日报》《沈阳晚报》《辽沈晚报》《中国教师报》、中央电视台等媒体报道。连续两届获得省级课改成果奖，并参展第四届、第五届全国教育博览会。《集团化办学的实践与思考》一书被评为辽宁省科研成果出版类一等奖；集团化办学阶段研究成果《规模与质量双赢：集团化学校的平稳重组与品牌增值》等五篇集团化改革的文章在中文核心期刊《中小学管理》发表。学校成为中国教育学会中小学整改委实验基地、全国双语实验基地、辽宁省课改基地校、辽宁省首批体卫艺综合基地校、辽宁省特色校、三个学科的国家级教师培训基地校、全国名校长名教师挂职研修基地、全国中小学外语教研工作示范学校、全国首批信息技术试点校，并先后获得全国三八红旗单位、省文明单位、省特色学校、省先进党支部等多项殊荣。集团化办学经验更是先后在《人民日报》《光明日报》《中国教育报》《人民教育》刊登报道。

这本书就是文艺二校教育集团在"十三五"期间创办现代化教育集团，以推进责任教育品牌增值为核心战略，不断激发内在创新发展活力，推动优质教育资源持续辐射的办学实录。

第一章 集团化办学：
迈向教育优质均衡发展的时代脚步

2011 年 10 月，沈阳市沈河区委、区政府面对东西部地区之间、学校之间发展水平不充分、不平衡的问题和现状，积极寻找适合区情和特点的成本最低、效率最高的推进区域教育均衡发展的路径。依托沈阳市大学区建设成果和区内丰富的名校资源，率先在全国启动实施所有公办学校"全员纳入""全面覆盖"模式的集团化办学，大力推进区域教育优质均衡发展。

而在此之前，沈河区文艺路第二小学（以下简称文艺二校）作为一所有着悠久的办学历史、在辽宁省和沈阳市享有良好社会声誉的优质学校，担负起兼济区域的以名校集团化办学推进区域优质均衡发展的大责任。早在 2009 年 8 月，就先行先试，作为试点学校，开启了多种形式的集团化办学的实践与探索。

2009 年集团化办学试点之初，文艺二校还是一校一区的单体学校。学校有教学班

55 个，学生 2300 余名，教职工 140 余人。学校占地面积为 8061 平方米，建筑面积为 9016 平方米。50 年建校史积淀了厚重的责任文化，几代文艺二校人倾力打造出优质的"责任教育"文化和品牌，形成了良好的社会声誉，为日后融合、移植、辐射优质教育资源提供了丰厚的土壤。从 2009 年 8 月集团化办学试点启动以来，文艺二校的集团化办学经历了以下四个阶段：

（一）先期试点，整体兼并

2009 年 8 月，按照沈河区教育局的要求，文艺二校合并区内行知小学，拉开了集团化办学的序幕。文艺二校整体接收原行知教师 64 人、学生 450 人，共 16 个教学班，原校所属的新兴、通天两个社区划入文艺二校学区，文艺二校学区由两个增至四个。原行知小学成为文艺二校的一个校部，学校建构起一校两部的格局，教师总数 204 人，学生 2750 人，共计 71 个教学班。

此次兼并试点，在当地引起很大反响。行知校区功能当年即定位为高年部，两校区师生的深度融合，让后并入的师生直接融入总校的管理和学习生活，可谓直接受益，更有当年合并学区的 100 余名一年新生走出家门就进了名校的大门。文艺二校行知校部成立的两年，以汇聚力量，拉平校部间办学水平为基点；以和谐相融，促进教师专业成长为重点；以双线评价，建立适合的教育管理评价体系为保障；稳健迈好合校的第一步，为集团化办学奠定了坚实的实践基础。

（二）多次重组，成立集团

2011 年 8 月，作为沈河区集团化办学的主体学校，文艺二校又合并顺通小学，整体接收教师 58 人，学生 240 人，12 个教学班，五爱、青年、文华三个社区划入文艺二校学区，学区增至七个。文艺二校形成"紧密型"模式一校三部。教师总数 262 人，学生 2990 人，83 个教学班。

2011 年 10 月，文艺二校教育集团正式挂牌成立，除上述一校三部作为集团"紧密型"之外，还将区内的独立建制的一四九中学小学部、文艺路第一小学、大南街第一小学、泉园小学、六一小学、教师进修学校附属学校六所学校，纳入文艺二校教育集团"松散型"，以成员校方式开展集团共同体建设。

2012 年 3 月，文艺二校教育集团盘活闲置的教育资源，在顺通校部北楼恢复文艺二校幼稚园，目前已经成为辽宁省首批五星幼儿园。现有 8 个班级、198 名幼儿、39 名教师员工。

2012 年 8 月，为配合沈河区教育资源布局整合，文艺二校整体接收小西一校教师 69 人。

在此期间，文艺二校集团实现了教师多元文化的融合，探索集团化办学幼小衔接、多校部管理模式，尝试校部分年段设置，从理论、实践、管理、创新、师资等多方面为集团化办学起航提供了实践经验。

（三）领建新校，快速发展

2012 年，沈河区在教育基础薄弱的东部地区加快优质学校的布局，新建校一律由集团领建。小学阶段，文艺二校作为第一家，领建了文艺二校东校区（现今的文艺二校教育集团新宁小学），并合并一四九中学小学部，接收教师 17 人，学生 519 人，13 个教学班。新立堡、海棠、保利三个社区划入文艺二校学区，学区增至十个，成立东校部，集团发展到一校四部。教师总数 348 人，学生 3509 人，96 个教学班。

2013 年 3 月，新建文艺二校五爱幼儿园，当年列入政府办实事惠民工程。投资近千万元改造园所。新园于 2014 年 9 月正式开园，目前已经成为辽宁省五星幼儿园，设有 10 个班级，252 名幼儿，40 余名教职工。

由此，文艺二校集团以"一校四部两园"的紧密型和"一带六校"的松散型布局，开始探索实践适合集团发展需要"多元共治"的集团治理模式，优质资源扩展取得了明显成效，集团化办学的成果和经验开始被教育行政部门、家长和社会认同，集团影响力显著增强。

（四）强强联合，对外辐射

2017 年 5 月 26 日，拥有八十余年历史的文艺一校正式并入文艺二校教育集团，实现强强联合。同年暑期，文艺二校教育集团对文艺一校部进行了全面改造，作为中年部，正式纳入文艺二校的集团版图。

至此，文艺二校教育集团本体已形成"幼小联动、资源共享、特色发展"的"一校五区三园"的紧密型集团办学格局，截至 2020 年 9 月份小学部分教师 560 人，教学班 207 个，服务 11 个社区，学生 8817 人。顺通、五爱、行知三所幼儿园教师 98 人，共 18 个班级，550 名幼儿，紧密型集团师生总数达到逾万人规模，成为沈阳市规模最大的公办小学教育集团。

集团办学空间优势明显，总占地 65206 平方米，建筑面积 53121 平方米。拥有 800 余平方米的综合体育馆，1000 余平方米的专业乒乓球训练馆，400 余平方米的幼儿篮球馆，400 余平方米的农业种植场，200 余平方米的立体科技馆以及跆拳道馆。为满足学生全面发展提供优越的硬件保障，学校成为沈阳市足球、羽毛球、跆拳道训练基地校，作为全国首批乒乓球重点学校，顺通校部是奥运冠军马林的启蒙学校，学校还是全国篮球、足球、啦啦操的特色校。

2016 年以来，文艺二校受沈河区政府委托，进行优质教育资源输出，为沈北新区代管了文艺二校沈北分校及其附属幼儿园。为沈抚新区代管的两所文艺二校沈抚分校通过"四个同步"开展跨区域学校发展共同体建设，丰富了名校集团化办学的内涵。

2019 年初，文艺二校集团接收大南街道幼儿园，更名为文艺二校幼儿园行知部。

近五年，文艺二校还通过结对帮扶的形式在省内扶持三所兄弟校，经教育部牵手和四川省理县营盘街小学共建国家级帮扶结对学校。创新远程精准教育帮扶形式，拓宽了学校品牌辐射渠道。

从 2009 年迄今，文艺二校集团化办学已探索了 11 年，从"最早""最快"到"最好""最强"，文艺二校集团一直没有停止探索实践、创新发展的步伐。文艺二校集团化办学的历史，也是沈河区推进教育优质均衡发展的历史。文艺二校集团在努力承担增加优质教育资源的供给，满足人民群众对子女接受优质教育的需求的使命与责任的同时，也用自己的实践回答了一艘规模巨大的集团航母如何在放大品牌、辐射优质资源的同时，保持向上攀升的力量。

第二章 品牌增值：
集团化办学走向远方的战略追求

集团化办学是促进教育均衡的重要途径，它通过复制、移植优质资源，很大程度上满足百姓对优质教育资源的渴求。但是要确保集团化办学走得更远、取得更大实效，仅仅停留在融合和共享的层面显然远远不够，必须逐步从融合发展走向深入的协同发展，从共享资源走向创生新的优质资源。面向一个更具挑战的新的五年，文艺二校教育集团叩问初心：集团化办学的核心价值追求是什么？集团化办学如何实现体制机制的优化与创新？集团化办学的未来将走向何方？

（一）系统反思：集团化办学面临的发展挑战

在推进集团化办学过程中，文艺二校集团发现，集团化办学已经打破了传统办学的封闭状态，不断扩容的规模和走向开放的办学空间给学校办学带来一些新的问题与挑战。

1. 如何避免集团优质教育资源的稀释

对优质学校教育资源的过度透支，并不符合集团化办学的初衷。文艺二校从 2009 年集团化办学初期开始，关于"牛奶是否稀释"就一直是人们争论不休的话题，一直被担心会在不断的合并重组薄弱学校中稀释优质资源，"薄弱学校没带动起来，再把名校给拖垮了"是集团化办学被质疑的最重要的一点。集团在办学中一方面要避免出现稀释了优质资源而换来薄弱学校办学水平的小步提升，另一方面要做到擦亮教育集团品牌，促进集团品牌增值。

2. 如何避免由于机制不健全导致的管理失调

集团化规模的扩张，带来管理者角色的变化和职能的增加。但在具体的实践中，管理者并未获得相应的行政权力，集团内部的职责会因划分不清晰，导致管理不规范。教育集团要真正建立起规范的组织机构、高效的运行体系、合理的调配机制等，来保障成员学校的办学积极性和创造性。

3. 如何避免集团内部成员学校同质化或离心现象

在集团化过程中，要避免多校一面。同时，也要预防集团发展到一定阶段各分校部各自为政，新建壁垒、离心发展的现象。

4. 如何避免集团化办学的动力不足

随着集团母体融入形式的丰富、集团体量的增大，亟待增加集团办学的动力。首先，维持集团正常运转需要经费投入，优质学校教师被派出后的编制和待遇方面也需要支持，教育教学改革也要持续发展，如果集团相关决策不能及时跟进，会使集团化办学的发展受到明显制约。同时，教育集团的发展除了需要自身进行路径规划外，还需要区域层面给予相应支持。包括增加编制，提高经费和财政投入，提高执行校长的地位等。

（二）核心战略：集团化办学品牌增值的追求

随着教育供给侧的日趋多元和家长对优质学校的需求的增强，文艺二校和全国很多集团名校一道面临发展过程中更大的挑战，正如中国教育科学研究院基础教育研究所所长陈如平对集团化办学提出的四个追问：是否有"承载力"，能否担当起集团化办学的重大使命与责任？是否有"控制力"，能否带领学校在适当的规模下实现高效发展？是否有"成长力"，如何实现集团各类资源的可持续发展？是否有"可复制力"，学校发展能否呈现在一个有质量标准的体系框架中？

文艺二校人把这种集团学校再发展的承载、控制、成长、可复制的能力归结为品牌的增值力。为了更好地兼济区域，实现优质资源的更大辐射，集团品质必须保障，集团品牌必须放大增值，才有更大的带动、融合与影响。从一所品牌学校发展成为一个品牌集团，实际上是一个重构教育品牌的过程。面向集团化发展的新一个五年，文艺二校人准确把握形势与任务，把促进集团责任教育品牌增值确定为集团再发展的核心战略，整体部署发展重点和实施路径，以追求核心理念深度融合提高集团内部凝聚力，以追求管理机制深度融合提高集团运作执行力，以追求师资队伍深度融合提高集团资源均衡力，全面落实立德树人根本任务，加强建设高质量教育体系，加快推进集团治理体系和治理能力现代化，全面促进集团品牌增值。

面对挑战，文艺二校人开启了挖掘集团化办学核心价值，以文化内生、创新发展来撬动集团品牌增值的进程。

1. 厚植责任文化——品牌增值的原生动力

集团抱团发展客观上需要建立一种集团共同文化，以实现价值引领，建立基本规范。随着集团不断扩容，多元文化从相斥到逐渐交融过程中，我们深刻认识到这种共同文化必须以承认并呵护学校间的差异性为基本前提，应该呈现"联动、互补、支持、共享、协调、尊重、共生"的特点。而随着集团迈向第二个五年，我们发现文化基本融合的表象之下仍有难以消弭的矛盾。因为从本质上讲，集团总校与各校区及成员校之间，不同批次融入的教师之间永远不可能完全趋同，集团化再出发需要做的恰恰是把这些差异看作一种重要的教育资源，更应该将其发展成集团长远发展实现品牌增值的原生动力。

进入集团化发展的第二个五年，集团总校秉持着"和而不同，各美其美"的理念，寻求集团"紧密型"直属校区和"松散型"成员校之间的"多样性统一"，形成了"办负责任的学校；教学生六年，想学生六十年"的集团办学追求，并确立了"责任+"

的集团建设理念。在"责任 +"这一理念下，各成员校间相统一的是基本价值观和文化形成机制，不同的是文化特质与优势，各成员校文化在对话与碰撞中互补与创新。

在集团理念的创新带动下，集团直属校区不断深化责任教育理念文化的一体融合，让责任教育在五个校部落地生根；集团各成员校也从办学历史中寻求文化根脉，梳理提炼出自己的"责任 +"理念。文艺二校作为核心校，在共同体的建设中，保持了自身的教育品质和办学特色，实现了集团化办学背景下"责任教育"的品牌延伸、全面升级；松散型集团的兄弟校大南一校围绕"高尚德行、聪慧善学、良好习惯、健康体魄"确立了"责任 + 养正"的理念，用优秀的传统文化为学生的成长奠基；师校附小作为农民工子弟小学，挖掘橄榄球特色项目的文化内涵，确立了"责任 + 四 zuo"的理念，培养学生"能做、敢做、会作、合作"；泉园小学着力打造"泉文化"，在"责任 + 阅读"的引领下，办一所让师生从善如流、自主发展的灵动泉小；六一学校围绕"责任 + 出彩"的办学理念架构了"七色彩虹教育"课程体系，办多彩教育，育多彩人生。

集团内各学校紧紧围绕"责任"，完成了各自文化的重构与再生，共同形成了一个价值融合、逻辑自洽的共享理念群，也使得集团文化更为多元，更有层次和活力。和而不同、美美与共的集团文化深度融合成为集团再出发的不竭动力。

2. 打造责任之师——品牌增值的动力支撑

教育大计，教师为本。教师是学校集团化改革的关键。在集团化办学改革中，如果没有触动教师，没有带来教师观念的更新、角色的调整方式、方法的改变，那么这种改革就很可能外于学校，外在于课堂，从而也外在于学生。集团化办学模式下，如何保证优质师资资源的分配和再生是一个重中之重的关键问题。优质学校师资资源共享的最终目的是促进学生的发展。教师在集团化办学过程中的心理、状态等对于集团未来的发展成就影响重大。高质量的优质教师队伍建设始终是集团化办学的核心问题之一。

面向集团发展的第二个五年，文艺二校集团把队伍建设看作集团品牌增值的动力支撑，一直致力于探索如何将集团办学的行政驱动转换为集团成员的内驱动力，更加关注教师的内心体验、专业发展与责任团队整体规格的锻造，多措并举促进教师成为集团办学的主动变革者、教育智慧的传播者。在实践中形成了集团品牌建设与教师专业发展八方面策略，即师德建设、教育科研、校本研训、研磨课堂、自主发展、教师评价等，有效促进集团教师在教育教学改革中破除各种壁垒，协同创新，实现优质教育资源的共识、共谋、共为、共享。

3. 践行现代治理——品牌增值的制度保障

校园现代治理体系本身是一门综合科学。它需要为效率建模并实践。作为一所"万人小学"，最能够发挥管理效能的结构应该怎样构建，如何突破这样的规模？一方面，它需要设立治理底线，规范集团内各方主体的权力与责任、权利与义务、自由与纪律，保障集团内部规范高效运行；另一方面，它需要设立治理上限，作为一所"小学"，不可能无边界蔓延，其社会效益最大化与办学品质极致化的平衡点和临界点在哪里？文艺二校人反观集团发展的第一个五年，集团的管理重治理结构、轻治理机制；多内部治理、少外部治理；有正式制度、缺非正式制度。

面向新一个五年，文艺二校问道现代学校治理理论。通过"立法"规范集团宗旨、确立内部管理机制、制定章程，推动学校治理变"人治"为"法治"，变"集权"为"分权"，实现从"自治"到"共治"的改变。集团对"共治"的理解和践行实现了新的突破，一个"共"，其核心在于调动集团内外各界共同参与学校治理；一个"治"，其根本在坚持构建系统治理、依法治理、综合治理、源头治理四大治理模式，健全集团自治、法治、德治相结合的现代治理体系，促进集团治理能力的升级。

4. 坚持改革创新——品牌增值的持续驱动

品牌的成长乃至增值并不是一蹴而就的，它需要坚持不懈的改革创新持续驱动。立足新的五年，文艺二校着眼于未来，不仅关注学生在校的六年的发展，更要关注学生未来的六十年的发展。以办负责任的教育为宗旨，明确提出以"聚焦五维责任素养目标"为育人主张，凝心聚力在课程、课堂、技术、育人项目四方面拓宽创新之路。一是实施课程创新。通过对三级课程的解构与重构，创新架构了"双三阶动态循环"责任课程体系，课程与学校育人目标相契合，从常规范式迈向个性定制。二是实施课堂创新。精心打造了"责任学堂",让"有责任的学习"在课堂上发生,努力达成以系统建构为特征的深度学习。三是实施技术创新。借力信息技术,以翻转课堂平台开发、STEAM 课程融入、远程管理系统搭建、迷你云存储应用等为主要载体,创新教育形态。四是实施项目创新。形成了培育师生发展的双十项目群,给予师生幸福而完整的教育生活。育人模式上持续研磨,与学校责任育人的主张精准匹配,项目成果在集团范围的广泛传播,成为品牌增值的持续驱动力。

5. 开放辐射输出——品牌增值的价值与体现

文艺二校的集团化办学自 2009 年起,至今已走过 11 年的发展历程。文艺二校教育集团本体已形成"幼小联动、资源共享、特色发展"的"一校五区三园"的紧密型集团办学格局,截至 2020 年 9 月份紧密型集团师生总数达到逾万人规模,成为沈阳市规模最大的公办小学教育集团。2020 年 9 月一年新生入学占比全区总量接近30%,而文艺二校人不满足于优质资源的区内辐射,他们期望,沈阳最好的基础教育资源,在更广阔的地域传导、输出。近五年中,文艺二校在"兼济区域"的同时,更是通过依托四城乡共同体建设(远程帮扶)、跨多个区域委托办学、名校长工作室建设、全国影子校长及骨干教师培训基地建设等形式,让文艺二校品牌走出沈河、走出沈阳、走向全国。集团也已经从最初单一的"加入型"走向"加入型""内生型""联盟型""委托管理型"并存的复合发展阶段。一所优质学校所担负的社会责任,实现了最大程度上的延展。不断加大的开放、辐射、输出,彰显了集团化办学强大的影响力与社会价值。

第二编　责任引领品牌定位

第一章　集团化办学
从 1.0 版向 2.0 版迈进

纵览文艺二校集团化办学的实践，可以划分为两个阶段，一是组建阶段以"探索规模增长的扩优模式"为主的 1.0 版时期，二是发展阶段以"促进品牌增值的创优模式"为主的 2.0 版时期。在这两个不同的历史时期，文艺二校基于不同的发展问题和需求，以"适合"的理念为引导，坚定不移地坚持对责任品牌的传承与创新，以责任为引领做好每个发展阶段的顶层设计，理性选择适合每个阶段发展的变革目标与实践路径，精准定位集团教育品牌的发展定位，推进集团的组织变革和教育教学重构，引领集团不断找到新的生长点，不断推动集团从 1.0 版到 2.0 版转型升级。

第一节　集团化办学 1.0 版
"扩优"发展的实践回顾

一、发展情况

从 2009 年开始兼并薄弱学校，2011 年正式组建文艺二校教育集团，一直到 2015 年，共实质性兼并了四所薄弱学校，从一校一部发展为一校四部。学校班级数从 55 个增至 110 个，教师从 150 人增至 348 人，学区范围从两个社区增至十个社区。

这一阶段，以优质资源快速扩展为特征，采取"名校＋弱校、名校＋小校、名校＋新校"等方式，兼并整合多所学校，将优质教育服务覆盖至更多学区和人群，形成了以探索规模增长为主的扩优模式（1.0 版）。

二、发展挑战

从学校到集团，不仅仅是办学规模、办学模式的转型，更是一场深刻的教育变革，集团要以实际行动和办学成效，向家长和社会回答"为谁办学"和"办什么样的学校"的问题，化解他们因校区增多、生源激增、资源不均和外来师资比例高等诸多不利因素带来的对"牛奶稀释"的焦虑和担忧。

集团组建和发展初期，只有无条件合并没有政策性分流，合并来的教师、学生、学区全部接纳；集团内新老教师泾渭分明、文化多元分化；教育局期待我们稳健起航，家长表示诸多质疑，社会多在怀疑观望。集团化办学对文艺二校而言，是挑战大于机遇。一是学校要面对结构复杂化的学区，接纳来自社会各阶层的百姓子女；二是要消化四批干部，安排占总数 57% 的非原母体校教师；三是要保证集团的教育教学质量整体提升，打消各方质疑；四是要保持文艺二校的优质教育品牌不缩水，实现各校部高位均衡。当时，学校面对的工作基础并不完备，上级对集团化进程虽然有充分的政策宣示，但教师们并没有足够的心理准备；加之在学校合并过程中，没有也不可能给各方以磨合的过渡期，因此工作难度非常之大。

在办学实践中，文艺二校集团必须回答好集团发展的两个首要问题。一是集团的组建，即怎样实现从几所学校到教育集团的跨越，包括理顺体制、机制，让人、财、物在洗牌后各就各位，明确集团发展方向等；二是集团的发展，包括如何形成兼容并蓄的集团文化，如何扎实开展教育教学和其他业务活动，让集团责任教育品牌增值等。集团面临的工作重点是顺利重组和稳定推进，要盘活闲置的教育资源，要促进总量逐渐超过母体的外来新教师与原有教师及文化的融合，要进行体制和机制的重构，使新组建的集团航船能够顺利扬帆起航。

三、发展战略

面对这些问题和矛盾，文艺二校集团研究生源、研究管理、研究课程、研究教师、研究文化，进行整体谋划，转变学校发展方式，改变学校教育生态，以集团化办学为契机，对文艺二校的"责任教育"进行品牌升级，将其办成一个"生有良教、教有良师、校有良风"的现代化教育集团。集团秉承"责任立校"的宗旨，立足"适合的设计才是最好的设计"，提出以"适合"作为集团组建和发展的核心理念，围绕"重组、发展"两个任务主题，确定在组建期首要任务是完成"文化认同、管理重构"两个基础目标，在发展初期重点完成"内涵提升、多元共治"两个发展目标。围绕这四个顶层目标，针对性地规划设计了"功能组合、文化浸润、机制重建、项目推动、一部一品、家校共治"六条实施路径，制定并有效推进了16项重点改革举措，整体构建了"一体化"的集团化办学体系。

（一）平稳重组：文化认同，管理重构

在集团化办学的进程中，平稳重组是基础，形成战力、跨越发展是目标。那么，怎样才能完成各方的稳定纳入、顺利重组？集团把这一主题的顶层目标确定为：文化认同，人心归一。为达成这一目标，主要采取"物理组合＋文化浸润＋机制重构"三步走。

1. 物理组合，搭建集团发展的"形"

集团创建，拉平外在办学条件是基础。四校合并后，由于有了人、财、物统一管理的权限，所以集团集中当年的力量改造合并校。集团对各校区设备的配置原则是：以公平为基础，新校区可优先。这在没有实质性合并的学校内是无法实现的。同时，集团实现了各校部远程多种方式的互动，打破空间阻隔，将四部连成一个互通的整体。新校区环境、条件在短时间内的巨变，让教师、家长打消了对学校重组的"第一眼"质疑。相对于物质投入和技术保障，资源配备中最核心也最难实现的是师资均衡。对于地点相对较近的三个校区，集团采取了校部按年级设置的方式，把各校区原有的教师队伍打乱重组，重新按需定岗，愿者上、能者上，鼓励新人上，打破原校教师只能教本校学生的保守机制。这种人力安排的大调整，发挥了教学相长、同伴竞争、家长审视的促进作用，新并入教师带着信任与压力走向新岗位，追求发展的内因被驱动起来。更重要的是，由于教师之间、学生之间做到了真正融合，由此实现了教育资源校内再分配的公平。2013年并入的东校区有三大优势：空间大、硬件新、生源多；同时又有两大劣势：距离总校路程较远，教师严重缺编。合并前，该校区有半数以上教师为临聘，这也是重组的主要原因。并入后，虽然学生没动，但是除安排优秀的管理团队外，集团还建立内部交流机制，引导一批批优秀教师到东校区工作，通过内部"输血"，让这个校部实现教师队伍的整体优化。人员的调配，体现的是机会的均等、责任的共担。只有把教师们先按需重新组合在一起，才能实现未来情感的顺利融合。

2. 文化浸润，凝聚集团发展的"魂"

队伍重组了，绝不意味着师资就真正均衡了。在资源调配上所作出的适合自身特点的应对，仅仅搭建了学校集团化发展的"形"，而要形神兼备，就不能少了学校文化这个"魂"。集团领导意识到，通过新并入教师的自身成长打消家长的疑虑非常关键。要促使新并入教师发生转变，潜移默化地影响其价值观和方法论的就是学校文化。经过近50年的积淀，文艺二校打造了属于自己的教育品牌——责任教育，即用责任之师育生，培育有责任感的学生，开发责任课程，实施责任德育，传承责任精神。这也是文艺二校的立校之本。在整合中，大家都认同把多年前老校长提出的"责任"校训作为集团的主导文化，自上而下进行一场"由责任文化引领，实现教师的行为变化，融入文艺二校优质基因"的文化"化"人变革。由此，教师队伍实现了两个阶段的转变。

（1）文化"化"人。 从"你们"到"咱们"。我们把"肯包容的态度、善协同的能力、重责任的精神"这三个维度，作为教师队伍责任文化重建的目标。第一步就是对外来教师负责任，不嫌弃、不甩包袱，情感上真心接纳，只有先把"他们"变成"我们"，外来教师才会把"你们"变为"咱们"。新成员需要"尊重感""重要感"，集团就"合人先合心"，从一个微笑、一个点头开始，设计了一系列融合新并入教师的活动。比如，唱文艺二校自己的歌，说文艺二校自己的发展故事，告诉他们这个和谐友爱的大家庭真心欢迎新伙伴。这样，新成员从忐忑到稳定，从感染到感动，首先从情感上消除了隔阂。工作开展起来后，集团要让新并入教师看到集团在岗位安排、教师待遇等方面一视同仁，而且激励增加、机会增加，这样，他们的认同感、归属感逐渐萌生。在融洽的前提条件下，"师与生共同成长；家长与社会满意；规模与质量双赢"的集团愿景应运而生。此时，集团再引导教师把自己"摆进去"，看看自己适合在集团发展大责任愿景中的哪一个板块，能做出怎样的贡献，需要付出怎样的努力。由此，集团逐步实现了教师融入三部曲：信——对学校文化的认同；愿——愿意主动投入；行——将责任自觉担在肩上。在不知不觉中，新并入教师对学校的称呼从"你们学校"变成了"咱们学校"。

（2）"快车道提升计划"。 不"换血"，要"造血"。面对良莠不齐的教师队伍，从维持稳定出发，集团不能"换血"，因此，我们选择了自身"造血"，即实施"快车道提升计划"，以五项举措，助推新并入教师快速成长。一是骨干引领。集团成立覆盖全科的名师工作室，对新并入教师进行"一托二"指导，纳入原有的名师、"优师""希望之星"梯队成长工程。二是团队联动。变一个教研组、一个学部的智慧为整个集团的智慧，变单打独斗为团队共赢。三是建立"研究共同体"。将新并入教师全员融入学校责任德育、责任课程两项传统实验课题的再研究中，在丰富课题内涵的同时，在新并入教师层面有效推广校本研究的精华。四是评价促进。通过领导评、教师评、学生评、家长评，促新并入教师比工作、比业绩、比团队。五是委以责任。敢于把重要岗位和展示机会交与新并入教师。"快车道提升计划"缩短了新并入教师的徘徊观望期，使其快速成长，且效果显著。几年来，很多并入前在二线或工作量不足的教师都以新姿态回到一线，并且担起重任，满足了因学区返流、学生入学数量逐年大幅增加而导致的一线教师不足的现实需求。

3. 机制重构，铺设集团发展的"道"

学校重组，面临多种机制的重构。除了前面提到的资源分配机制、教师流动机制外，最影响教师切身利益的是绩效考核、薪酬兑现的标准。面对新并入的四套分配原则不同、额度标准不一的考核与分配方案，为了兼顾各方利益，实现平稳过渡，我们将集团原有的"多劳多得，奖优罚懒"原则，调整为"拉低就高"原则，通过民主集中、公开公正的方式，慎重进行了组建初期的方案整合。队伍走向稳定后，我们又通过教代会恢复了原有原则并制定了新的激励标准。相对于薪酬的分配，干部的安置更为复杂，处理不好容易引发连带矛盾。如何消化合并后多达33人的超编管理队伍？对此，集团执行两个不变：岗位不变、待遇不变，让新进干部安心，也让一旁关注的新进教师放心。为了使普通学校的干部尽快胜任集团大校新岗位的要求，集团进行了科学编队，边任用边培养，并且通过几年的实践，摸索形成了适合自己的"雁阵管理"模式。

"雁阵管理"的原理，就是团队分工越明确，团队关系越和谐，组织内耗越小，团队效能就越大。集团变"集权"为系统开放式"分权"，总校长全面负责、统筹协调四个校区的工作，各校区配备完整的管理团队，实行集团办公室统一协调下的执行校长负责制。各执行校长从六位副校长中任命，他们不仅作为某一校区工作的负责人，还从"条"上分管整个集团的某方面工作。30余人的庞大管理团队组成了一个分工明确的大雁阵，各校部又成为相对独立又紧密联系的四个和谐、高效的小雁阵，其同频共振产生的"向上之风"，极大地增强了组织的管理效能。在编队前行的过程中，集团实现了新进干部的快速成长。总结文艺二校管理层的责任文化，就是对自己，干好负责的板块；对他人，换位思考，补位工作；对团队，树立一盘棋的观念，求同存异，取长补短，既讲分工，更讲合作。

（二）"质""量"双赢：内涵提升，多元共治

重组之后，怎样把过去的一所单体优质学校办成一所同样优秀的集团名校，实现"规模与质量双赢"的"可持续优秀"？集团把发展这一主题的顶层目标定位在"内涵提升，多元共治"。为达成这一目标，主要采取"课程重构＋和而不同＋家校联动"三套组合拳。

1. 课程重构，构筑更丰满、更适合的课程体系

在集团化办学之前的三年间，沈阳市"人走关系动"的教师实质性交流已经使文艺二校更替了 60 名教师，但是学校并没有出现社会上一度担心的"滑坡"。是什么平抑了大比例教师交流可能给学校带来的波动呢？我们认为，除了责任文化对教师所发挥的引领、激励功能外，课程的作用不可替代。也就是说，课程改变了教师的行为方式。集团的课程价值主要体现在把脑认知科学引入课程体系，即集团以开发全脑为目标，设计、引入课程，整体架构了较为完整的课程体系。同时，我们跨入集团化大门之后的课程重构，并不是简单地推广、普及原母体学校的课程，而是对并入学校的优质课程资源进行筛选、纳入。现阶段，集团的校本课程发展至四大课程模块、八大课程门类、29 门可选课程，其中，我们将原行知小学的"做中学"科学实践课程、原顺通小学依托于马琳乒乓球学校的乒乓球课程、原一四九中学小学部依托沈阳农业大学的学农实践课程，先后融入母体原有的课程体系。这种重构不仅提升了集团的课程品质，也找到了学校融合的对接点，有利于教师的文化认同。学校通过精心安排，让四个校部有限的空间资源得到最充分的共享，学生可根据学习兴趣及需求，在学校提供的选修课程中，制订符合自身学科特长及学习兴趣的个性化专属课表。全脑内涵、动态课程、引入师资、自主选课的四方面课程特色，成为集团增值的亮点。我们感悟到，课程这一竞争力不会因为集团物理体积的大与小、人员流动的多与少而丧失，在学校重组的情况下，优质资源的纳入，使得课程优势不是被稀释，而是更为丰满、更为适合学生的个性化发展。

2."一部一品"，打造和而不同的"1+X"格局

文艺二校的集团管理有统有分。整体做到五个统一，即办学理念、学校标识、质量管理、教师发展、学生培养的基本目标统一。同时，各校部根据每个校区的环境、资源等条件，尤其是学生分年段布局的现状，成功打造出"1+X"的办学特色，使每个校部都有适合自己的"X"绝活：不同年段有不同的育人方法，不同校部有不同的活动设计，每个年龄阶段的孩子有不同的教育体验。在每一个校部，学生都是活动的主角、主体，他们走过三个校部、经历三次"毕业"，成长的足迹清晰可见。这种和而不同的格局，成功地将各校部人员的能动性、资源的优越性和儿童的身心发展规律结合起来，实现了集团各校部各美其美。校部教育的专属关照，让家长逐渐减少了对孩子六年间多校部迁移带来不便的抱怨，更多的家长在看到"一部一品"的积极成果后，对学生发展空间扩大、发展机会增多、发展方向更适合给予了积极认可。

3.家校联动，培育助推集团品牌增值的"生力军"

学校集团化发展后，家长必然会产生某些担心和质疑。我们与其被动接受家长的要求、指责和埋怨，不如"把家长放在老师的位置上"。我们认为，最好的做法莫过于敞开大门，主动请家长走进学校、了解学校、参与管理，使家长从参观、参加到参与，直到成为集团整个管理体系中的一个重要组成部分。集团成立了各级家长委员会；招募家长志愿者，携手为学生服务；开设家长讲堂，扩大教育资源；进行家长培训，引领家庭教育。家长由"幕后"走向"台前"，亲眼看到了学校的发展、新进教师的成长以及正能量在团队中的传递，他们积极加入这个团队，与学校一道，顺利完成了校部调整、师资认可、阳光分班等涉及学生及家长切身利益的一个又一个艰难的任务。家长队伍成为集团发展的一支不可或缺的力量，成为助推集团品牌增值的"生力军"。

四、发展成效

目标明确、步骤清晰、措施精准的顶层设计，是集团全体成员对文艺二校和融入学校优质精神文化要素的提炼、融合与升华，是这一阶段集团学校行动的最高价值标

准，为教育集团再出发指明了方向，形成了集团新的生长点。集团发展初步实现了"文化认同、管理重构、内涵提升、多元共治"的顶层目标，成功规避了急剧扩张可能带来的种种风险，不仅实现了优质教育资源的低成本扩张，实现了热点学校"零择校"；还带来了校园环境、师资锻造、学校文化等方面的全面优化，达到了"1+1 > 2"的良好效应，顺利实现了从学校到集团的转型发展。

（一）增量扩容，优质教育更均衡

通过"名校＋薄弱校"的集团化办学模式，使原来的几所薄弱校依托文艺二校品牌力优势实现了脱胎换骨式的变化。比如原一四九中学小学部在加入文艺二校教育集团前 11 个教学班，只有 13 位专职教师。教师原来空缺近 30 人，主要靠流动性非常大的外聘方式解决。学校除了语、数、英几个学科能够正常开课外，其余科目都存在着开不全，或开课课时不足的问题。随着一四九中学小学部加入文艺二校教育集团成为东校部后，截至 2016 年 9 月，班级数增至 47 个，学生人数由原来的 420 人增加到 1960 人，集团选派 60 余名教师到东校部工作，所有学科全部开齐，教学质量大幅度提高，提升了东部校区的"软实力"。而东校部在取得成功之后，也让文艺二校品牌在社会上仿佛增加了"点石成金"一般的魔力，既让自身教职工的信心得到增强，也让社会上相信了文艺二校集团"扩张不降质量"的承诺。

（二）创新机制，学校管理更轻松

面对"一校多区"的格局，我们通过顶层设计、科学实施、不断完善，摸索形成了适合自己管理层编队的"雁阵管理"模式，变"集权"为系统开放式"分权"，实行集团办公室统一协调下的执行校长负责制，构建了有决策层和执行层两个层次的"条块相间"的管理架构。这一运行机制使得各位执行校长不仅对分管条块负第一责任，而且在服务中引领各自校区管理板块的发展，内化集团标准，外化集团品质。各校区配备完整的管理团队形成相对独立又紧密联系的和谐、高效的"小雁阵"，其同频共振产生的"向上之风"，极大增强了组织的管理效能，共同支撑起集团内的组织、制度、教育特色、管理队伍、重大活动五大协同。

（三）熔炼队伍，教师成长更显效

教育的均衡根本上是师资的均衡。集团化办学不能仅是名称与校牌的统一与融合，更应当是师资队伍的深度融合。面对一批批后并入的教师，学校致力于提高教师身份的认同度，激发专业发展的潜力，激活专业进取的欲望，实现自身的专业发展与提升。一是强化各级名师、骨干教师的专业影响力与学术领导力，依托其带动各校区的教师，形成教师专业发展共同体，在科研融合中定方向、定标准、定重点，深层促进思想、资源、项目的持续流动。同时，集团以多种方式为全体教师增能，以"日常性育人即专业化研究"为价值取向，把日常教育教学视为研修的主题、内容、形式与路径。校本研修中，学校秉持"任务驱动、项目推进、伙伴学习、平台集成"的发展思路，为每一位教师提供体验实践的综合研修情境，进而在职业价值的建构、专业方向的引领、成长条件的创设等多个层面持续推动师德发展、师能提升和师情畅达。师资均衡度的不断提高，无形中消除了集团组建初期外界有关"教师血统论"的质疑。

（四）聚焦核心，学生成长更具内涵

集团化办学推动了资源共享、成员互动，增强了优质教育资源的辐射力，使学生的综合素质整体均衡发展。我们倡导新型课堂文化，引导教师观察与思考学生的表现，关注学生良好学习生活习惯养成、问题解决能力与思维品质的提高。在全体教师的共同努力下，在集团化办学的推进过程中，将责任教育理念融入学校管理、课程建设、学生培养等各个方面，坚持从儿童的视角和需求出发深化办学，营造出集团德研、教研与科研一体化格局，致力于培养有个性、有品性、有灵性、全面发展的学生。

文艺二校与薄弱学校合并重组后，是师生的深度融合，所以学生关系呈现契合度极高的态势。学生与学生之间相处融洽，团结友爱，形成了和谐的校园氛围，整体呈现好习惯、爱读书、善交流、人人有多项特长、学习力突出的群体发展趋势。不仅学业质量得以整体提升，而且群体综合素质全面达成。各级英语竞赛保持市区领先；艺术三队多次获省、市大赛金奖；学校连续十届获全区运动会总冠军；"体操风暴"主题大课间得到国家体育总局领导的高度评价；乒乓球、足球、羽毛球等特色体育项目在各级各类比赛中摘金夺银……

随着集团化办学 1.0 时代的结束，文艺二校一加五构成的庞大团队和谐相融了，校部发展和谐同步了，干群关系、师生关系、家校关系更加融洽了。集团组建初期的外界的教师血统论、牛奶稀释论都在学校的稳步发展中悄无声息了，换来的是学生适学、教师适教、家长适位的初步成效。新并入的 9 个社区内学生大面积返流，每年有近十个班的学区生入学增量。学校发展充满了活力，社会影响力大幅度提升。

第二节　集团化办学 2.0 版
"创优"拓展的现实需求

一、发展情况

2016 年以来，文艺二校集团化办学进入了更为复杂的"加入型、内生型、联盟型、委托管理型、结对帮扶型"五种形态并存的"复合发展阶段"。对内，集团本身于 2017 年，强强联合，将拥有八十余年历史的文艺一校并入文艺二校教育集团，2019 年接收大南街道幼儿园，更名为文艺二校幼儿园行知部；在区内，要带领四所成员学校建设集团共同体，共同优质发展；对外，受沈河区政府委托，采取委托管理的方式，为沈北新区代管了文艺二校沈北分校及其附属幼儿园，为沈抚新区代管两所文艺二校沈抚分校；同时，还通过结对帮扶的形式在省内扶持三所兄弟校，经教育部牵手和四川省理县营盘街小学共建国家级帮扶结对学校。文艺二校集团打破了校际围墙、区域壁垒、城乡阻隔，形成"一校五区三园三托管四帮扶"的发展格局，进入了以"促进品牌增值的创优模式"为主的 2.0 版时期（2016—2020）。

二、发展挑战

规模的扩张、格局的扩大意味着责任的延展，意味着更大的挑战。这一阶段，优质资源扩张的重点已经转移到如何使集团内外多种类型的学校发展共同体实现"优质共生"。教育集团的发展将面临几个新的挑战。

一是如何保障教育集团自身的健康可持续发展，确保在集团化办学过程中，在对外发挥好辐射作用的同时，对内做大做强集团自身的优质资源，创生更多更好的教育资源，使集团保持生命和发展活力。文艺二校在快速地扩张和持续地对外输出优质资源时，一定会消耗或者分散集团自身的资源和能量，需要集团本身能够具备很强的造血和输血能力。

二是如何发挥品牌优势和引领作用，探索出真正使集团内各种类型的成员学校同步优质、均衡发展的方式方法，形成具有发展特色的成功的集团化办学模式，为成员学校提供优质的专业引领和发展服务，更好促进优质教育资源的复制和推广，实现"成员校共生增值"和"托管校社会化增值"。

三是作为区域内集团化办学先行先试的典型，深受业界、家长和社会关注，能否将这一新兴的促进教育优质均衡发展的办学模式办出成效、办出特色，让学生受益、家长满意、社会认可。

四是如何突破集团化办学的边界问题，做好集团化办学的质量控制，将行政驱动、专家引领、集团带动、学校联动形成有机整体，形成集团化办学的良好动力机制。

五是如何实现集团化办学的理论与实践创新，形成新的教育科研成果。

三、战略思考

面对新形势、新挑战，文艺二校教育集团经过深入讨论和思考，深切认识到：集团化办学不仅仅是规模的横向发展，更是内涵和文化的纵深发展；集团化办学不是基于均衡的权宜之举，而是一种新型的教育发展模式。集团学校的管理是有边界的，但是教育资源和教育教学发展是无边界的。集团化办学，在外部需要政策的引导、理论的指导，在内部则需要集团和学校进行更多的实践探索与创新。在集团化办学过程中，集团要围绕"优质共生"这一核心主旨，突破在办学理念、办学模式、育人目标、发展规划、课程建设、教学管理、教师队伍等学校办学核心领域优质资源迁移的障碍，积极探索促进集团内、外部共同体同步优质的方式方法。需要构建适应集团发展需要的现代学校治理范式和可持续发展机制，促进集团自身的卓越发展。打铁还需自身硬，这些目标的实现，都需要建立在集团自身品牌优势建设基础上，只有实现自身的卓越发展，集聚和创生更多更好的优势资源，才能实现规模与质量的双赢。

因此，文艺二校教育集团基于学生和学校"可持续优秀"发展的需要，站在"十三五"开局的新起点上，对集团化办学过程中制约未来改革发展的全局性、关键性问题进行系统判断，寻找新的发展定位，挖掘新的发展活力，提出解决的整体思路和框架。确定在集团化办学的2.0时期，集团核心战略是推动品牌增值，工作重点转向治理体系重构和教育综合改革，完善集团现代治理体系，提升现代治理能力，提升优质教育资源的辐射能力和水平，打造省、市、集团化办学的优质样本。主要实施思路是以国家社会科学基金课题"集团化办学品牌增值的实践研究"课题为先导，以科研为引领，立足品牌学校建设和集团共同体建设项目，制定集团发展的升级版顶层设计，深化与夯实集团品牌发展路径，推动理念文化、治理模式、教育教学改革、体制机制等创新，凝练发展成果和经验，提升自我发展能力和专业领导力，在做强集团自身的同时，充分发挥集团学校的品牌增值和品牌引领功能，为成员学校提供专业引领和发展服务。

文艺二校集团2.0版的集团化办学再出发，是在新的历史时期和发展节点上的重新定位和发展重构，集团拉开了"促进品牌增值的创优模式"的序幕，为文艺二校教育集团航母群扬帆远航提供了充足的动力。

第二章　基于 2.0 时代
集团化办学的顶层设计

集团总校长是掌握集团发展方向的决策者和引领者，要为集团发展明确目标和方向，描绘集团未来发展的路径和方式，制定集团发展的时间表和路线图。集团校长必须能够洞察集团发展情况，具备战略眼光，运筹帷幄，用战略思维管理集团，引领教育发展。在集团发展的第二个五年，文艺二校教育集团田冬校长，凝聚干群智慧，紧紧围绕品牌增值的教育探索实践，从学校发展历史中寻找品牌成长的基因，着力进行思考，研制了 2.0 版集团化办学创优发展战略，制定完善了集团发展进阶版的顶层设计，形成了集团发展的"四梁八柱"。顶层设计明确了集团发展方向，引领教育价值追求，明确发展目标路径，确定发展任务举措。通过实施，整体推动了集团的创优发展和全面发展，有效促进了"责任教育"品牌效益外溢。

第一节　价值引领，重组品牌成长基因

一所学校的品牌形成是长期积淀的结果，品牌的增值更是一个持续不断突破发展瓶颈期和高原期的整体升级的过程，需要动员集团学校文化、课程体系、课堂教学、管理创新、教师队伍、学生素养等诸多要素力量。其核心要素是学校文化，以文化内生撬动集团品牌增值发展。只有这样塑造起来的教育品牌才有文化的根基，打造出来的办学特色才有教育底蕴。

文艺二校集团在开展新一轮的顶层设计中，梳理学校发展的脉络，从历史中提取学校成功办学的核心因素，认真总结学校的办学历史、办学特色、成功经验，重新思考和审视当下集团发展的现状和需求，深入思考凝练新一轮品牌增值发展的办学理念、办学目标、学风校风等内涵，对学校的精神进行再次叩问，追寻探索学校文化的向心力，重组厚植集团品牌成长的基因，形成适合集团发展需要的价值引领。

一、责任立校——集团发展的思想基因

纵观文艺二校发展历史，无论是从普通小学到优质学校，还是从优质学校行稳致远一直到向教育集团转型，可以看到，从 1964 年建校开始，不管人员如何更迭，历届领导集体都有这样一种使命感，就是责任育人，把教育的责任牢牢扛在肩上，责任教育的文化精神深深地渗透在学校的各个领域和所有环节中。

（一）责任立校

1998 年，前任老校长丛莲芳带领团队，提炼出"责任"校训，践行"责任立校"。当时的领导团队做了三件事，一是以"责任"为统领的校园文化的塑造；二是以"责任"为首的爱岗敬业的教师队伍的打造；三是以"责任"为脉的办学理念和学校的基本制度的初步形成。二校责任文化的初步建立重在责任育人，激励人干事，让全体教师牢固树立起"责任重于泰山、质量胜于生命"的使命感，形成一种有旗必夺的精神。

面对当时"硬件软、软件不硬，人力资源缺乏、学校建设缺乏特色"等制约学校发展的软肋，学校领导从硬件建设做起，多方筹措资金，改善了办学条件；进一步完善了校园文化建设和现代化校园的建设工程，实现了教学环境、教学手段的现代化；建立了学校文化视觉识别系统，凝聚人心鼓舞士气；将家庭、社会、政府的三大外部力量与教师、校园文化、管理制度三大内部资源有效整合，形成了强大的合力，使学校逐步向名校靠近，走上了内涵发展之路。

在学校以责任教育为核心的办学思想引领下，完善、修订了人文的管理制度，在教师中牢固树立"塑师爱、精师业、倡团队"的教师精神，促使教师团队从爱岗敬业到爱岗精业的转变，从个体专业成长到团体专业成长的转变。拥有一支"牢记责任、爱岗精业"的高素质的教师队伍成为文艺二校持续发展的不竭动力。近十年积淀的教育教学质量和"责任立校"的办学理念以及优秀的历史文化传统使文艺二校成为享誉一方的优质学校，也为学校后续发展打下了牢固的根基。

（二）责任传承

2006年，文艺二校新一届领导团队成立之际，沈阳市的教育界发生了两件大事，一是取消择校，35所民办公助的初中和小学全部变为公办学校，按所划分的学区，免费就近入学，在沈阳实行了13年的"择校入学"政策告别了历史舞台；二是实行大学区管理，开始了三年的"人走关系动"的实质性教师交流工作。伴随着以"教育均衡"为主旋律的区域性系列改革，给作为优质资源的文艺二校带来了全新的挑战。田冬校长带领领导班子深挖自身优势与内涵，理清了学校校园文化形成的发展脉络，继续将"责任"作为学校的校训，提出了"用有责任心的教师培育有责任感的学生"的教育主张。同时，从自我、家庭、他人、集体、社会五个维度，建构了"五会五对"的学生责任教育实践和责任评价的框架体系，让学校文化在育人中得以传承与发展。随着新一届领导班子把责任目标转换为可操作的实践载体，并在工作中得以实施，责任的内涵越来越厚重了。二校人以责任为己任，以育责为灵魂，以守责为使命，以高度的文化自觉和文化自信，不断地传承和充盈着责任至上的精神内核，凝练出代表学校发展的核心价值理念的办学思想、育人目标和文化品质，展示出学校独特的文化魅力。

短短三年的时间，责任教育让文艺二校集团大厦的每一块砖瓦都牢固，每一束烛光都灿烂。至此，在两代领导者睿智的引领和所有团队同舟共济、不懈追求下，"责任"被不断地积累与沉淀，成为学校办学理念形成的基石，成为促进学校持续发展的教育品牌。

（三）责任担当

2009 年，在沈河区推进义务教育均衡发展过程中，文艺二校勇做先锋，放弃了名校"独善其身"的小日子，担负起了"兼济区域"的大责任，率先尝试，开始了集团化办学的探索之路。在我国名校集团化办学中，强强组合、强弱均衡已有先例，但像文艺二校这种以"一强带多弱，全员、全纳、全组"的集团组建模式实为特例，文艺二校集团这种历经五次重组的大体量兼并在国内也实属鲜见。文艺二校的集团化办学主要呈现四个特点：一是"一强带四弱"，母体所接纳的学校非新生，没有优势突出资源，均存在各自发展短板；二是全员接纳，包括人、财、物及相应学区；三是没有人员、经费、制度等方面的支持机制；四是教师重组的规模前所未有，学校必须尽快消化多名干部及占总数 57% 的非原母体校教师。面对前所未有的改革试点和社会质疑，文艺二校集团一路逢山开路、遇水架桥，稳妥处理好融合与稳定、发展与改革、自我发展与协同并进之间的关系，将一所优质学校办成一家同样优质的集团名校，体现了名校的办学智慧和社会担当。

从学校发展历史中可以看到，"责任"精神贯彻了学校发展的整个历史，是学校不断走向成功的核心文化支撑，是植根在每个文艺二校人身上的一个显性的基因，"责任"就是学校成功办学的核心因素，是思想基因，是文艺二校立校与育人的初心，是每个二校人引以为傲并身体力行的座右铭。

二、融合共生——集团发展的文化基因

在单体优质学校发展期间，文艺二校就曾因规模的扩大五年内在外校引进了 30 多位教师，和洽的队伍相融让学校高速持续发展；20 世纪初的课程改革，文艺二校更以学科整合教学引领了区域课改的突破。可以说，融合共生是文艺二校持续发展的文

化基因。集团化改革以来，业内鲜见的五次兼并以及集团多种形式持续扩容的过程，集团在推进集而成团的物理组合的同时，一直着力推进核心理念、师资队伍、课程理念、评价考核等方面的融合，"相融"是文艺二校集团凝聚合力、和合共生的关键，是学校办学集团化转型发展的助推基因。"融合"已经刻入二校人的骨血，成为教育集团新的文化基因。

（一）核心理念融合

在集团组建期，随着学校标准化建设的全面推进，各校区办学硬件条件渐趋均衡，办学理念、管理机制等软实力成为制约教育质量提升的决定因素。学校认识到：与物质资源相比，先进的教育理念、学校文化等优质精神资源通过有效的融汇，可共享性更强。集团面对各成员校之间的文化冲突，始终秉持着"和而不同，各美其美，美美与共"的理念。首先推动思想的融汇，将文艺二校以责任教育体系为核心的母体文化有效植入各个校区、分校和成员学校。在发展方向、思想认识、核心理念、价值诉求上达到高度一致，取得理念上的高度认同。其次，接纳和尊重新进校学校的原有文化，在核心思想取得共识的基础上，求同存异，承认并呵护各成员校间的差异性。借助核心理念融合，文艺二校集团推动了集团内各学校紧紧围绕"责任"，完成了各自文化的重构与再生，共同形成了一个价值融合、逻辑自洽的共享理念群，使得集团文化更为多元、更有层次和活力，实现了内部的深度融合，提高了学校的凝聚力，为学校管理、协作、发展、提升提供基础性保障。

（二）师资队伍融合

集团化办学不仅是名称与校牌的统一，百姓更为关注的是师资队伍能否实现均衡配置。文艺二校在集团化办学中，抓住师资队伍这一核心要素，多措并举，一直致力于推动师资资源的深度融合。一方面，集团在尊重教师意愿、考虑学校实际、满足工作需要的基础上，统筹调配教师资源，切实均衡各校区师资力量。另一方面，不断强化集团一体化的概念与意识，提高教师身份的认同度，既注重解决教师合理流动的问题，又关注教师归属感问题，使教师愿意交流，适应流动。经历了初期引导、奖励性的"柔性交流"和近年靠制度和机制规范的"硬性交流"，结合教师快车道成长计划，有效打破多次合并带来的各种教师"小团体"藩篱，较好促进了原有教师与外来教师在思想上、文化上、专业上、身份上的相互了解和融合，把"你们""我们"变成有共同归属感的"咱们"。

（三）课程建设融合

课程是学校育人的核心载体，名校之所以办学成果显著，很重要的一个原因是有一套体系完备、运转规范、特色鲜明、质量突出的成熟的课程体系。文艺二校集团在实施集团化办学过程中，充分发挥名校课程资源优势，搭建课程共建平台，一是推动全集团选择性共享总校成熟课程体系，如总校将自己开发的获得辽宁省课改成果奖的"四叶草综合课程"，作为集团课程共建资源，提供给各成员学校使用。二是推动自主研发富有校部个性特色的融合性课程群。随着各有特色的新成员加入，集团共同设计调整新的课程顶层目标，在学科＋总体课程目标的引领下，指导各校部和成员校自主研发，打造具有集团特色、凸显校部特点的融合课程群。如：总校开发了母语＋脑认知科学的"全脑母语课程"；顺通校部传承发展了体育课＋乒乓球的国球启蒙课程；新宁校部开发了劳动＋种植的农业种植课程；文艺一校部开发了科学＋参观的科技馆课程；松散型兄弟校大南一校开发了语文＋国学的童心养正课程等。这些优质课程资源，通过科学融合和共建共享，充分发挥教育集团的规模效应，在集团内、区域内、区域间最大程度地发挥课程集群的育人功能，满足学生个性化、多样化学习的需求。

（四）评价考核融合

评价考核是促进集团健康发展的指挥棒，有统一的指挥棒才会有集团的一体化发展。文艺二校推进集团化办学的过程，其实也是一个不断推进评价考核适应性升级的过程。一是推动总校与合并校评价方案的有效整合，既体现集团的整体要求，又能体现对新成员利益、权利的尊重。二是融入新的评价主体，学校将教师、学生、家长这些重要的利益方纳入评价主体，设计针对性的满意度评价问卷。第三，评价做到兼顾整体与局部，既考核集团的总体发展状况，又考察各校区的提升水平。第四，注重评价的系统全面，探索集团内部的质量标准，设定标准、制定程序、完备体系，实施全面绩效考核。

三、创新发展——集团发展的行动基因

回顾文艺二校发展历史，从普通小学到优质学校，创新一直是助推二校高速发展的动力源。从一校挂双牌——全市首家外语实验学校的命名，到幼小衔接实验的区内先行；从网络集中存储、无盘化集中管理校园的网络管理模式创建到集团化办学先行先试，文艺二校在创新精神引领下，不断开创学校发展的新成果、新局面。尤其是集团化办学作为一种创新型的办学方式，从无到有，从有到优，其制度建设、治理模式、育人方式、合作领域等需要集团从上到下开展全面探索，改革创新成为文艺二校教育集团不断发展壮大的组织基因和行动基因。

（一）制度建设创新

面对集团化办学带来的新情况、新问题，集团对原有的各项制度规定进行调整与补充，通过废、改、立，形成一套与集团发展相匹配、可操作的制度体系，用好的制度激励人、引导人，实现制度和人性的良性互动。在集团发展的各个领域和环节，创建起促进学校依法自主发展的长效机制。如，集团组织创新层面新增集团办公室工作职责、各校部执行校长负责制、六大业务中心牵头校长领衔制等七项制度，激活了集团办学机制，增强了集团组织职能和管理效能。《教师赴东部校区交流制度》均衡了校部师资配备；《教师岗位双向聘任制度》解决了教师的消极怠工；《校部仲裁制》缓解了矛盾的上移；《统一询价采购制》规避了采购的风险。制度的创新破解了集团新症，助推着集团健康有序地发展。

（二）治理模式创新

集团化办学使文艺二校集团成为一个"万人小学"，同时也给集团管理带来新的挑战。为了破解管理中带来的种种问题和制约瓶颈，文艺二校对传统的学校教育管理思想和实践模式不断地进行自我创新、超越和发展，通过破与立，推动集团治理转型。在集团化办学实践中，集团抓住"法治、分权、共治"这三个"破与立"的发力点，着力构建与集团化办学相匹配的学校制度体系、治理结构、运行方式以及创新发展模式，通过内部治理改革，以正确处理好各方权力与权利关系为重要基础，以多主体参

与的共同治理为主要方式，积极构建决策、执行、监督互相制衡的依法管理、民主监督、多元参与的治理格局，走出了一条适合本校实际的从单体学校到集团学校的转型发展之路。

（三）育人方式创新

育人模式的创新精神和创新行动一致贯穿着文艺二校从单体学校到教育集团的整个发展过程。集团化办学后，其特有的规模效应和资源优势为转型发展后育人方式的丰富与创新提供了良好的基础环境。集团充分发挥集团资源优势和规模优势，不断推进育人方式的整合与创新。如：创新了"管理＋协同"的育人模式，以习惯进阶21天为代表的一系列育人项目，实现了育人主体从部门统筹到家校共育的延展；创新了"课程＋实践"模式，以四叶草大综合课程为代表的课程创生，实现了学习内容从课堂场景到生活情景的拓展；创新了"文化＋活动"模式，以"小脚丫走世界"为代表的班本课程开发，实现了学习渠道由文化浸润辅以生活体验的融合。随着大数据、人工智能、区块链等新兴技术快速融入教育领域，集团依靠人力优势集结智囊团队拓展基于新技术的育人渠道。如：采取课程＋技术，研发了一对一交互式学习平台；采取评价＋技术，研发了随科随堂学生表现性评价的个性画像工具；采取管理＋技术，实现了集团和远程互通、远程帮扶，信息化管理。

（四）合作领域创新

集团化办学具有广泛的外延和深刻的内涵，而参与集团化办学成员之间的相互沟通、相互合作的领域和范围也显著地体现了集团化办学的这个特点。文艺二校人不满足于优质资源的区内辐射，将沈阳最好的基础教育资源，在更广阔的地域传导、输出。近五年中，文艺二校在"兼济区域"的同时，更是通过依托四城乡共同体建设（远程帮扶）、跨多个区域委托办学、名校长工作室建设、全国影子校长及骨干教师培训基地建设等形式，让文艺二校品牌走出沈河、走出沈阳、走向全国。集团也已经从最初单一的"加入型"走向"加入型""内生型""联盟型""委托管理型"并存的复合发展阶段。一所优质学校所担负的社会责任，实现了最大程度上的延展。合作领域的创新推进了集团品牌不断加大的开放、辐射与输出，彰显了集团化办学强大的影响力与社会价值。

追根溯源，从学校历史中梳理学校发展的脉络，从不断破解集团化办学难题的过程中，文艺二校找到了内生发展的"DNA"，提取重组出驱动集团品牌增值发展的三个要素，那就是"责任、融合、创新"。责任是思想基因，是立校与育人的初心；融合是文化基因，是转型与重组的土壤；创新是行动基因，是破解难题与领先发展的动力。学校把这三个要素作为引领学校走向品牌升级的核心要素，并逐步建立起"责任铸就品牌，创新驱动发展"的品牌铸就模式。在责任教育理念的引领下，学校在内涵发展和品牌升级之路上不断前行。

第二节　建梁立柱，重构品牌发展体系

学校品牌是学校在创建、发展过程中逐步积淀下来的具有一定知名度、赞誉度的学校综合内涵的概括，它凝聚在学校的名称、标志和教学设施、校园文化、课程课堂、师资队伍、管理制度、办学特色等诸多要素中，是学校办学理念、教育品质、教育特色、管理机制以及学校文化等的集中体现。实施品牌增值战略，实际上是对集团办学的一次全面系统的改革和创新。文艺二校集团以品牌学校创建项目为依托，从价值观、方法论和操作体三个层面对集团化办学的核心理念、顶层目标、实施路径和运行措施进行整体构建和完善，层层推动落实，着力构建与集团化办学相匹配的学校制度体系、治理结构、运行方式以及创新发展模式，为实现学校品牌升级和效益增值，提升集团共同体建设的领导力奠定了坚实基础。

一、学校文化体系的建构升级

学校品牌的根基和灵魂是学校文化，它的建立是基于学校文化的，是学校文化对外的表现。学校品牌的塑造之路必须通过学校文化建设，任何脱离学校自身文化建设的"品牌形象"都是没有生命力的，品牌的升级首要是学校理念文化的升级。

在长期的教育实践中，文艺二校集团总校形成了"责任教育"的品牌文化，对于学校品质发展、特色的形成，对于教师的教和学生的学，都具有深远的影响。但是，在通过"名校+"的方式组建集团的过程中，加入型的成员学校各自带来了自己的学校文化，体现在不同的学校制度、管理办法、育人理念以及教师精神、行为等各个方面，不可避免地带来文化冲突。文艺二校集团守正创新，在传承总校责任教育的优秀文化传统的同时，结合发展需要，对学校文化体系进行了整体建构升级，较好地解决好各成员学校之间文化的传承和建设、融合和发展的问题。

（一）确立发展共同愿景

面对着集团多校区分散管理、内部机构冗杂、新老教师泾渭分明、文化多元分化等管理和发展问题，文艺二校采取"横向传承，纵向打造，实现集团文化融合；活动引领，载体创新，打造集团文化特色；整合资源，多维互动，形成集团共同愿景"的策略，构建文化向心力。每有新团队融入进来，集团首先就要进行一场"由责任文化引领，实现教师的行为变化，融入二校优质基因"的"文化"化"人"工程。交朋友、结对子、进项目、给位置、改评价、促公平，"快车道计划"让新进教师安心、顺心、有信心。把"肯包容的态度、善协同的能力、重责任的精神"作为教师队伍责任文化重建的三个维度的目标。在和谐的前提条件下，形成"师与生共同成长；家长与社会满意；规模与质量双赢"的集团愿景。把新进教师的成长、发展摆进集团发展、壮大的大愿景中，激发他们的存在感、紧迫感、使命感，逐步实现了教师融入三部曲：信——对学校文化的认同；愿——愿意主动投入；行——将责任自觉担在肩上。这些做法举措潜移默化地影响新进教师价值观和方法论，作为文艺二校集团每个教师员工普遍认同和遵循的价值准则，形成了"责任教育"以及在这些准则指导下一致的行为、心理取向和精神风貌。从2009年合并第一所薄弱校开始，十年过去了，一批批新进教师用自己的努力站稳了脚跟，和谐向上的新团队用一种声音、一条心、一样的服务品质回应了教师血统论、牛奶稀释论；用高品质的育人成效证明，集团化后的二校，还是响当当的二校。

（二）重塑教育逻辑起点

集团文化建设的首要任务是提炼学校的核心价值理念，因为这是学校的灵魂，是统领全校师生员工的精神动力，是落实学校"培养什么样的人"和"怎样培养人"的根本问题，是集团办学行为和教师教育教学行为的逻辑起点。文艺二校教育集团在 2.0 发展时期，立足历史传统，把握发展机遇，根据品牌新定位，对现有核心价值观和办学理念做进一步提升，进行大胆创新，完成了新一轮的集团理念文化的顶层设计，引领师生和家长明确教育的价值追求，找到教育工作的"逻辑起点"，找到品牌的"核心价值"，以更高位的核心价值观和办学理念引领学校实现更大的突破。

1. 引领核心价值追求

学校办学的核心价值观应对标基础教育的使命。基础教育阶段关键不是灌输了多少知识，而是培育志气、坚毅、努力、责任这些重要的性格特质。文艺二校集团的教育就是要在学生的小学阶段精心播下"责任"的种子，在未来结出"自发""自律""自觉"的果实，系好人生第一粒扣子。即便责任文化的传承缓慢，需要在学生走入社会才能看出来小学时打下的烙印，但它远远高于功利的应试行为，高于追求短期效应的应景活动。

2. 开展理念文化重构

基于理性的思考，集团组织开展大讨论，梳理重构了学校集团理念文化体系。集团学校以"用责任为学生人生奠基"作为学校的办学宗旨，指导学校规范办学。确立"责任育人、责任立校"为办学理念，以"为孩子涂好人生的底色"为育人理念，明确"责任至上"为校训，把锻造"责任型"教师队伍作为兴校战略，意在引导全校教师以学生发展为责任，为学校发展负责。

办学追求：适合教育、科学育人、全面发展

办学策略：以责任教育为核心，以课程建设为抓手，借力脑认知科学和信息技术两大支撑

学生文化：重养成有担当、勤积累有底蕴、重特长求发展、会英语善交流

教师文化：肯包容的态度、善协同的能力、重责任的精神

学校精神：质量等于生命，责任重于泰山

学生责任素养目标：情怀与意识：做友好和值得信赖的人；能力与规格：做能干

和干得漂亮的人；策略与方法：做聪明和善于选择的人；实践与视野：做务实和见多识广的人；规划与意志：做自信和理想坚定的人。

确定校徽为 ✿ ，确定《让我们插上腾飞的翅膀》为校歌。

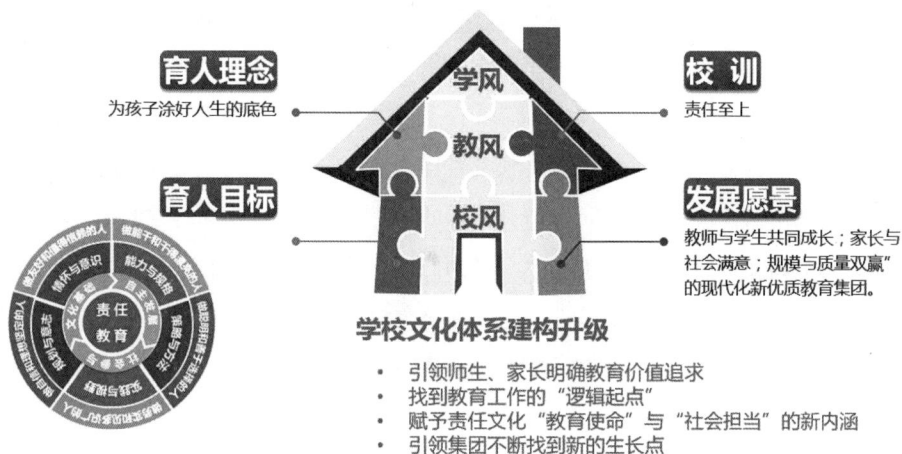

图2-1 文艺二校集团理念文化体系图谱

（三）深化责任教育内涵

在努力办好一所负责任的教育集团的同时，文艺二校也不断深化责任教育的内涵，扩大责任教育的品牌辐射影响力。从教师责任关联到家长责任，从责任教学延伸到开放办学。

一是文化共创，办学路径联同再造。集团化发展后，校区和教师多了，学生离家远了，生源杂了，家长的担心、质疑随之增多。怎么把家庭教育与学校教育有机地整合起来，互相促进？与其被动接受家长要求、指责、埋怨，不如"把家长放在老师的位置上"，敞开大门，让家校"共育"逐步走向家校"共治"更高层面。家长驻校制的实施，让家长从"幕后"走向"台前"：从以前的在校外旁观变成了到校亲自参与管理；从以往的单方依赖变成如今的"教育合伙人"，家校共担育人天职，双方对教育价值的追求更加趋同，进而有力推动了教师的成长，学校正能量得以更广泛地传递。随着家长们积极加入这个团队，校部调整、师资调配、阳光分班等关乎学生及家长切身利益的一个又一个难题，都得到圆满解决。学校的核心文化成为凝聚人心的法宝，二校品牌因责任而具备了社会公信力，责任文化也以一位位家长为节点，向外传播，放大影响，成为二校体现社会责任、创造社会效益的承载。

二是文化传播，放大品牌辐射效应。文艺二校在集团化办学过程中，本着责任至上的原则，打造集团责任教育品牌的管理和质量标准，通过集团共同体建设和委托管理的方式，输送至集团各成员学校和被委托管理学校，将名校的管理体制和办学理念等软文化运用到集团内其他成员校，使其管理水平和办学实力得到提升。高频次的校报出版、集团与各校部公众号等新媒体矩阵的运营、诠释责任文化构建的一本本出版专著，每一篇文章都体现着管理团队和教师们履职尽责的高效执行，向社会和公众传递着一场场文化、教学活动的责任内涵，在潜移默化中树立起集团尽责任、有担当的公众认知。做好自己，兼济区域，文艺二校集团用自己的担当为责任校训赋予了新的内涵。

文艺二校集团的责任文化实实在在地营造了集团内部健康的教育发展生态，用丰硕的实践成果诠释了文化化人的力量。

二、集团增值发展的顶层设计

2016年，站在"十三五"开局的新起点上，文艺二校集团也进入新的发展阶段，工作重点也从集团组建和管理模式等基础改革转向教育教学综合改革和品牌增值。在集团2.0版发展的关键阶段，文艺二校坚定不移地对责任品牌进行传承与创新，从价值观、方法论和操作体三个层面，整体建构策略推进，探索多元发展路径，形成了三者之间上下衔接、相互关联、互相支撑的集团品牌增值发展体系。对集团发展进行了重新定位和打造，制定了集团发展的升级版顶层设计和实施策略。

面对新的发展阶段集团再出发的更高追求，这一阶段的顶层设计，集团以"责任至上"为核心发展理念，旨在以更大的责任担当让集团化办学更大幅度地推动区域教育的均衡发展，使责任教育更鲜明地呈现责任为基的文化属性、公平为先的服务指向、引领创新的发展态势、融合共享的价值体现。

基于此，这一阶段的工作重点确定为：一是"做好自己"，擦亮集团责任教育品牌，这是基础的夯实；二是"兼济区域"，促进责任教育品牌辐射增值，这是功能的延展。围绕这两个方面，基于"优质"和"均衡"为两大发展主题，确定了"品牌增值、特色凸显、共生增值、责任延展"四个任务目标。

明确了"责任传承、文化融合、创新驱动、资源共享、项目联动、服务创生"六大实施路径，全面推进了"文化引领、治理融合、责任课程、自主学堂、云端学校、师生双十发展项目、四叶草综合课程共建项目、名校长（名师）工作坊、跨区合作办学"等精品支柱项目，推动集团办学和教育教学改革全面发力、多点突破、纵深推进。

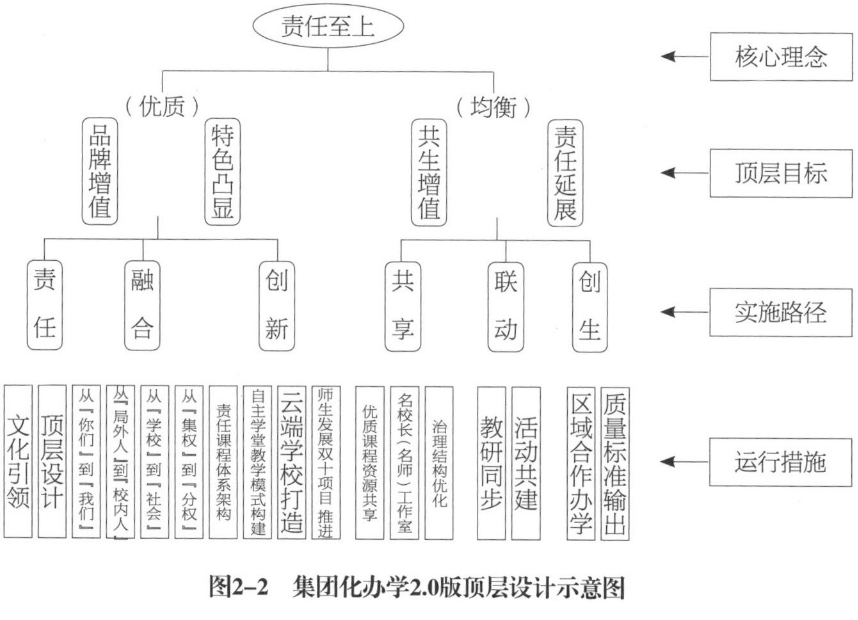

图2-2　集团化办学2.0版顶层设计示意图

从顶层设计中，可以看出，文艺二校集团紧紧围绕责任办学思想，精心绘制了系统的蓝图，在最高层次上寻求问题的解决之道，把看似不能完成的目标，准确定位，进行逐步拆解，制定了具有可操作性的时间表和路线图，确保了集团品牌增值发展每个时期都走在正确的道路上。

从"责任立校"到"责任至上",从优质名校到品牌集团,从做好自己到兼济区域,文艺二校成功转型、良性发展的秘诀,在于坚定不移地对责任品牌的传承与创新,以责任为引领做好每个发展阶段的顶层设计,理性选择适合每个阶段发展的变革目标与实践路径,坚持用责任文化推动学校转型和创新发展,也赋予了责任文化以"教育使命"和"社会担当"的新内涵,引领集团不断找到新的生长点。

第三编　共治保障品牌品质

第一章 治理升级——
学校转型的现实诉求

乘着基础教育综合改革之大潮，集团化发展正成为越来越多学校的战略选择，并因为地方政府的强力支持而大兴，涌现许多优秀的办学典型，实现了优质教育资源的供给扩容，区域教育水平的整体提升，有力推进了教育公平。在集团化发展的推进进程中，既有学校品牌、文化因规模扩大而创新提升、丰富内涵的案例，也有因为种种客观原因导致的原有品牌、文化活力及形象被稀释、异化的情况，甚至有的"短暂性"名校集团，因为校长的"强项令"风格，让一干重组校园特色变得单调、固化，缺少弹性和韧性，一旦出现系统波动，就"泯然众人"矣。因此，集团化学校提升品牌的最重要保障，就是建立严肃而有弹性、规范不缺活力、高效统合特色的治理体系。比如文艺二校集团，这样一个空间和师生人数规模都媲美大学的"小学"，其建立高质量教育集团品牌的"答案"之一，就是二校治理体系的底层逻辑和本质核心。

　　校园治理体系本身是一门综合科学。它需要为效率建模并实践，作为一所"小学"，最能够发挥管理效能的结构应该怎样构建，如何突破这样的规模？一方面，它需要设立治理底线，规范集团内各方主体的权力与责任、权利与义务、自由与纪律，保障集团内部规范高效运行；另一方面，它需要设立治理上限，作为一所"小学"，不可能无边界蔓延，其社会效益最大化与办学品质极致化的平衡点和临界点在哪里？它与企业治理结构又有着本源上的不同，其根本推动不是出于利润而是"责任感"，作为教育工作者，职业道德、人性欲求与管理工具之间最恒定的联系是什么，现代企业管理学中那些精华的技巧性的理论，能够应用在学校治理中的"他山之石"有多少？作为集团化办学有所成的探索者，作为一个新型的、庞大的"大学"般广域的教学空间建构者，田冬校长自2009年起，引领着文艺二校由优质单体法人校融合多个校部发展为紧密型集团化学校转型。文艺二校转型所面对的现实问题，诸如连续兼并周边薄弱校、规模急剧扩张、多校部分散管理、内部机构冗杂、新老教师泾渭分明、文化多元分化等涉及各个领域的新老问题，都非常具有典型性，去理清田冬校长逐步臻善的治校逻辑，去模拟他及团队解决问题的思维方式和办法，也就能更直观地理解文艺二校集团最精粹的校园品牌管理建树——共治。他总能从制度设计角度为学校的进步找到"人"的原因，把"人"激活为校园治理体系中最积极的元素，把如鱼得水的分校长、自动自发的教职员工、在各类委员会充分发挥作用的专家和家长以及学校中最核心的作品——学生，充分调和，形成了一个多元联动的、可以撬动庞大智慧储备的和谐共治的组织体系。所谓"共治"，一个"共"，其核心在于改变校长"单兵作战"模式，让集团内外各界共同参与学校治理。一方面，建立健全预防和化解办学矛盾机制，构建矛盾纠纷多元化解工作体系，推进协同治理；另一方面，建立多元主体参与协同机制，推动集团治理重心下移，共同制定学校治理的有关制度（共建），共同治理和协商集团事务（共治），共同享用教育改革的红利和治理成果（共享）。一个"治"，其根本在坚持构建系统治理、依法治理、综合治理、源头治理四大治理模式，健全集团自治、法治、德治相结合的现代治理体系。田冬校长不断把他的观察思考进行系统化、整体化、文化化。他的许多理念和实践让学校感受到了校园治理带来的蓬勃活力和创新成长。

还是让问题成为索引。如果隔着一层玻璃看二校，不去调研和感受，面对这样一个同行们普遍关注的，五部三园外加跨区域托管校的万人大集团，肯定有人质疑，有人感慨，学校转型后管理上是如何制胜攻坚？如何完成管理升级？如何彰显集团化办学的价值？如何用好教育行政部门还给学校的自主权？这诸多问题，都是学校转型后管理者必须深入、理性思考的一系列课题。发展过程中，针对集团化办学的管理难题，田冬校长与集团班子直面三个管理矛盾。

一、集团统筹vs校部利益

情景案例：

> 集团期初务虚会上，各校部汇报学期计划、提交本学期工程等预算：
>
> 总校部：为了保持信息技术的领先，在数字化校园的基础上将校园升级为智慧校园，需购置智慧一体黑板，改造云录播教室。
>
> 文艺一校部：校部新合并，外部装修已在前期完成，本学期需进行与集团风格一致的内部改造。
>
> 行知校部：食堂设备有损耗，需更换，教师在教代会提出添置烙饼机、豆浆机等新设备。
>
> 顺通校部：从合校到现在近10年的时间，操场的运动器械破损严重，需要更换。
>
> ……

在集团化管理中，我们常常面对上述这样的场景。各校部原生态造成的不同差别很容易导致集团管理失衡。一方面体现在对于资源分配上的不平衡：集团下属校部的管理者往往会在各自利益角度上，向集团提出各自条件和要求，或希望被给予更多可利用的资源，抑或希望被放权拥有更大的自由发展空间。但面对集团现状，资源是限量的，各校部自主权也一定会受到不同程度的限制，集团无法完全满足各校部的每一项要求，这样在集团资源分配与控制力度的把握上，各校部间就难以实现平衡；另一方面体现在对下属校部在考核上的不平衡：因下属校部各自资源能力和所处环境、服务受众有差别，如何合理地设计针对不同校部的考核目标，并且被集团成员共同认可，达成共识，是解决集团化管理失衡的关键所在。对于普通教师而言，这些不平衡自然形成了以自身利益为出发点的攀比心理，教师们会通过比较各校部的校园环境、比较集团的教学设施投入、比较校部领导的管理精度而向校部管理者施压，造成各校部为各自利益争夺集团资源的不良局面，导致集团的物资、制度供给与校部实际需求出现矛盾。

二、集权vs分权

情景案例：

> 集团合并学校初期，社会上对二校总有"牛奶稀释论""教师血统论"的说法，在一次家长开放日活动后，家长在反馈单中写下了这样的句子：
>
> 我最担心的是到别的校部去上课，老师也跟着换，现在放心了，原来的老师跟着走，谢谢领导想得周到。
>
> 今天我参观了新校部，很震惊，虽然合校的时间短，但教学楼的装修风格与总校保持了一致，管理模式一致，看着孩子们穿着整齐的校服做操让我有种没离开总校的错觉……

对于多元化发展的教育集团，下属校部因发展背景、发展状况与外部环境存在差别，学校在集团化发展的过程中尝到了"集权"的甜头：它使得各个校部虽有地域限制，但却能做到政令统一、标准一致，便于集团高层统筹全局，兼顾其他，提高集团各校部的执行力，形成统一的集团形象，可以说在集团化初期达到了稳定教师队伍和学区家长心态的社会功能。但随着集团化的进程，学校渐渐发现完全的集权不利于发展各个校部因年段布局而展现的个性与特色，在外部环境变化的时候，各校部会因集团制度和集团内工作流程设计的延长，在应对外界时缺少弹性和灵活性。如果因为集权而导致集团各校部缺乏积极性、主动性和创造性，对集团产生依赖思想就更不是大家所乐见的了。于是学校把权力下移，各校部可以在自己的管辖范围内独立自主地工作，充分发挥各校部的主观能动性，做到从实际出发，因时因地制定具有自身特色的决策。但问题来了，管理的差异，校部特色的凸显使得集团标准再次模糊，集团的整体利益容易被忽视，从而造成校部的本位主义，不利于集团的整体发展。因此集权还是分权，如何集权又怎样分权是个需调和的矛盾。

三、人才流动vs母体惯性

情景案例：

> 东校区（新宁小学）成立八年来，学生总数从近500人增至4200余人，教师缺口百人以上，而总校周边的四个校部因都在沈河老城区，教师稳定并有一定程度的配置富余。每学年期末的岗位安排，鼓励教师赴距总校10余公里外的东校区（新宁小学）交流工作两年成为每年人力安排的攻坚战。

从人力资源管理的角度来看，集团要想更好地发展就必须要保持良好的人员流动率，所谓"流水不腐，户枢不蠹"。只有人才真正地流动起来，才能实现人力资源的最佳配置。学校在逐步合并新学校，进行集团化管理的过程中，发现教师们普遍存在对原来母体校部的惯性依赖，不愿意交流到其他校部重新开始。能够流动起来的只有占教职工总数不到30%的班主任教师，还是因为校部布局的岗位需要，大多科任和二线教师往往会选择留在原来的母体校部中。这种局面在区域大力发展东部教育的大背景中更为凸显，东校区（新宁小学）求贤若渴，提出很多优厚的待遇，但教师们却因对新环境、新同事、新管理等一系列不确定的未知而缺乏走出母体校部的勇气，造成集团人力资源配置的严重不平衡，集团也较难进行科学的控制和有效的考核，使得集团对人才资源的需求与教师固有的母体惯性之间的矛盾日益凸显。

综上，集团化管理的三大矛盾点是每一个紧密型集团化学校办学过程中都可能面临的问题，解决这些问题需要从各个方面进行努力，无论是集团的战略分解，还是集团组织结构、下属校部员工共同的价值观培养等，这些与集团优质发展息息相关的元素都亟待解决与完善。

基于此，面对集团发展，学校从没停止过加强集团化办学管治措施的探讨。同时发现，尽管学校做大会产生新的问题和困难，但也会伴生新的优势。

1.实现优势互补，提升管理效率。集团化办学可以将某一校部的"长板"弥补其他校部的"短板"，使这一长项得到充分发挥，从而带动其他成员校提高了运作和管理的效率。比如课程的融通共享、人力资源管理经验的借鉴等。

2.实现资源统筹，产生规模效益。学校想到集中集团物力、财力可以实现集团科学统筹与调配，更可以通过利用集团的规模效应统筹人才、技术和研发平台以研发高难度的课题和项目。同时，集团统一采购可以降低采购成本。

3.产生协同效益，提高创新和综合竞争能力。集团是由若干相互联系、相互作用的子校部、子部门组成的学校生命共同体，在其内部各要素间的互动和协同，使共同体产生了创新和发展的推动力量，即协同效应。运用好协同效应，会将集团各种分散的能量作用在联合中使总效果优于单独的效果之和，实现1加1大于2的功效。

探讨中，治理升级成为学校转型的现实诉求。学校必须站在提升集团治理能力的高度，在对传统的学校教育管理思想和实践模式的继承之上实现创新、超越和发展。具体来说，就是要在深化教育领域综合改革的大背景之下，向现代学校制度建设理论借力，通过内部治理改革，以正确处理好各方权力与权利关系为重要基础，以多主体参与的共同治理为主要方式，积极构建决策、执行、监督互相制衡的依法管理、民主监督、多元参与的治理格局，最终达成学校办学公共利益的最大化。

在多年的实践中，学校尝试抓住"法治、分权、共治"这三个"破与立"的发力点，着力构建与集团化办学相匹配的学校制度体系、治理结构、运行方式以及创新发展模式，走出了一条适合本校实际的从单体学校到集团学校的转型发展之路。

第二章　现代学校集团
管控体系的破与立

第一节　法治管理——从"人治"到"法治"

过去人们常讲"一个好校长就是一所好学校"。陶行知先生也说过"校长是一个学校的灵魂"。固然，对于一所学校来说，校长是学校教育和发展方向的引领者、思想的制定者、理念的设计者、目标的确定者，也是统筹、组织、实施、评价的执行者。就像蔡元培之于北京大学，李希贵之于十一中学、刘彭芝之于人大附中、窦桂梅之于清华附小，都有力地说明，一个理念新、素质高、业务精、能力强、有人格魅力的校长，对于一所学校形成良性的管理机制和深厚的校园文化，从而造就无数的栋梁之材有多么重要。但是一所学校如果仅仅依靠一个校长的能量和影响，是否符合管理的规则，是否符合学校发展的内在逻辑？尤其是像集团这种"航母式"的学校管理，已经远远超出了校长个体影响力的边界。面对集团化背景下的学校办学与教育改革的新趋势、新问题，很多问题已经不能就事论事来研究和解决，必须用系统性方法和战略性的眼光去解决，校长的威权治校、人治管校显然已经不能适应集团变革发展的需要。突破学校管理瓶颈，探索构建集团教育治理新模式，成为文艺二校全体教育人需要共同思考的问题。

田冬校长在推动集团转型发展实践中，深切认识到，对于文艺二校这样一个超大教育集团的管理来讲，首要的系统治理，就是要划定底线红线，依法治理。即以维护集团制度权威、强化制度执行为基点，以依法管理、防范风险为底线，以聚焦价值创造、提高发展质量为引领，以坚持法治保障、风险防范共同推进为抓手，不断提高运用法治思维和法治方式深化改革、推动发展、维护稳定的能力，推进集团学校治理体系法制化。从"人治"走向"法治"，才能确保无论校长是否在教育现场，集团内各方主体都能各在其位，各尽其责，保持创新发展活力；才能确保无论校长如何更迭，集团学校都能够坚持办学定位、特色和文化，将名校传统延续下去，永葆走向未来的生命力。其主要做法，一是"建章"，二是"立制"，即以章程为统领，制定、实施与章程配套的制度，推动章程落地。

一、完善章程依法治校

（一）完善章程的背景

《教育法》明确规定，"有组织机构和章程"是设立学校必须具备的四个基本条件之首。学校章程是为保证学校正常运行，主要就办学宗旨、内部管理体制等重大的、基本的问题，作出全面规范而形成的自律性基本文件。它是学校中统领全局的文件，是学校的"基本法"，是中小学校依法自主办学的基本准则，在学校规章制度体系中居于龙头地位，是学校一切办学行为的依据。制定学校章程、完善制度建设既是依法治校的需要，更是学校自主发展的需要。

文艺二校是一所有着敢为人先的创新精神和改革文化的学校，早在 20 世纪 90 年代老校长丛莲芳就提出责任校训，积极推行岗位目标责任制，学校第一版章程萌发于1998 年。2013 年以来，党的十八届三中、四中全会强调将推进国家治理体系和治理能力现代化作为全面深化改革的总目标，现代治理理论成为实现教育现代化的重要指导思想。2014 年，沈河区也启动了区域性的现代学校制度建设工作。在此背景下，文艺二校集团为适应集团转型重构的发展需要，开始了新一轮集团化办学背景下集团学校的章程建设，以章程为统领，一举解决集团学校治理中两个关键问题：观念的转变和制度的保障。通过建立和完善章程，学校力图在新的历史时期，让集团学校实现理念文化升级、治理体系重构、体制机制完善、效能有效优化、管理更加适切，对内形成自我发展、自我约束的依据和保障，对外昭示对家长和社会的公开承诺。

（二）章程修订完善重点

文艺二校集团建立之初，针对集团"松散型"共同体，集团内成员学校共同制定了集团章程，明确了集团"松散型"共同体的性质、组成、宗旨、组织结构、管理模式、成员学校的权利与义务、集团业务管理等内容，对集团"松散型"共同体建设起到了很好的引领和规范作用。2014 年下半年，针对集团"紧密型"学校，在原有的学校章程基础上，结合集团发展需要和新的教育形势，规范操作，守正出新，就集团学校的办学宗旨、理念文化、发展目标、办学特色、治理结构、运行机制、教育教学管理、队伍管理与建设、师生权益保障、学校资产管理、家校社共育等重大的、基本的问题，进行整体重构，作出全面规范，形成集团学校办学的"基本法"。

作为新时期集团学校的管理总纲，此次章程修订重点在以下几个方面为集团办学提供重要依据。

1. 明确集团品牌建设的顶层设计。重新梳理凝练后的理念文化，实现了对集团品牌发展方向、发展特色的引领。

2. 对进阶后的集团现代治理思想与管理模式进行了梳理、提炼与固化。二校的集团化办学走过第一个五年，随着规模逐步庞大，一些大集团病灶逐步显现。学校清晰感受到学校集团化转型后各层级的管理者对治理升级的强烈诉求。基于从单体优质学校转型为由一所法人学校融合多个校部的紧密型集团化学校，连续兼并带来规模急剧扩张、多校部分散管理、内部机构冗杂、新老教师泾渭分明、文化多元分化等管理和发展的诸多新问题，章程明确了以法制为基本底色，以分权为治校逻辑，以共治为行为模式的现代学校治理新思路。

例如：

（1）关于集团管理组织架构与责权定位。针对学校内部权力分配、责任赋予这一治理结构建设的核心问题，学校把雁阵编队、扁平布阵、责权定位以制度的方式予以明确并保障。在第十条中修订为，基于集团化多校部校情，集团创新组织架构和授权方式。实行"条块相辅，扁平布阵"的管理架构：各执行校长不仅是校部"块"上工作的负责人，还从"条"（六大业务中心）上分管集团工作；总校长对横纵两个雁阵双轨领航；各校部配备完整管理团队。

关于集团党政领导的责权定位：把握集团办学方向，为集团层面的党政工作全面负责。

关于执行校长的责权定位：校部第一责任人，对校部的财务、安全、师德等负主要责任；在本校部内具有独立领导权：考核、评估、聘任、推荐；责任相对大于单体学校的副校长。

关于牵头校长的责权定位：对所牵头的集团业务负主要责任。

（2）关于多元共治平台的搭建。传统的校园里，权力主体单一，于是责任主体必然单一，在不同领域的不同环节发生的诸多事情，均由校长或者行政管理者决策，不仅容易导致决策失误或不够专业，让行政一方承担难以承受的压力，也难以调动校内各方参与管理的积极性和创造性。针对这一问题，学校把内部治理结构的优化方向定位在由"权力分配"转向"责任共担"，重新梳理界定学校内部各治理主体的位置和权力责任界限、理顺各利益主体的关系中，搭建了由九大委员会构成的民主管理平台，让多方力量、更多主体参与到学校发展中。在第十三条中规定：搭建多元治理平台：在校务委员会、党委会、教代会、学代会基础上，新建家长共治委员会、学术委员会、督考委员会、仲裁委员会、顾问委员会。推动集团内各方力量权责明确，相互支撑、和中制衡，力求通过每一方治理主体做到位、不越位，不缺位，不错位，达成整个集团的规范与活力的平衡。

（3）明确了教师队伍聘用和交流模式。关于集团人员聘用的创新，颠覆传统的教师聘任模式，变学校单向聘任为学校与教师双向互选，先定岗再定人；因人设岗转型为多人竞岗，以岗位价值定待遇。在第二十一条中规定，根据文艺二校集团化发展的需要，学校采取全体教师实行双向聘任制。实行集团统一设岗，通过召开全体教师大会的方式，向全体教师公布岗位设置情况，教师可以根据各校部岗位设置情况进行申报（但只允许申报一个校部和一个岗位）。校部只需要按照总校部（包括总校、文艺一、行知、顺通四个校部）和东校部进行申报，再由学校设立的教师聘任工作领导小组对教师聘任工作进行审核、聘任表决等。

（4）依法保障师生权益。在第二十九条中明确学校建立健全校内申诉制度。学校根据聘用合同法建立健全劳动争议调解委员会，就人员的聘用、待遇、奖惩等方面产生的争议进行调解。在第三十五条中，明确规定学校建立健全校内权益救济制度，学校建立健全校内申诉制度，成立校内学生申诉处理委员会，保障学生合法权益。

（5）将家校社共育写进章程。在第四十条中，规定组织家长选举成立学校、年级、班级为单位的"三级"家长委员会。履行家长对学校教育工作的知情权、评议权、参与权和监督权。第四十一条规定学校聘请法制、交通、德育等校外辅导员，聘请法制校长，建立德育、科普、法制、社区等各类教育基地，定期组织开展校外教育活动。搭建学校、家庭、社会密切配合的育人体系。

新章程彰显集团特色，展示学校的鲜明特性，充分展现了文艺二校集团在现代学校治理体系方面进行重构的努力，是对自我治理能力和治理水平的一次提升。

（三）章程修订的程序

章程修订要保证制定过程的正义性。一是保证内容合法性。章程制定一定要以相关的法律法规为准绳，主要包括《教育法》《义务教育法》《教师法》等法律；《教师资格条例》《学校体育工作条例》《学校卫生工作条例》等法规；国家教育行政部门制定的《小学管理规程》等章程，以及地方权力机关和行政机关制定的有关教育的地方性法规、自治法规及规章等。在制定学校章程时绝不能与这些法律法规相抵触。二是保证过程合法性。集团在制定章程过程中，遵循以下几个过程：

（1）集团建立领导小组，组织专门人员学习研究有关教育法律、法规，清理本校现有规章制度，起草章程讨论稿。

（2）提交集团各校部、各部门、各年级组、教研组进行讨论，并进行修改。

（3）提交集团行政会、党委会和教职工（代表）大会讨论、修改、审议，经学校教职工（代表）大会三分之二以上的代表审议通过。

（4）报上级教育行政部门对章程的合法性和质量进行审查核准。

（5）结合学校的实际，适时地通过规范的程序对学校章程作合理的修订，使学校章程在执行的过程中得到发展，不断得以完善。

（四）案例呈现

沈阳市沈河区文艺路第二小学章程（暂行）

前言

沈河区文艺路第二小学1964年建校。2009年起学校肩负社会责任，有序扩大优质教育资源，先后与行知小学、顺通小学、一四九中学小学部、小西一校、文艺一校等合并重组，开设了五爱、顺通、行知幼儿园，并托管文艺二校沈北分校，形成了一校五部三园的办学格局。

学校在区域适合教育理念的引领下，用"责任文化"建设引领学校的制度建设，打造和谐的责任团队，大力开展课程改革，丰富学校的文化内涵，提升办学品位，促进教育教学质量的全面提升。学校现已成为沈阳市首批外语特色校，辽宁省廉政文化示范校，中央教科所十五期间科研优秀单位，中国教育学会中小学整体改革专业委员会实验基地校，全国双语实验基地校。先后获得全国、省、市"三八"红旗集体，是全区唯一一所连续十年获得省文明单位，省级先进党支部的学校，是一所以责任教育享誉市、区的集团化办学的优质学校。

做好自己，兼济区域。文艺二校正向"师与生共同成长、家长与社会满意、规模与质量双赢"的集团愿景迈进。

第一章　总则

第一条　为了全面贯彻国家教育方针，适应学校集团化办学发展需要，保障学校能够依法办学，依法执教，切实保障教职工合法利益，根据《中华人民共和国教育法》《中华人民共和国教师法》《中华人民共和国未成年人保护法》《中华人民共和国义务教育法》等法律法规，制定本章程。

第二条　学校全称为沈阳市沈河区文艺路第二小学，（简称文艺二校），英文名称为：

Shenhe District Wenyi Road No.2 Primary School,Shenyang City。

总校部地址：沈河区文艺路58号，邮政编码为110015；

文艺一校部地址：沈河区南关路44号，邮政编码为110015；

行知部地址：沈河区南关路47-1号，邮政编码为110016；

顺通部地址：沈河区顺通巷38-4号，邮政编码为110015；

东校部（新宁小学）地址：沈河区东平路7号，邮政编码为110161；

五爱幼儿园：沈河区奉天街北翰林路8号。邮政编码为110015；

顺通幼儿园：沈河区顺通巷38-4号，邮政编码为110015；

行知幼儿园：沈河区南关路47-2号，邮政编码110016；

学校注册域名为 www.wyex.com 。

第三条　学校由沈阳市沈河区教育局创建，经沈阳市沈河区事业单位登记管理局登记批准，业务主管单位为沈阳市沈河区教育局。学校是一所实施六年制小学教育的全日制公办教育机构，是具有法人资格的办学机构，独立承担民事责任。

第四条　学校面向所属学区招生，招生对象为年满六周岁的适龄儿童。学校依据社会需要、上级计划和办学条件有计划招生，并合理控制办学规模。学校小学部分最多可容纳班级 200 个左右，三所幼儿园最多容纳 24 个班级。

第五条　学校申请设立登记时的开办资金为人民币 1866 万元。学校具体经费来源为财政拨款。

第六条　学校以"用责任为学生人生奠基"作为学校的办学宗旨，指导学校规范办学。面对家长对优质教育的强烈诉求，把锻造"责任型"教师队伍作为兴校战略，明确"责任至上"为校训，意在引导全校教师以学生发展为责任，为学校发展负责。

第七条　学校确立"责任育人、责任立校"为办学理念，并梳理以下校园文化：

校训：责任至上

办学追求：适合教育、科学育人、全面发展

办学策略：以责任教育为核心，以课程建设为抓手，借力脑认知科学和信息技术两大支撑

学生文化：重养成有担当、勤积累有底蕴、重特长求发展、会英语善交流

教师文化：肯包容的态度、善协同的能力、重责任的精神

学校精神：质量等于生命，责任重于泰山

学生责任素养目标：

情怀与意识：做友好和值得信赖的人；

能力与规格：做能干和干得漂亮的人；

策略与方法：做聪明和善于选择的人；

实践与视野：做务实和见多识广的人；

规划与意志：做自信和理想坚定的人。

发展愿景：师与生共同成长、家长与社会满意、规模与质量双赢

第八条　确定校徽为 ，确定《让我们插上腾飞的翅膀》为校歌。

第二章　学校治理结构与运行机制

第九条　学校实行总校长负责制。总校长主持学校全面工作，中共沈阳市沈河区文艺路第二小学委员会发挥政治核心作用，教职工通过教职工代表大会参与学校的民主管理。

总校长是学校的法定代表人，对外代表学校，按照本章程自主管理学校，接受教育行政部门的评估、检查、审计和监督。

第十条　基于集团化多校部校情，集团创新组织架构和授权方式。实行"条块相辅，扁平布阵"的管理架构：各执行校长不仅是校部"块"上工作的负责人还从"条"（六大业务中心）上分管集团工作；总校长对横纵两个雁阵双轨领航；各校部配备完整管理团队。

集团党政领导的责权定位：把握集团办学方向，为集团层面的党政工作全面负责。

执行校长的责权定位：校部第一责任人，对校部的财务、安全、师德等负主要责任；在本校部内具有独立领导权：考核、评估、聘任、推荐；责任相对大于单体学校的副校长。

牵头校长的责权定位：对所牵头的集团业务负主要责任。

东校区（新宁小学）（文艺二校新宁小学）：设区教育局党组任命集团推荐的独立法人，在集团财务指导，人员支持的背景下具有其他事项独立的领导权责。

第十一条　中共沈阳市沈河区文艺路第二小学委员会充分发挥政治核心作

用，领导学校思想政治工作、精神文明建设和党风廉政建设，保证和监督教育方针的全面贯彻执行。

学校依靠党委，认真落实立德树人的根本任务，充分发挥工会、共青团、少先队等组织的作用，带领广大师生开展丰富多彩的校园活动，激发师生的爱党爱国情感，增强学校的凝聚力与和谐力。

第十二条　学校建立以教师为主体的教职工（代表）大会制度，保障教职工参与学校民主管理和进行民主监督。学校坚持教代会讨论审定学校重大方针政策的民主决策机制。对关系到学校发展和教职工权益的重大问题，包括学校章程、学校发展规划、人事聘任方案、绩效工资分配制度、职称晋级方案、弹性放学薪酬方案等，必须经教代会审议通过后方能实施。投票结果必须进行公示。任何组织和个人均无权改变教代会通过的方案。

学校工会是教职工代表大会的日常工作机构，保障民主管理、民主监督的落实，维护教职工的合法权益。

第十三条　搭建多元治理平台：在校务委员会、党委会、教代会、学代会基础上，新建家长共治委员会、学术委员会、督考委员会、仲裁委员会、顾问委员会。校务委员会负责学校发展的科学决策和民主管理；支部委员会参与决定重大问题并监督实施；教代会负责表决审议学校章程、发展规划、重大事项；学代会征集学生建议，参与学校管理；家长共治委员会行使家长权益，驻校参与学校管理；学术委员会负责学术咨询、研究、指导、评估、交流；督考委员会负责各校部工作的纠偏、考核；仲裁委员会负责解决各类权益纠纷；顾问委员会是推进学校发展的智库。各方力量权责明确，相互支撑、和中制衡，力求通过每一方治理主体做到位、不越位、不缺位，不错位，达成整个集团的规范与活力的平衡。

学校建立健全重大事项决策制度。学校重大事项应在党政主要负责人酝酿提议、充分调研与征求意见的基础上，由校长召集并主持校务会议审议，经集体讨论，由校长作出决定并组织实施。学校党委发挥监督保障作用。

第十四条 依据普通中小学内部机构设置的相关文件，学校设置党委（各校部设立党支部）、教导处和总务处等职能部门，分别承担相应的管理职能。

第十五条 学校成立由人大代表、人民群众、家长代表等组成的社会监督小组，制定明确的工作职责。接受政府以及教育、登记管理和审计等管理部门的监督，接受社会、家长的监督，听取社会各界对学校工作的意见和建议。

第三章 教育教学管理

第十六条 学校建立健全年级组、教研组、备课组、名师工作室等教育教学基层管理体制。

年级组长负责本年级的德育、教学工作，统筹教师分工与管理、年级教育活动、学生管理工作等。

教研组长负责领导、组织教师进行集体教学研究。教研组定期开展教学研究活动，按照学校安排参加各种培训和学术活动，贯彻落实教学计划，完成各项教学任务。

名师工作室由市、区教育主管部门认定的名优教师为责任人，带领本工作室的教师开展教育教学研究，提高教育教学水平。指导年轻教师课堂教学工作，发挥带头作用。

第十七条 学校坚持育人为本，德育为先，建立健全以学校德育工作领导小组、德育处、名优班主任工作室为主体的德育组织工作体系，形成以学校为管理主导，以校部为管理主体，以班级为管理单位，以班主任为具体责任人的德育工作管理机制。

学校依托学科课堂、道德讲堂、家长学校、学生社团、校外德育实践基地等平台，构建以"责任德育"为主题、以"做有责任的好少年"为价值引领的学校德育特色实践模式。

第十八条　学校依据本章程建立健全德育、教学、体育、心理、艺术、卫生、科技、安全教育、电教等教育教学规章制度，保证学校教育教学工作正常运转。

第四章　教职工管理

第十九条　学校依法执行国家教师资格制度、公开招聘制度和教师专业技术职务评聘制度，依法实行学校用人制度。按照市、区教育局的教师聘用方案及分配职数，本着择优录用的原则，公开招聘教师。

学校依据编制部门核定的编制数额、岗位数和岗位任职条件及教育行政部门、学校相关规定聘用教职工，聘任遵循双方平等自愿的原则，实行岗位管理。对聘用人员实行绩效工资制度。每学年依法签订教师聘任合同。

第二十条　教职工按照《中华人民共和国教师法》依法履行岗位职责，进行教育教学，开展教育教学改革和实验，指导学生的学习和发展，按时获取工资报酬，享受国家规定的福利待遇以及寒暑假期的带薪休假。对学校教育教学、管理工作提出意见和建议，通过教职工代表大会，参与学校民主管理。

第二十一条　根据文艺二校集团化发展的需要，学校采取全体教师实行双向聘任制。实行集团统一设岗，通过召开全体教师大会的方式，向全体教师公布岗位设置情况，教师可以根据各校部岗位设置情况进行申报（但只允许申报一个校部和一个岗位）。校部只需要按照总校部（包括总校、行知、顺通、文艺一四个校部）和东校部进行申报。再由学校设立的教师聘任工作领导小组对教师聘任工作进行审核、聘任表决等。

第二十二条 学校依法保障教职工工资、保险、福利待遇按照国家有关规定执行，逐步改善教职工的工作条件和生活条件。通过工会组织，帮助解决教职工遇到的实际困难。

第二十三条 学校制订教师专业发展计划，组织教师参与学术研究、考察交流和进修培训，促进教师专业成长。学校通过政治学习、业务学习、专题培训、专家讲座等形式，为教师提供学习机会。每学期教师培训不得少于4次。

第二十四条 学校建立健全班主任选配、聘任、培训、考核、评优等制度。在教师自我推荐、学校择优选拔的基础上，选配班主任教师。通过班主任培训、经验交流等形式，切实加强班主任队伍建设。教师遵照《中小学班主任工作规定》，履行职责，完成任务，享受相应待遇与权利。

第二十五条 学校建立教职工业务档案，每年对教职工的职业道德、工作能力、工作态度和工作绩效等进行考核，考核结果作为续聘、转岗、解聘、晋升职务与工资、实施奖惩等的依据。

学校将师德表现作为教师考核、职称评聘、进修深造和评优评先等的首要内容。

学校对教师的考核采取积分制评价方式，即将每学期教师的工作包括师德、考勤、教学、德育、体育、美育、卫生、安全、电教、服务明星等项目进行全面的考核，由负责主任对每项进行打分，合出总分后，按照"343"的比例分成三等，按照不同的等级给予不同的奖励。

第二十六条 学校开展"责任教师及责任团队"的评比，制订考核评比方案。通过教职工代表大会审核通过后，对在教育教学、科研、管理服务等方面表现优异、业绩突出者和团队予以表彰和奖励。

学校对违反校规校纪和合同，或在工作中造成失误和不良影响的教职工，视情节轻重，按照有关规定予以批评教育和惩处。

第二十七条 学校建立健全校内申诉制度。对学校侵犯其合法权益的，或者对学校做出的处理意见有异议的，可以向教代会提出申诉。教代会通过与校务委员会讨论，必须在10日内给教师进行答复。如教师对答复不满意可向上级部门提出申诉。

学校根据聘用合同法建立健全劳动争议调解委员会，就人员的聘用、待遇、奖惩等方面产生的争议进行调解，当事人对劳动争议调解委员会提出的调节意见不满意的，可按有关规定办理。

第五章 学生管理

第二十八条 凡被本校录取或转入本校学习的学生即取得本校学籍。学校实施小学阶段的义务教育，按免试就近入学的原则，招收学区内适龄儿童、少年入学，实行秋季始业。一年级新生入学后采取"阳光分班"的形式，进行分班。

第二十九条 学校按照国家、省、市有关学生学籍管理的规定实行学籍管理，健全学籍档案，严格按照转学、休学、复学等程序进行学籍异动操作。

学校对完成修学年限内规定课程且综合素质、学科学习业绩合格的学生，准予毕业。

第三十条 学校建立学生成长档案，对学生实施综合素质评定，促进学生全面发展。每学期评价结果记入学生综合素质评价手册。

第三十一条 学校对德、智、体、美、劳诸方面均表现突出、在某方面有突出成绩或进步显著的学生，予以表彰和奖励，并记入学生本人档案。

学校对违反《中小学生守则》《中小学生日常行为规范》以及校纪校规的学生予以批评教育，并可对情节严重者给予相应处分。

第三十二条　学校建立少先大队和中队，充分发挥自主管理、思想引导、文化育人、实践育人的作用，提高青少年学生思想道德水平，维护青少年学生合法权益。大队辅导员由学校推荐，经教育局同意后，进行聘任和报备，并享受学校中层待遇。中队辅导员由学校聘任。

第三十三条　学校建立健全校内权益救济制度，保障学生合法权益。

学校建立健全校内申诉制度。成立校内学生申诉处理委员会，明确受理学生申诉的部门和程序。

第六章　学校资产管理

第三十四条　学校建立健全财务管理制度，执行国家统一的会计制度，并接受上级教育行政部门和财政、税务、审计、监察等相关职能部门的监督。集团每学期召开一至两次财会审计会议，审议学校财务支出情况，依法行使教师权利。

第三十五条　加强学校财务管理，提高资金使用效率，规范执行上级财政部门的有关规定，根据多校部、园部的发展现状，经 2019 年 11 月报请沈河区教育局同意，集团财务权下放到八个校部、园部。教代会通过并执行《集团财务责权下放至校部（园部）后续管理方案》。

第三十六条　学校的校舍、土地资源、设备设施和无形资产受法律保护，任何人员不得占用。学校每学期进行固定资产的统计与检查，确保学校资产不流失。对于侵犯学校财产和造成学校财产损失的依法给予行政处罚。

第三十七条　学校严格执行"一次性"收费的政策，按照市、区教育局的有关规定，代收代支学生费用。同时，做到公开、透明，及时向全体家长及学生进行公示，接受社会的监督。

第三十八条　学校依法接受社会各界的捐赠。依照国家有关规定，建立健全财务会计制度和受赠财产的使用制度，加强对受赠财产的管理。公开接受捐赠的情况和受赠财产的使用、管理情况，接受社会监督。

　　第三十九条　食堂、饮用水面向社会的选择权下放到校部园部。规范学校食堂内部运营管理，确保师生饮食安全有营养，保证配送环节严谨透明，保证食堂资金使用的合理、合法。具体对校部园部食堂管理提出三点要求：1.配送底价：打破垄断，多家配送公司比价后，按同质底价原则定价，确定信誉好、服务好、认可微利经营的三家以上公司进行合作，避免垄断，方便比价，每半年续约。2.配货质量：食材配送与食堂接货分段负责。通过接货签字环节分清责任。3.饭菜质量：定期问卷，更换经理及厨师的权力下放到校部家长共治委员会。

　　第七章　学校与家庭、社会

　　第四十条　学校遵循民主、公开、自愿的原则，组织家长选举成立学校、年级、班级为单位的三级家长委员会。履行家长对学校教育工作的知情权、评议权、参与权和监督权。学校依靠家长委员会办好家长学校。每学期家长委员会要召开一至两次会议，为学校教育教学工作提出合理化建议。学校要及时对家长提出的意见及建议给予解答。

　　第四十一条　学校聘请法制、交通、德育等校外辅导员，聘请法制校长，建立德育、科普、法制、社区等各类教育基地，定期组织开展校外教育活动。搭建学校、家庭、社会密切配合的育人体系，形成教育合力。

　　第四十二条　学校加强校园文化的建设，弘扬学校"责任"校训，加强自身建设，树立师生典型，以良好的校风、教风、学风在社区内树立良好的社会形象，创建良好的社会声誉。

　　学校执行上级部门提出的向社区开放校内文化设施和体育场地的规定，定时定点开放学校操场、体育场馆等设施，保证活动场地得到有效利用。学校依托社区，开发社区教育资源，寒暑假期间学生要到社会参与社会实践活动，增长才干。

第四十三条 学校依托公安、行政执法、文化、工商等部门共同开展校园及周边地区的综合治理工作，定期开展校园周边隐患的排查，对排查出来的问题要及时会同有关部门进行治理。教育本校学生遵守学校规定，举止文明，加强对行为偏差学生的教育。

第八章 附则

第四十四条 学校建立健全本章程统领下的学校规章制度体系。规章制度的立、改、废均依照民主程序进行。

第四十五条 本章程经学校教职工（代表）大会审议，校务委员会通过，并经沈河区教育局核准备案之日起实施。

2017.12.6

二、依章建制破解新症

章程制定完成后，建构紧密、适切的组织结构及制度，是实现集团化办学良性循环的关键，积极探索现有管理体制和机制下，适应集团化办学的人员聘用、岗位设置、经费管理、评价激励等制度，探索集团发展的新途径、新方法、新机制，保障集团化办学健康持续发展。文艺二校集团依据章程，对内部制度进行全面梳理，按照学校机构制度、工作制度和人员制度三个维度进行归纳、整理，通过"废、改、立"，建立起以章程为统领，以学校机构制度、工作制度和人员制度为配合的系统完备、科学规范的适合现代集团管理的制度体系。尤其是创新制定了一系列新制度，有效破解了集团化发展过程中的一些突出问题，化解了来自家、校、社等不同层面的矛盾和冲突。

（一）传承中创新

在多年的传承与发展中，学校以"责任"为精神统领，形成了较为规范、相对完备的岗位职责及相关制度。面对集团化办学带来的新情况、新问题，再次对原有的各项制度规定进行调整与补充，通过废、改、立，形成了一套与集团发展相匹配、可操作的制度体系。仅集团组织创新层面就新增集团办公室工作职责、各校部执行校长负责制、六大业务中心牵头校长领衔制等七项制度，激活了集团办学机制，增强了集团组织职能和管理效能，有力地推动了集团的可持续发展。目前，已经颁发的《岗位职责及制度汇编》，涵盖教职工岗位职责、组织机构管理、德育管理、教学管理、教师管理、安全管理、总务管理等，并成为新入职教师的培训教材，成为集团内所有教师的行动指南。

（二）规范制定过程

学校完善制度体系遵循了五个原则：一是确保制度的合法性。章程及集团的其他规章制度要遵循法律保留原则，符合理性与常识，不能超越法定权限和教育需要增加义务，不能设定罚款，或者其他可能侵犯师生基本权利的处罚事由和惩戒办法。二是保证制度的科学性。能依据法律和章程的原则与要求，制定并完善教学、科研、学生、人事、资产与财务、后勤、安全、对外合作等方面的管理制度，避免各规章制度之间相互抵触，形成健全、规范、统一的制度体系。三是注意制度形成的公正性。要遵循公开、民主的程序，在集团内公开征求意见、充分讨论，重大问题要采取听证方式听取意见，保证师生的意见得到充分表达，合理诉求和合法利益得到充分体现。四是注意制度的操作性。制度不是贴在墙上的装饰，制度内容只有具体，可操作性强，适用于现阶段集团转型的问题应对，才能发挥其作用。五是建立动态更新的制度审查与清理机制。当有新的教育法律、法规、规章或者重要文件发布后，学校能够及时对照修订校内相应的规章制度。

（三）创新案例

用好的制度激励人、引导人实现制度和人性的良性互动是学校管理者美好的期待，通过制度建设创新实现"责任"的唤醒、践行与落实是它的现实意义。章程、制度的文本的制定和形成固然重要，更重要的是如何让章程和制度在学校办学过程中真正运用起来，切实为学校自主发展起到保驾护航的作用。文艺二校一直着力在集团发展的各个领域和环节，建立起促进学校依法自主发展的长效机制。

1.《教师赴东部校区交流制度》

背景：2012 年成立东校区（新宁小学），距总校十余公里，路途远交通不便。合并之初仅 16 名教师，四百余名学生。随着东部大开发，和品牌学校进驻，学区学生大幅增长，八年学生增至 4200 名。先后超过百名教师克服重重困难交流到东校区（新宁小学）支援。

制度内核：鼓励先行者，利用有限的绩效余额为前三批 30 位教师设立交通补助，三年间补助递减成零，以此带动并形成趋势效应，形成三批次后大面积无条件轮岗。2018 年，把交流经历作为晋升职称和评先选优的必需条件。

制度价值：集团小学部分 450 名教师在交流制度的引导下五个校部有序流动，形成活水灌田的效应；通过师资软实力的均衡实现集团各校部的发展走向均衡；六年的持续交流，成就"小我成就大我"的团队奉献精神。

2.《教师岗位双向聘任制度》

制度内核：颠覆传统的教师聘任模式，变学校单向聘任为学校与教师双向互选，先定岗再定人；因人设岗转型为多人竞岗，以岗位价值定待遇。第一年落聘，集团统筹托底。第二年落聘，不安排岗位，做临时性补位工作，年度考核等外，没有资格晋升两年一调的薪级工资。

制度价值：教师状态由"要我做"变成"抢着做"，解决了合校而来的原有富余人员安于边缘化对满量工作岗的排斥、对重要责任推诿的态度。人人报满工作量，庞大的人力资源盘活，也解决了学生总量扩容后新教师补给不足的问题。设岗和聘用直接放权给各校部，直接提高了校部班子的权限天花板。

3.《校部仲裁制》

此制度的制定意在提高各校部的执行权和执行力。合校后，分校部的问题不能事事都由集团班子会解决。各校部在遇到教师岗位调整、师德问责等问题时，可以由仲裁委员会（各层面代表、单数人员组成）进行调查和约谈，通过集体表决拿出处理意见。仲裁委员会的建立解决了校部领导面对问题不敢管、怕担责、怕得罪人的困境。

4.《内部督导制》

机构设置：政府挂牌督学、集团校长、书记和各校部代表组成。

工作方式：每学期固定开学第二月第二周巡检、打分；校部团队做专项汇报、展示及常态工作抽查。

建制意义：统一标准（避免各自为政）、鼓励特色（避免雷同发展）、分享借鉴（避免封闭不畅）。

5.《集团后勤保障九制》

根据文艺二校集团多校部、园部（五部三园）的发展现状，各校部所需的设备、工程在同一账户列支，项目多、总量大，需求分散在各校部，为学校的财务管理、后勤管理带来前所未有的困难和挑战。

根据省、市采购办文件要求，同类项目全年累计超过10万元必须招标，为加强学校财务管理，提高资金使用效率，规范执行上级财政部门的有关规定，具体制定以下后勤管理九项内部管控制度。

5–1《预算审查制》

学校编制预算必须坚持"量入为出、收支平衡"的总原则。坚持统筹兼顾、保证重点、勤俭节约原则。

每学期初由各校部报需求（办公用品、电教用品、硒鼓耗材、卫生室药品、租车用量、绿化用量、办公杂品、食堂杂品、家具电器、校舍改造、文化装饰制作、杂修项目，电料杂品等），各校部制定需预算，统一报到集团预算部门（集团汇总，核查各部需求的合理性）。预算审查过程校部、集团均需制表、签字留痕。校部责任人为执行校长、校部后勤主任；集团责任人为后勤校长、集团后勤主任。校部如增加临时性需求，可再次向集团申报、汇总、集中采购。

5-2《大额开支审批制》

学校的采购支出应当严格执行上级有关财务制度规定的开支范围及开支标准。各校部的大笔工程或货物开支集团汇总后在 10000 元以上的采购项目应经集团领导班子会议集中讨论同意，形成会议纪要。

各校部所报项目集团汇总后，达到招标限额，必须履行招标手续，由集团统一办理，未达到招标限额，按项目分类由集团采购小组统一采购，万元以上项目按规定事先签订采购合同。

5-3《统一询价采购制》

集团成立各类商品询价小组，每类项目至少三人组成。工作流程：商家报价、调研询价、集团确认、过程留痕。附全《各家报价单》《调研过程性照片》。按询价和预算，由采购部门（两人以上）进行统一采购。

5-4《分部验收制》

物品统一采购后，按需求分发到各校部、园部，由各部验收所需物品数量及物品质量，合格后各部资产管理员登记物品台账并及时入库，达到固定资产限额的（批量或单价超过千元），入固定资产管理账。

5-5《物品领用制》

设立领用台账，使用人领用时在物品台账上签字登记，以旧换新，做到不流失、不浪费。

5-6《分部签字制》

发票分校部开，由采购人（经手人）签字、分校部验收人签字后统一收回，收回的发票合计要与采购合同对应一致。

5-7《统一发票背书制》

背书细化到八个方面：（1）单位负责人：法人签字（知情）；（2）财务负责人：主管集团财务的校领导签字；（3）审批人：执行校长、园长签字；（4）验收人：各校部中层以上领导及收货人签字；（5）采买经手人：2 人以上签字；（6）比价人：三人以上签字；（7）财务员：会计签字，发票验真；（8）标明用途：验收人填写，必须细化到部门。

5-8《报销附件留存制》

（1）会议纪要：3000元以上花销需有校部班子会议纪要，1万元以上另附集团班子会议纪要。注明预算项目、需求、金额、消耗周期、参会人员签字。

（2）收、验货照片：送到校部入库留存照片，把数量、货品、品牌等信息拍摄清晰。

5-9《电子台账制》

实现对集团繁杂采购业务流程的无缝对接，通过对各类采购项目的详细描述、合同及发票的电子记账、采购及使用人员的明确登记、大量过程性照片的资料留存，及时把各校部所有发生的业务进行分类汇总。让每笔业务都一目了然，通过缜密留痕，长期留存备查，必要时可以还原事实经过。通过以上集团内部制度完善及大数据共享等科技手段的助力，避免了学校内部控制管理产生信息盲区，实现了既可以有效地监控整体采购预算的规范实施，同时也能为集团合理统筹资金提供参考和依据，形成集团统一标准、统一核算、统一共享，促进整个集团的和谐发展。

一个成熟的制度系统是一所好学校的基石，也是学校文化代代传承最重要的保障。制度运行不违，管理者以制度之"有为"行自身之"无为"，这才是真正聪明的管理之道。在制度创新中，文艺二校集团清晰地认识到，法治的核心是民主，章程、制度的建设就是民主管理的过程体现，其产生过程和执行过程同样重要。章程和制度的形成与执行过程中，要充分保障和落实教职员工的知情权、参与权和监督权。应自下而上与由下而上相结合，多轮、多方意见的征求，直至达成全体共识方可执行。有了民主参与的过程，章程、制度才不会令人疏远、排斥，而只有符合民意才能让人亲近、易于接纳，促进管理效果的有效达成。章程的制定和制度体系的完善，是学校依法治校、依法治教、自主发展的基础和准绳，其形成和执行的过程，是以"法治"取代"人治"的过程，也是推进学校管理民主化程度加深的过程，对学校管理来说，是一个质的飞跃。

第二节　民主管理——从"集权"到"分权"

教育治理现代化一定是民主化的过程，是多方力量参与、共振并逐步达到均衡的过程。民主管理逐渐改变学校管理权力运行的方式，管理分权将成为常态，核心权力的民主协商将成为常态。其重点要落实在建立基本的组织架构和治理结构上。随着集团化的发展，学校传统的金字塔式的多层组织结构已经不能适应学校当下的需要，组织变革势在必行。文艺二校集团切实落实校长负责制，努力构建一个以校长为核心的校务委员会集体决策、各方治理主体充分发挥作用的共治、共享的管理体制。

一、机构进化

根据系统论的观点，系统中要素之间的关系发生变化，会影响系统结构和功能的变化。在学校治理的过程中，学校系统各要素之间的结构组合关系决定了学校治理的整体功能。优化学校内部组织结构，可以促进学校治理功能的优化。

随着学校的合并重组，干部队伍不断扩大，为促进来自普通学校的干部尽快胜任集团大校新岗位，校领导进行了科学编队，边任用边培养。通过几年实践，学校摸索形成了适合自己管理层编队的"雁阵管理"模式。关于雁阵效应，习近平总书记说："大雁之所以能够穿越风雨、行稳致远，关键在于其结伴成行，相互借力。"透过生物的本能、自然的力量，学校参透了优秀团队的四大奥秘：一是目标相同——透过彼此的推动，能更快速且容易到达目的地；二是接受中给予、给予中接受——愿意接受他

人协助，也愿意帮助他人；三是轮流执事、换位思考、共享领导——每一位成员都要有心理准备担任leader的角色；四是相互包容鼓励、心神合———接受彼此的不同，彼此支持陪伴，共同面对各种挑战。

依据"团队分工越明确，团队关系越和谐、组织内耗越小、团队效能越大"的雁阵原理，学校建设"雁阵管理"模式，变金字塔式的管理布局为雁阵式编队。编队有五大特点：一是"条块相辅"的管理架构，层级少、响应快；二是总校长"条块"双轨领航（横纵两个雁阵），最大程度发挥头雁效能；三是各校部配备完整管理团队（多个小雁阵）；四是换位领航——各执行校长不仅是校部"块"上工作的负责人，还从"条"（六大业务中心）上分管集团工作；五是大小雁阵"同频共振"，产生"向上之风"，增强了集团整体的管理效能。

总校长完成了从校长到"团长"、从学校管理者到学校决策核心和总设计师的角色升级，成为"领导者的领导者"。机构进化后，强调校长的第一要务不再是直接改进课堂教学和学生的表现，而是树立目标、培育文化、发展具有共享价值观的学习共同体，然后通过分布于组织中各个工作团队的领导流，来改进课堂教学和学生的表现。这一变革突破了传统领导理论研究的束缚。传统领导研究强调校长在教学中的领导作用。教学的领导者应该是教师，校长应该成为"领导者的领导者"，根据本校和

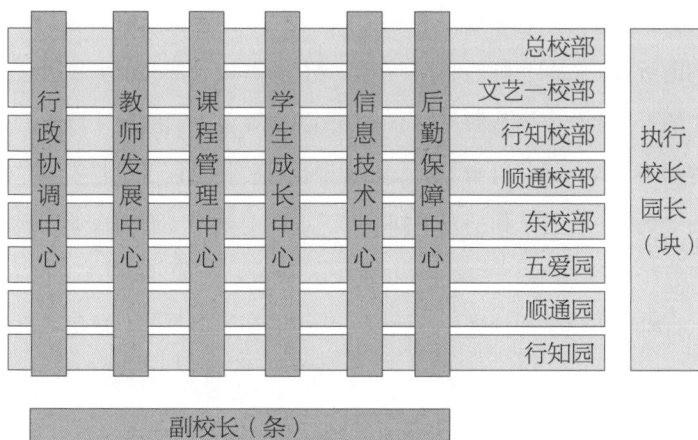

图3-1 学校管理层模式

社会对学校的期望采用各种措施，把教师的力量引发出来、汇集起来。领导者既是学校群体的一员，又要为学校的发展负最终的责任。这一转变也破解了"领导没时间，下属没活干"的"能人困境"，集团管理成员能够在各自的责任区找准职责坐标施展才华。

二、分权担责

与企业不同，学校的集团化不能通过大面积的人力换血来实现管理和办学的专业化，所以必须激活雁阵中每个人的活力。只有通过充分授权，让团队中的骨干力量在集团化发展中充分施展才干，让原有的优秀基因在团队中快速复制，才能适应集团化发展的需要。

管理团队这个"雁阵"在编队前行的过程中，产生了新的职能部门——统筹协调的集团办公室；权力实现了重新分配——校长充分授权，执行校长积极担责；岗位职责得到了重新定位——或牵头或配合、分工明确、责任到位。编队过程中，按集团需要和干部自身特点，部分成员先后做了校部或岗位的适当调整，从有位、换位直至适位，既实现了个人成长，又促进了组织优化。

"雁阵管理"模式对各管理团队给予充分授权。作为校部"块"上工作的负责人，执行校长具有相对独立的领导权，集团赋予他们"块"上层面的全部人事权，其中包括这一校部内所有干部和教师的聘用考核、评优推荐以及部分财务权限。同时，"条"上分管集团的专项工作又给他们提供了在集团纵向业务方面施展才能的广阔空间。有授权就要有担当，这一运行机制，不仅加大了执行校长的权力控制幅度和深度，更使他们在集团"条"上分管工作的自主创新和"块"上主管工作的自觉自治得到最大限度的发挥。

这一运行机制将更多的管理权下放到六大中心和八个校部，强化了执行校长层级的权力控制幅度和深度，使他们在坚守责任的前提下，能够发挥聪明才智，大胆创新。学校依法保障这种权力的运行，实现了"权力放到位、角色定好位、关系理顺位"，形成了充分调动基层组织和个人工作的自觉性、创造性的民主管理氛围，改变了"火车跑得快，全靠车头带"的旧有的管理模式，建立了"火车跑得快，节节都要快"的全新的动车管理理念。

在分权的过程中还要明确集团的决策权和行政权的行使范围：什么是决策权？就是决定这项工作做不做。但是学校千头万绪是不是所有工作都需要有人来做决策，又由另一帮人来具体执行呢？当然不是的。校区常态工作不属于决策范畴。其实决策权就是审议通过集团发展的重要规划，决策发展过程中的重大问题，而行政权包含日常学校所有行政工作，其中很多工作需要校区执行校长和校区行政团队做出决策。决策权属于教育集团，是上位权利；行政权属于教育集团下属的各校区，属于下位权利。决策机构也要充分赋权给校区执行校长和全体行政人员，但行政权要服从于决策权。

第三节　多元参与——从"自治"到"共治"

"自治"是相对于过去单一主体的政府"他治"而言的。集团化办学后，教育行政部门进一步下放了集团自主管理、自主办学权；在集团内部，学校也通过完善内部治理结构，进一步扩大了师生和家长等治理主体对学校管理的知情权、参与权和监督权。多年来，学校在大步走向"自治"的同时，也积极向"共治"迈进。

一、多元参与，协同共治

在大家的传统习惯里，喜欢各自划界、独自承包，一旦某一领域划归某一治理主体，其他方就很难介入其中，造成条块分割，致使不同环节应由不同治理主体介入，由不同主体决策的科学治理方式落空。在教学领域，校方、学术方、学科、教师、学生以及家长，各自应该在各个不同的教学环节上具有怎样的责权？在资源的配置方面，管理者与使用者，教师与学生应该在资源链条的哪一些环节发挥作用？明确上述权责，保障没有哪一个领域、哪一件事情可以仅仅靠一个独断的决策说了算，这样的学校治理结构可能会更加安全，其治理能力也相伴而生。

学校把内部治理结构的优化方向定位在由"权力分配"转向"责任共担"。在重新梳理界定学校内部各治理主体的位置和权力责任界限、理顺各利益主体的关系中，搭建了由九大委员会构成的民主管理平台，让多方力量、更多主体参与到学校发展中：校务委员会负责学校发展的科学决策和民主管理；支部委员会参与决定重大问题并监督实施；教代会负责表决审议学校章程、发展规划、重大事项；学代会征集学生建议，参与学校管理；家长共治委员会行使家长权益，驻校参与学校管理；学术委员会负责学术咨询、研究、指导、评估、交流；督考委员会负责各校部工作的纠偏、考核；仲裁委员会负责解决各类权益纠纷；顾问委员会是推进学校发展的智库。

"共治"模式的完善相对前一个阶段的学校管理体现了六方面进阶。

一是构建了学术支撑组织。提升专业水平是现代学校改革发展的必然趋势。在学术管理方面，学校在已有的教科研部门的基础上，成立了由具有独特教育教学风格和较高学术造诣的教师、校外专家组成的学术委员会。在机构设置和职能上，实现行政权力与学术权力的相对分离，保障学术权力按照学术规则相对独立行使。让其拥有教育教学改革、管理的话语权，同时赋予学术委员会对教师评价、职称考核、岗位聘任等更多的管理职责，以发挥促进教师专业成长，深入推进课程与教学改革的作用，切实提高学校教育教学质量。

二是健全了民主管理组织。主要体现在落实《学校教职工代表大会规定》，充分发挥教职工代表大会作为教职工参与学校民主管理和监督主渠道的作用。与教职工切身利益相关的制度、事务，要经教职工代表大会审议通过；涉及学校发展的重大事项要提交教职工代表大会讨论。扩大教职工对学校领导和管理部门的评议权、考核权。

三是丰富了学生自治组织。学生自治组织是学校内部治理结构中不可或缺的组成部分；是学生自我管理、自我教育、自我服务的组织。学校建立了各种积极、健康的学生组织和完善权利诉求渠道，在涉及诸如学生管理、教育教学、实践活动、后勤服务、学生收费等事务决策时，允许学生代表参与相关会议，扩大学生的知情权、参与权，进而促进监督权。另外，还营造了一种适合学校自身发展的学生参与机制，如学生在拥有选课权的基础上增加荐课权，增强学生对本校文化的认同感与归属感，保障各种学生团体正常运行。

四是完善了家长委员会制度。在与家长共有、共享、共管学校的实践中，学校尝试把知情权、参与权、监督权，甚至管理权还给家长，积极构建了"一校、二堂、六途径"多元化家校合作体系。"一校"，即家长学校；"二堂"，即亲子课堂和家长学堂；"六途径"，即每学期的"家校有约"交流培训、家长志愿者服务、家长导读刊物学习、家长评师评学校、特色班本课程创建工程、家长知识与技能和社会经验优势成为新的课程活动资源的"家长讲堂"。集团家长共治委员会的专属制度是"1361家长驻校办公制"。即每周一个半天，每班三位家长驻校，完成"六个一"的工作：一次校园巡视、一次课堂观摩、一次学生谈心、一条合理化建议、一份翔实记录、一次和校长的反馈沟通。当学校逐步深入地把管理权真正交给家长的时候，家长就自觉担起了属于他们的教育责任。这既给教育找到一条回家的路，也让家校共治给集团内涵发展提供了一份强劲的动力支撑。在驻校参与学校管理的活动中，家长们从以前的在校外旁观，变成了到校亲自参与管理；从以往的单方依赖，变成如今的"教育合伙人"，家校共担育人责任，双方对教育价值的追求更加趋同。由于有了家长们的积极参与和智慧贡献，校部调整、师资调配、阳光分班等关乎学生及家长切身利益的一个又一个难题，都得到圆满解决。学校品牌因共治而具备了社会公信力，一位位家长主动成为学校的代言人。

五是引入了制衡管理机制。校级领导机构是学校内部治理的核心力量。学校管理离不开学校行政部门强有力的领导和管理，但又不能行政化。实行校长负责制，意味着校长权力的扩大，校长对内作为学校的最高领导人，具有统一指挥各项工作的权力并对有关重要问题实施最终的决定权和否定权；对外作为学校的法人代表与社会各界建立广泛的联系，随着校长权力的扩大自然会使人们总是联想到这样一个问题，如何保证校长正确地行使权力，而不是滥用权力？九大委员会构成的民主管理平台，就让多方力量、更多主体参与到学校发展中，这些机构权责明确，相互支撑、相互促进，却又相互制衡。其他八大委员会都对校务委员会具有一定程度的权力制衡。学校认为管理的本质不是信任，除了讲情怀讲责任以外，制度、监督、制衡等机制不能少。制衡的核心目标是警惕并抵制绝对权力的产生。这是对校长的制约，更是对校长的解放和保护。

六是顾问委员会成为了学校学术、实践强有力的支撑。不仅有业内专家的加盟，不乏领域外专家的跨界邀请，从指导分工上既有理论引领、又有项目跟踪，提升了学校办学的专业性和发展视野。

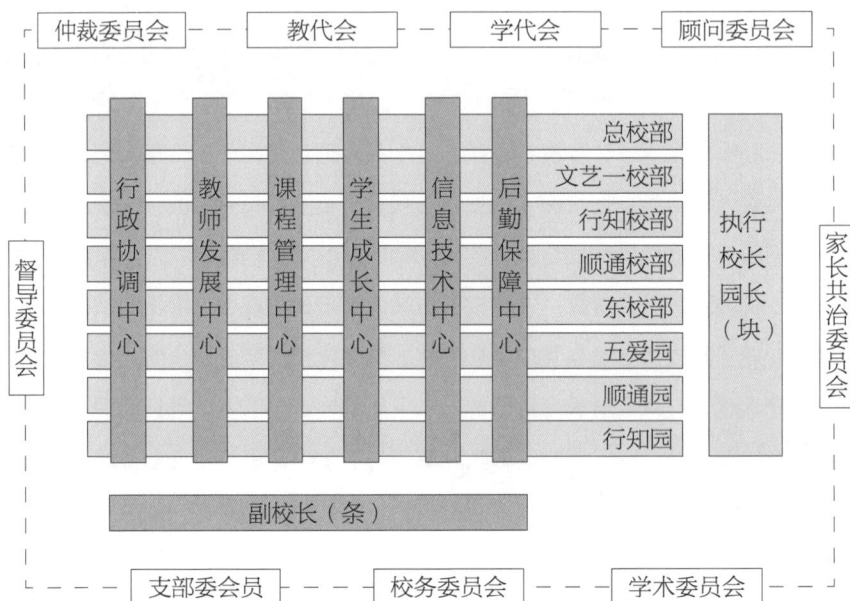

689模型：六个业务中心、八个校部、九大委员会

图3-2　学校组织结构图（689模型）

调整后，集团逐渐形成了以校务委员会为统领、以服务学生成长为指向、以多元共治为模式、以扁平化为组织形式的条块结合且纵横互动的立体式管理生态系统。

二、治理论坛，原声再现

下面给大家呈现的是一个案例实录。这是文艺二校集团组织的一场别开生面的

《走向共治的集团管理》专题论坛，每一个人都在说着校长和老师能够"听懂"的话，每一个议题都针对着学校治理中的难点和堵点，每一条线索都提供着特色校园发展的可能性，提问和答案构成了校园治理丰富的实践应用场景，呈现生动的画面感和指导性，对于建构学校阳光、开放、理性、健康的生态，极具示范意义。

论坛背景：为深入学习贯彻落实辽宁省教育大会精神，落实辽宁省《面向2035教育现代化发展战略》，深化基础教育办学模式改革，推动品牌学校建设工作，辽宁省教育学会携手沈河区教育局于2019年6月18日召开了品牌学校建设成果推广会。本次会议由沈河区文艺二校教育集团承办，来自省内12个市的教育行政管理者、校长共计200余名嘉宾齐聚文艺二校，共同探寻"品牌学校建设"的可行之路。在本次会议上，文艺二校呈现了学校十年来进行品牌学校建设以及集团化办学的实践成果，一个主旨报告、两个微报告、九个品牌项目推介，涵盖了管理变革、课程建设、队伍提升、教研科研、特色品牌等内容，全方位、全景画的展示，让教育同仁们看到了学校领导的引领、一线教师的实践、孩子们学习活动的获得，丰富而精彩。本次会议设置了一个管理论坛，参与论坛的成员为集团九大委员会代表，他们围绕"走向共治的集团管理"，在经验分享和问答互动等环节，共同卷入到学校内部治理相关问题的深度探讨之中。

论坛纪实：

主题：走向共治的集团管理

主持人：任荣辉，沈阳市教育研究院《基础教育研究杂志》编辑，文艺二校顾问委员会成员

各位嘉宾、各位专家、各位同仁：

我受学校的委托做论坛的主持。刚才从几位校领导的介绍中我们可以看到，今天的文艺二校无论是从师生的规模，分布的地域，乃至社会影响任何一个角

度来看都是一所航母级的学校。怎么管理好这个超大型的学校，刚才田冬校长在主报告中向我们介绍了从法制、分权、共治几个方面实现了集团管理的"破与立"。那么，在他们这种开放的治理理念当中，学校的管理从原来的那种较为封闭的内部结构当中的权力分配走向了责任、共担、共治的这样一种模式。我首先想问田校长这样一个问题，你刚才介绍了九大委员会在学校管理当中都发挥了非常明确的作用，甚至是难以替代的作用。据我所知，在文艺二校实行办学集团化的进程当中，正是上级有关部门大力推进现代学校制度建设的这样一个过程，我们每个学校都制定了现代学校制度下的重要文件和学校管理章程，这是学校发展顶层设计文件。你刚才介绍的这些内容——九大委员会，他们的工作模式，都在文艺二校这个章程中有明显的设计吗？是现在的样子吗？

田冬校长：学校的章程是在区域的指导下逐步走向规范的，但其完善的过程是正在进行时。在集团转型发展的过程中，随着我们对教育认知的不断提升，尤其是学校转型带来的一系列问题逐步显现，倒逼着我们的管理不断升级以求更科学的破解。我们现在这个九大共治委员会也正在发展成熟的过程中，我们期待通过一段时间的实践、磨合，这种共治管理新模式会逐渐地固化，以更完善的表达进入到我们新一版的章程中去。

主持人（任荣辉）：也就是说，最初作为学校顶层设计重要文件的这个章程当中，并没有预测到现在学校所发生各式各样的问题。

田冬校长：是这样的，三年前的章程中只有校务委员会、支部委员会、教代会、家长委员会，当时的管理思想也没达到现在多元共治的层面。

主持人（任荣辉）：确实，像这样的一所学校，它的运行当中有很多问题根本没有成型经验可循，所以说，我想任何一个章程的设计也不可能一步就实现它的全部功能。我非常希望一会儿在大家参与论坛的讲题当中能够讲得更具体、更活泼。一句话，把我们接下来近一个小时的时间，办成一个学校管理的"生鲜超市",供我们在座的各位挑挑拣拣,甚至质疑,我想这样的论坛才能真正地对大家有所帮助、有所借鉴。今天,我们学校特地邀请了在九大委员会中的三个组织:"仲裁委员会""专家委员会"和"顾问委员会"来参与今天的论坛。他们将从不同的角度来介绍各自是如何参与学校管理,实现共治的。

现在,我就把参与论坛的各位同志介绍给我们的嘉宾,他们是仲裁委员会代表:文艺二校顺通校部的执行校长刘敬一、总校五年级教学主任吴迪;家长委员会代表:3年4班施慧霖家长高晶女士、4年3班刘俊辰家长常红女士、东校区(新宁小学)5年8班赵静彤家长马嘉骅;顾问委员会代表:沈阳师范大学郭黎言教授、沈河区教育局发展研究室郭振香主任、辽宁出版集团辽宁电子出版社张鹏社长。

我们今天论坛的逻辑,是以仲裁委员会、家长委员会成员介绍为主要线索,专家委员会的成员就感兴趣的问题或者认为他们哪个方面没有说清楚的问题进行提问和讨论,我们在座的各位来宾可以就同样的问题参与发言、提问。为了更好地应对大家的质询,我们也请集团总校长田冬校长坐在台上,同时还有行知校部的执行校长刘登明,东校区(新宁小学)支部书记、副校长李晓梅。下面我们就开始今天的论坛。在论坛的最后,也请我们专家委员会的成员就今天学校的展示,就论坛当中涉及的问题做总结性、建议性的发言作为论坛结束。

下面我们先从对学校来讲最新的一个机构"仲裁委员会"来开始进行讨论。谁先来给我们介绍一下,学校的仲裁委员会到底是一个怎么样的机构?

吴迪主任:所谓"仲裁"就是当事双方存在争议时由第三方裁决,给出一种解决争议的方法。我们的"仲裁"说白了实际就是"平事的"。为避免校部领导个人面对矛盾,使问题内部消化、快速解决,避免问题上移到集团,每个校部由具有公信力的校部执行校长、中层领导、一线教师及拥有人大代表、政协委员、法律工作经验的家长代表单数组成仲裁委员会。在调查事实的基础上集体商议，经过与当事人约谈给出最佳的解决方案。

主持人（任荣辉）：我基本听懂，还有疑问，有没有具体的事例，说明一下仲裁委员会是怎么工作的？

吴迪主任：有啊，给我印象最深的当数"员工溜号"事件，那时我们学校合并了一所五爱市场附近的学校，个别原校教师在闲堂时经常出校溜号，执行校长、负责主任多次进行个人谈话，效果甚微，甚至有效仿风气。领导个别谈话，当事教师给出的理由很简单：第一，我又没耽误给孩子上课；第二，以前的领导都不管，现在为什么要管我呢！说校长不讲情面。基于这种情况学校可以大会点名批评，可以按新的出勤规定扣罚绩效，但考虑到合校之初的教师的敏感情绪，学校没有做硬碰硬的处罚，而是此时启动了校部仲裁委员会的集体约谈机制。当然为了保留教师的颜面，这次约谈没有邀请家长代表参加。在由校级、中层、一线教师组成的仲裁委员面前，违规的教师面对的不再是可留情面的个人谈话，而是整体、团队的声音。约谈约定：既往不咎，再有溜号，校部大会点名批评，按出勤规定扣罚绩效。教师当场签字承诺，约谈之后，溜号现象消失了。

刚才说的是学校内部的矛盾。另外，校部的仲裁对解决家长间的矛盾往往也能收到奇效。学校经常会发生因为孩子之间的磕碰而引发两个家庭矛盾这样的事件。在一次调解中我就发现，两个家庭原本就有矛盾，这次的碰撞事件直接导致矛盾升级了，难以调和。被撞方孩子家长就是想出口气、多要钱，知道到法院告也占不到便宜，于是就咬住学校有监管责任，站在对立面向校方不断施压。明明学生之间的小矛盾变成了家校之间的大冲突。一般这种情况下，校部就会启动仲裁机制，我们邀请有法律工作背景和人大代表身份的家长参与此次仲裁，这些委员既是仲裁委员会成员，同时也是家长，他们参与到其中，让诉求方的家长更容易接受，站在公众和法律的角度，针对事情全面分析，既有人情又有法理，同是家长的同理心让发生冲突的家长更容易接受和理解。家长代表的仲裁，让校方不再孤立无援，诉求的家长也更容易信服。

主持人（任荣辉）：刚才吴主任讲述了两个仲裁案例，一个是学校管理层处理与教师之间管理问题的矛盾，一个是处理家长之间的矛盾。我先从个人角度提出一个质疑，我觉得第二个案例大致上符合仲裁的概念，争议的双方，争执不下的时候，由第三方给个说法。我对第一个实例存在质疑，我可以理解是学校的管理团队和个别的溜号的教师之间通过约谈达成了管理的共识，是这样吗？

吴迪主任：是这样的。

主持人（任荣辉）：吴主任，你是仲裁委员会成员，同时你也是矛盾的一方，你怎么保证这个仲裁委员会他是第三方？或者也可以这样质疑，他的公信力在哪儿？

吴迪主任：实际上我刚参与进来的时候，我脑子里也画一个问号。对学校、对教师我所给出的意见是否是公正的，公平的。回过头来，现在经过几次仲裁以后，我慢慢地发现，我的想法更贴近于下面教师的心声，更能懂得他们所想的，仲裁委员会中的一线教师代表、家长代表在中间就做了一个平衡，既要坚持刚性制度，又要坚持人情，所以在保证制度的前提下，让教师能更好地遵守制度，干好自己的工作。一线教师的参与让这个组织更有人情味，更具信服力。

主持人（任荣辉）：大致听懂了一个重要的观点就是如果把什么样的纠纷都摆在校长和有意见的教师面前，一对一，很多事情就变得不痛快。如果把一个有意见的教师放在一个机构、一个集体之中，问题就容易解决。但是我还是觉得这个案例的烈度不高，因为上班去逛市场，这件事本身就是一个见光死的事情，你把它拿到太阳底下一说，不用仲裁，就能分清了，有没有更复杂的、就是一时很难判断谁对谁错这样的事情。

田冬校长：其实，仲裁委员会最初酝酿萌发的时候，真就是为了解决类似教师溜号这些看似微小却为顽疾问题。刚才主持人认为这个事烈度不高，但是回顾当时从执行校长反映上来的棘手程度来看真的是有一定的烈度。因为刚合并这所学校的时候，面对一定程度科任教师出去逛街的习以为常，领导个别谈话的低微成效，执行校长挠头了，几个人管不住，一个校部几十人怎么管？如果真按照规定扣罚绩效引发矛盾怎么办？影响了合校的稳定怎么办？执行校长向我求援。我也在想，处理方式既不能过于刚硬伤害教师面子，更不能无原则地迁就。一个校部管不住，其他校部有意见怎么办？所以我说这个事件的确是是非分明，但处理不好引发对立、影响到合校之初的稳定那就被动了，这是我们当时的担心。刚才主持人问，有没有更复杂的就是一时很难判断谁对谁错这样的事情，这个我们校部的执行校长肯定有话说。

刘敬一副校长：在每个学年初，校长们在安排人事的时候，一定会遇到这样的问题：就是当教师的工作意愿和工作需求不匹配时，如果要做教师调岗的工作，就需要校长们的沟通艺术和人格魅力了。如果遇到这位教师本身就非常本位或偏执，不但不能解决问题，还会引发干群关系紧张。在我们学校，随着集团规模的扩大，教师人员的增加，新成员的忐忑加入使得这种矛盾越为凸显。曾经在每个学年初公布岗位安排前，领导们都需要对涉及五个校部几十个工作岗位的员工进行大面积反复谈话。最终谈不拢的要么学校妥协，给后续岗位安排留下麻烦，要么造成干群矛盾危机。部分被调岗的员工觉得自己是被学校拿下来的，面子过不去，不同意调岗，找领导哭诉、给领导送礼，甚至以上访作为威胁，校部领导十分头疼。这种领导为教师安排岗位的单向聘岗方式亟待改善。

可以说，是问题倒逼出智慧。四年前，由仲裁委员会行使权力的岗位双向互选机制，彻底解决了我们这样庞大的集团安排500余个岗位的难题。

在每年的总结阶段，各个校部会根据新学期的需要，将要聘任的工作岗位数量和每个岗位所需要完成的实际工作量公布于众，先定岗、再定人，引导教师们自己来选择适合自己的工作岗位。如果出现申报人数多于岗位需要的情况，就由仲裁委员会的成员根据日常考核累积，结合个体对岗位的适应性综合后投票排序，首轮落聘的教师可选自己申报的第二校部或第二岗位，如果落聘的教师对仲裁结果不满意，也可以申请与仲裁委员会的成员进行面对面的申诉机会。与我们当初设想有所不同的是，仲裁委员会因为人员组成的合理，还有掌握教师们各级考评结果的公正，所以导致目前为止还没有发生教师在接到调岗通知后面对仲裁委员会进行申辩的情况。仲裁结果都是通过电话与老师们私下沟通，老师们也选择了积极配合的态度！制度摆在面前，集体仲裁，程序正义，我们选择了集体面对，不是校长个人面对，调岗针对的也不是某个个人，过去的矛盾自然化解了。

几年的操作下来，在这样的大环境下，我们学校为了岗位跑关系、说怪话的教师少了，得过且过混日子的教师少了，对聘任不服气、不满意去找领导闹的教师少了，更多的教师开始反思自己的教育、教学行为，开始找差距，因为只有提高自己的业务水平和能力才会在绩效考核中获得好的等级，然后获得仲裁委员会的认可，最后可以选到自己心仪的岗位。在这个过程当中，可以说是人发展了，制度完善了，更优化了我们校园的风气。

主持人（任荣辉）：刚才我说第一个案例烈度不够，田校长纠正我的用词，他说在学校集团化的过程当中那是一个学校长期以来存在的顽疾，之所以教师敢因为溜号被处理去跟校领导班子叫板，说明也确实是一个很有烈度的问题。但我觉得就烈度这个概念来讲，第二个分配教师岗位更复杂。可以这样说，我不管校领导把这么大的、一个几百人的教师队伍的工作履职情况说得多么阳光灿烂，但是我相信这样的一个队伍让每一个教师都非常满意自己的工作岗位实际上做不到。但是我觉得是不是因为这样一个机制就能把高烈度的事情变成了低烈度，比较复杂的事情变得有条理。

田冬校长：其实教师双向聘用过程中产生的矛盾涉及面很广，理不顺会影响教师一个阶段的工作心态，所以说烈度高。我们是怎样通过管理把它变为低烈度事件呢？我们进行的首轮仲裁不仅仅是根据教师的业务考核成绩来考虑聘不聘用到其申报的位置，如果把考核成绩作为唯一仲裁指标的话，仲裁委员会就没有作用了！例如：有的教师以往业务成绩很高，一学期也没有违反师德事件，但是他有很大的潜在师德风险，仲裁委员会综合考虑，举手表决。如果没有仲裁委员会，这些岗位安排引发的矛盾就有可能升级了，有的教师会哭闹，没面子找校部校长，质问我以往考核成绩都够标准，凭什么不让我在热爱的岗位上工作。但现在教师像敬一校长说的那样，鲜有找到学校来进行申诉的，调岗的教师都能感受到在集体仲裁面前，不是哪一位主要领导不聘用我，而是大家觉得我还差一点。好，我选择另一个校部，我选择另一个岗位，这就是把这种矛盾的烈度通过这种仲裁的机制降下来了。

主持人（任荣辉）：我还有一个问题，刚才敬一校长说了，如果没有仲裁委员会，那么就要靠校长的个人魅力做大量的工作去说服教师，接受分配给他的工作岗位，本来校长一个人也可以把这个事情做下去，现在非要交给仲裁委员会，这样是不是削弱了校长的权力？

刘敬一副校长：确实，仲裁制度把校长的人事权分给了下面的专业组织，但却在民主的程序中促进了学校教师竞争上岗的良性循环，保证在所有的岗位上用最适合的人，这不仅促进了人的发展、管理的进步，更优化了校园的风气。而今，二校的教师已达成了这样一个共识：选岗不是为了选安逸、选利益，而是选适合、选职责，选岗就意味着承诺，在岗就要担责。

田冬校长：我再补充两句，刚才主持人说是不是通过仲裁委员会来仲裁人事安排，校长的权力被减弱了？其实，这正是我们的初衷，因为当下不是由校长的行政权力和校务委员会单方当主体来管理学校的时代了，而且这种方式也不一定奏效，例如说教师溜号，例如说岗位选择。那么怎么才能更奏效？应该说矛盾倒逼出智慧，在过程中，我们下放了权力，但实际来说刚才我在主题报告中提到的，这正是学校的办学主旨，看似校长的权力被削弱了，实际上我和我的校级同伴也都被解放了。我现在的权力更多不是体现在个人魅力和个人威信上，而是能不能通过科学的建构组织，让组织的力量发挥更大的作用，我觉得这才是校长权力的发展方向。

主持人（任荣辉）：大校长的这个阵势确实值得大家鼓掌，因为他把校长的权力进行了重新的定义，不是我个人有多么厉害，多么有权力，而是我能够在新的管理构架当中，利用机制的力量获得更有效的权力的行使。关于仲裁委员会，专家有什么话要说？

郭振香主任（沈河区教育局发展研究室主任）：主持人好，大家好！关于仲裁委员会，我觉得它是一个底线的问题。在管理学校当中，它的存在价值不是处理这件事情，解决这些矛盾，最主要是通过这种制度的存在为这所学校，为这些事件划清底线。就像法律一样，它可能更多起到了一个震慑的作用，是一个预防的作用。在现代学校建设当中，这样一个组织的存在是非常有必要的，不论是大学校还是小学校。第二，接着田校说的，通过这样的一种方式，专业的事请专业的人干。实际上在这样的组织当中，还需完善的是，在仲裁委员会里一定要有一位法律人士或者说懂法律法规的，在法律方面能够起到规范的这样一个作用的人员。仲裁委员会的价值，我觉得就是把校长从繁杂的事物当中解放出来，让校长去想校长该想的事情，做校长该做的事情，去领导这所学校，而不是管理这所学校。

主持人（任荣辉）：教育的专业范围需要法律的专业支撑。为了节省时间，我们进入下一个家长委员会的话题。（介绍家长委员会成员）谁来说说家长委员会是怎么工作的？

施惠霖妈妈：今天很高兴，受校方的邀请参加这个论坛，在座各位教育界的领导、老师，大家上午好！平生第一次同时遇到这么多的校长和老师，非常的荣幸，我是文艺一校部三年四班施慧霖的家长。从孩子上学一年级第一天开始，老师说谁能来承担我们班家长委员会这个职责，我就举手了，并光荣地成为了我们班家长委员会的成员。家长委员会的工作可以说很烦琐，但我也很乐意。伴随着孩子的成长，现在孩子是三年级，我也得到了学校的认可，从班级的家长委员会的成员升级到了学校家长共治委员会的成员，今天才有机会跟大家在一起见面和交流。从家长委员会到家长共治委员会，可以说是我们学校办学理念的一个创新，也推动了我们家长从幕后走到了台前，真正地参与到学校的管理中来。我们家长共治委员会有一个很好的制度，这个制度可以说也是我们文艺二集团的首创，那就是家长驻校制。我们和校方会按计划定期组织家长代表到校参与学校管理，主要是"六个一"的工作，即一次校园巡视、家长到校园中来检查校园的环境是否存在不安全因素。我就遇到一个真实的例子，我们在一年级的时候，孩子进出教室都要经过教师的讲桌，讲桌沿儿的高度和孩子小脑袋的高度恰好是一样的，那么我们提出来之后，学校马上进行了包角的工程，这是当年刘校长在做的工作。第二个工作就是一次课堂观摩，我虽然是一个三年级的家长，但我可以选择任何一间教室，听任何一个教师的课程，这个是学校赋予我们的权利。三是与学生进行一次谈心，就是我不和我自己的孩子谈心，我要询问别的孩子，你在学校过得快乐吗？有什么样的愿望？教师对你怎么样？通过这个，我们就知道了学校对于学生是怎么样一种关爱。还有一个合理化建议、一份翔实记录，最重要的是一次和校长面对面的反馈沟通。这条通道的建立就是家长共治委员会可以直接和校长反映校园真实的情况，和以往校园开放日不同的是，以往只是家长来参观，而这一次我们就是学校的管理者，可以真正地参与到学校管理中来。通过几次这样的活动，我们家长对于合校搬迁的问题、校园午餐质量的问题、师资力量配备的问题，还有校园安全等种种问题提出了一系列具体的建议，通过这种形式我们反映给了学校。我们家长共治委员会和校方进行沟通，可以说这是一个多次反复的过程，最终，我们都得到了非常满意的答复。在学校搬迁和师资力量方面，我本身也遇到过这样一个可以说对学校来说比较严肃、比较尖锐的问题。经过这几年吧，我们家长和学校可以说都得到了"家长共治"带来的红利，今天也有幸和另外两位家长一同参与这样一个论坛，她们一会儿会把自己的感受和亲身的经历跟大家共同交流和沟通。好，谢谢主持人。

主持人（任荣辉）：刚刚在介绍大家的时候，我丢掉了一个最核心的元素，不是"家长委员会"，而是"家长共治委员会"。"共治"是一个非常有感召力的字眼，其他两位家长是如何参与的共治？

赵静彤妈妈：接下来我也谈一谈，我是东校区（新宁小学）五年八班赵静彤的家长。在 2012 年 9 月，在区划调整，集团化进程中，一四九中学的小学部合并到文艺二校，成为了文艺二校东部校区。家长们都在考量刚刚合并的东校区（新宁小学）的管理是不是与总校区一脉相承，这样的一所新兴学校是不是也能像总校一样得到家长真心信服。

我非常有幸成为家长共治委员会的成员。在多次走入校园的过程中，我欣喜地看到，合并之初的东校区（新宁小学），得到总校在人力、物力上的鼎力支持，集团化管理条块结合，九大委员会行使职责，学校的管理是与总校一脉相承的。

学校每个月都会开展一次家长驻校活动，经统计上个学期共收取了三百多条家长的合理化建议。后来经过归纳整理，形成了在课堂教学、作业量、习惯养成、视力保护、食堂管理、校内活动、弹性离校、校外活动、设施维护、安全10方面35条建议。针对家长的合理化建议，学校都能进行及时有效的整改，让我们看到家长驻校不是在做表面文章，是真正地参与到学校管理之中。

在家长驻校参与学校管理中，不得不提的一件事就是关于孩子们的午餐问题。随着学生人数的激增，东校区（新宁小学）食堂已经不能满足所有师生的用餐需要，这样就面临校外配送公司走进校园的问题。选择哪家公司，学校又一次把决定权交给了家长。

首先学校组织家长膳食委员会的代表对主动申报并具备集体配送资质的配送公司进行了实地查看，实地打分。回校后，面向有需求的家长宣布打分的结果。为了便于通过比较、提升质量，保证质量，取前三名配餐公司推荐给有配餐需要的家长。学校每个月与配餐公司签一次供餐合同，每月进行调查问卷，满意率低于90%的，取消配餐资格。这样经过一过月的运行，满意率达到95%以上。

我觉得这件事就是学校保障学生家长的知情权、参与权、选择权、监督权的典型案例。

主持人（任荣辉）：我想再追问一下这位家长，刚刚提到的家长一共提出300多条建议，经过总结，梳理出10方面35条建议，这个梳理的过程都是由家长共治委员会进行的吗？

赵静彤妈妈：是的。

主持人（任荣辉）：我听完了以后感觉（家长参与学校管理的）涉及面非常广，从教学、安全、弹性离校、食堂等等。食堂这个问题好像不是学校教育教学的核心事情，但是这么多年困扰着很多学校，甚至有一些校长在这个问题上，栽过大的跟头。那么把这样一个全社会比较关注、家长比较关注的敏感话题交给家长共治委员会，我们就能够感觉到"共治"两个字不是面上的好看、好听，而是实实在在的质感，还有谁来说一说？

李晓梅副校长： 我来说一说，我作为 2012 年和 149 小学部一同合并到东校区（新宁小学）的管理干部，东校区（新宁小学）合校 7 年，我也和家长一样历经了东校飞速发展的全部过程。家长驻校制让家长真正地参与到了学校的管理中，它已经成为文艺二校集团管理、校部管理的日常。"把家长放在教师的位置上"，让家校"共育"逐步走向家校"共治"的更高层面。家长驻校制的实施，家长由"幕后"走到了"台前"；由原来的在校外旁观变成了到校亲自参与管理；由以往的单方依赖变成如今的"教育合伙人"。家校共同育人，我们有共同的教育理想，双方对教育价值的追求更加趋同，进而有力推动了教师、家长、学生的共同成长。学校的正能量得以传递，家长们积极加入共治团队，像课后托管、食堂配餐、阳光分班、师资调配、课程的设置、班本项目拓展、校门前安全等等关乎学生及家长切身利益的一个又一个难题，都得到圆满解决。可以说，"家校共治"已成为东校凝聚人心的法宝。

田冬校长： 这样，主持人我抢一下你的工作，因为在前一个环节呢，主持人用"烈度"这个词多次提醒我，我觉得刚才家长举的例子烈度似乎也不够，在我们学校去年这个时候就面临一件烈度非常大的事件，我想刘登明校长和当年迁移校部的校部家长一定非常有感受。因为学校突然多了一个校部，念一个小学，要搬四次家，的确会让家长非常头疼。

刘登明副校长： 嗯，是的，家长共治委员会不仅积极组织常态驻校管理，还在学校的危机公关中承担着重要的责任，协助学校破解集团化办学众多难题可能引起的家校对立。

还记得，2017 年 5 月 26 日，教育局一纸令下，文艺一校并入文艺二校，成为九年间的第五次重组纳入。只有深度合并，才能彰显集团化办学优势，让区域优质均衡发展落地。那么，要想深度融合实现教育公平，文艺一校部必须变成二校的一个年部。而在这之前，二校已经实行了一至六年级分三个校部管理的模式，文艺一的加入打破了这个格局，我们面临着重新划分年部，学生进行迁移、调配等问题。难题来了，原来行知校部的老三年学生本该升到条件优越、向往已久的总校，又突然冒出新装修的新校部，家长能不能接受？我们面对家长有可能提出的质疑和诸多难题，首先想到的就是家长共治委员会，让家长参与迁移准备的全过程。这里我向大家介绍一位他们中的代表，原来行知校部，现在文艺一校部四年三班刘俊辰同学的家长。

刘俊辰妈妈：大家好，我是四年三班刘俊辰的妈妈，我是参与校部迁移准备全过程的家长之一。我的孩子现在四年级，一年级在顺通校部，二、三年级在行知校部，四年级本来应该升到条件更好、空间更大的总校部，但随着合并文艺一校，升入四年级前的暑假期末阶段，有消息传来我们这批学生四年级要搬去文艺一校部，这就意味着我们的孩子在二校读书六年将面临更换四个校部，好多家长都觉得，太折腾了。期末将临的五月末，家长们就议论开了，担心声、质疑声此起彼伏。文艺一校部所在的位置是老旧小区，我们对环境质疑；听说假期要进行改造，我们对装修污染质疑；师生深度融合，我们对新融入的学生，尤其是新融入的教师质疑。曾有一位家长激进地说："文艺二校又合校了，不应该由家长买单！"还有的更激动，说："我们就升入总校，不去别的校部，否则就罢课。"

在这种严峻的形势下，我们家长共治委员会站了出来。家长共治委员会是家长利益的代言人，是学校管理的主人翁。正当家长共治委员会准备收集家长建议和学校商议的时候，学校领导又一次主动找到了我们。我清楚地记得学校针对校部迁移做了三个阶段的缜密安排。第一阶段，对校部重置做了计划。组织我们参观了文艺一校部，在参观中，我们也了解到，上个暑假，刚刚接到合并任务，集团已经申请专项对教学楼内的功能区进行了改造升级，这个暑假将进行的是主楼外墙保温、美化、楼内弱电、洗手间和操场草皮的铺设，这些工程不会对教室、办公室造成污染。同时，校方提出，班主任教师原则上跟原班走，新进的科任教师统一进行培训。

第二阶段，就是一周后，由我们家委会和校领导一起，召集全体迁移校部的家长集会。当时有一个环节就是由我代表家委会向家长传达前期工作和提出倡议。我负责任地告诉大家，家长们的各种担心、顾虑，学校已经想在了我们前面，做在了迁移的前面。条件升级、绿色环保、班主任保障，学校都做了计划和承诺，家长们放心吧。之后，又邀请有意愿、不放心的家长到文艺一校去看一看。结果，家长们会前的质疑声消散了，近千名家长只有五十几人去文艺一校部进行了参观，并满意而归。

九月份开学，迎接我们的是全面改造升级的崭新校园，行知校部的刘登明校长和文艺一校部的汪燕校长并肩迎接我们，这是郑重责任的交接，这是对自己承诺的自信回应。在那一刻，我感动了，家长的声音你们高度地重视，辛苦地付出，我在心里说了一声谢谢。

校部迁移、两校深度融合，影响众多学生、家长的利益，稍有不慎就会发展成危机事件，我很荣幸我是一名家长共治委员会的成员，有机会和智慧的二校管理团队并肩、共进。谢谢大家！

主持人（任荣辉）：从我个人这种狭隘的精神出发，我所知道的很多学校的家长委员会都是由温和派的热心人士来构成，他们往往和教师、校长有很多的接触，磨合得很好。由这些人士组成的家长委员会很明事理，校长说什么就配合什么，做其他家长的工作。我还是要从烈度这个问题上，追加一个问题：有没有学校定的什么事，被家长否定的？

田冬校长：当然有，就是刚才这位家长提的这个迁校问题，家长委员会代表受到学校的尊重与邀请，来做前期迁校考察工作，有成员悄悄地跟我说，虽然去年刚接收的时候装修了，但今年马上要迁移，又要装修，尽量装修公共位置吧！教室里就别再刮大白了，别再装修装饰了，以免让众多的家长有环保方面的质疑。要形象还是要稳定，班子认为家长说得对。我们原定的刮大白教室翻新，叫停。我们只做公共场合的装修，所以说非常感谢家长们善意的建议提示，家校同心，才让我们也顺利地实现了校部迁移。

主持人（任荣辉）：家长谏言，学校善于接纳，校长敢于自我解剖，家校同心，值得点赞。谢谢家长！关于这个话题，专家委员会有什么要说的？

郭黎言教授（沈阳师范大学教授）：非常感谢，我来自高校，我真正体验到了文艺二校集团是沈河区、沈阳、辽宁一个优质办学的一个标杆。其实它重大的价值不在于盘活了众校，增亮了新校舍激活的能量，更主要的是它盘活了家长参与教育的一个公共意识和社会满意度。这是这所学校发展的无形资产。现在的家长，他们的参与意识和反驳意识相当强，以往的时候是让家长跻身在学校教育之外，让他们高瞻远瞩，远远望去，不知晓其内涵的变化和发展，这样家长就会站在学校的背后指手画脚，站在敌对的视角去监督、评论学校，这样就会形成学校教育跟家庭教育没有站在一个轨道上。而文艺二校集团他们搞的家长共治委员会，是把这种纵向的教育和横向的教育有机地交织在一起，让家长在学校教育里面有权利了。第一是知情权。我的孩子在学校里享受了什么样的待遇和接受着怎样的教育。第二是参与权。因为家长到学校里面参与了学校整个的管理，包括孩子各方面的成长。第三是家长有建议权。比如迁校舍这件事，刮大白这个事都有自己的建议权。民主化的管理，让家长真正地走到了孩子教育过程当中，如果我们把家庭教育剥离于整个学校教育之外，我们的家长不能参与学校教育的时候，家长就不能陪伴孩子成长。在小学这个阶段当中，我们不能小觑家庭教育的责任，我们过度地扩大学校教育的主导责任是不对的，因为家长您是有责任的。方才，我在学校上卫生间，一个家长领着一个低年级的孩子，说赶紧上厕所吧，今天早上来不及了。孩子说，妈妈我不能去，这个卫生间是给老师用的。家长就说了一句：没事，来不及了，你赶紧去。这个小小的问题让我感觉到孩子是有规则意识的，我们的家长为了让孩子和你的教育目标相一致，首先家长要和孩子共同接受学校教育当中的遵时守序，这个规则意识是非常重要的，我们不能把视角跟学校站在对立面监督你、看管你，实际上是你从你的主导思想里面真正培养孩子做到亲近学校、亲近学习、亲近教育，同时也是我们家长委员会下一个需要思考的问题，谢谢。

主持人（任荣辉）：我们在座的还有没有觉得意犹未尽再补充一点，就别人的话题发表自己的见解。

张鹏（辽宁出版集团电子出版社社长）：大家好，我来自企业，在今天这个礼堂里面，我是唯一一个跟教育可以说是搭不上太大边的人。我记得专家委员会成立的时候，东校区（新宁小学）的主教学楼还没有装修呢，就是一个大架子。当时田校长跟现在的状态也不太一样，因为那时候社会、政府给的压力是非常大的，可能过了这么多年之后，当时最乐观的估计也不能想象得到今天的文艺二校会变成这样的二校。最让我信服的成就，就是二校品牌的丰富和成长。什么是学校品牌呢？我觉得对一个学校来讲，有两个核心维度，一个是校内的人，一个是学校辐射的家庭。对内，所有教职员工得到了之前难以想象的成长，个人价值在一个大舞台上熠熠生辉。对辐射的家庭来说，它给了所有家长超乎期待的教育，我觉得无论什么时候，不管是集团化还是什么，教学质量才是第一位的。

人是教育品牌传播的主体。在二校集团，我们感受到的是一群态度不同、但气质相近的教职员工，他们乐观、主动，还带着强烈的自豪感，他们笑着的眼神中传达出诚恳和欢迎，他们的宽广视野、气息格局在基础教育的范畴内很稀缺，是一种共同经历的熔炉效应所锻造出来的宝贵特质。作为对于国内基础教育现状有深刻认知的人，都会知道大部分学校不缺制度，制度也能起到很大作用，可仅靠制度会造成很多方面的机械和被动；大部分学校都有奖罚，可仅有奖罚会造成交换和隔膜；很多学校也都有理念、愿景及使命，可仅有这些可以挂在墙上的东西会造成形式感和空洞，只有经过艰苦的创新、试炼，把这三者有机地、适当地组合在一起，人的才华才能够盛放，我们才能看到二校教师的优秀。他们的口才，已经跳出课堂，在社会平台上启人深思；他们的文章，闪耀的哲思的光芒，学术专著引起广泛讨论；他们的做事能力，在一所所各美其美、井然有序的分校中得到充分验证。

这样的人组成的管理团队，肯定具有高含金量的品牌价值。重复其实是很难的，但二校成功解决了一个问题，就是基础教学从业者的激励问题。因为有很多学校的校长就认为小学老师是不可以激励的，他们心里有自己的很强的价值观，就是我当老师我为了什么，在小学我能获得什么。可能待遇上有一个天花板，职位上有一个天花板，我最高的目标就是评一个高级职称什么的，其他的学校很难给我。所以说，怎么激励这些老师，尤其是激励刚进校门的这些青年教师，二校给出了一个完全不同的答案。你看今天我们参加这个会，接触了很多二校的教师、二校的管理者，这些校长，他们平时要进行理论创新，课堂的实践创新，要进行一个学校品牌的传播创新。如果你关注了二校的相关公众号你会发现，它的更新的频率是非常非常高的，视频的质量也是非常非常高的。就我一个国企来讲，这些活儿很多可能都需要外包，去找一些外头的公司，但是在二校，全是教师们自己干。一个教师在二校的团队里面的提升可能是他自己从参加工作那天都想象不到的，一个人、一张白纸在这里逐步从一个单纯的教师走向一个现代的、复合的、一专多能的立体综合的现代教育者。在这个过程中，他的言传身教会传导给孩子，让孩子知道什么是做事，什么是用心地做事，什么是温和，什么是能量，这非常让我感动。

二校在合校过程中，抓住了一个重要问题，就是核心素养的教育，核心素养的教育对大家来说就是释放孩子天赋，让孩子的天赋不能在小学阶段被埋没，孩子们在二校找到了发挥天赋的一个最优空间。二校让学生懂得了，什么是"国家级"的队伍，在好多项目上，孩子们参与的是全国的竞争！在二校参加一个社团活动你要是得了一个省级的奖，可能对其他小学来讲一个省级的奖非常难得，但对二校，一个省级的奖就太习以为常了。它能给孩子这样一个高度，可以让他在小学的阶段从全国的层面上与全国最优秀的孩子去博弈，这是非常非常难得的机遇啊！它给孩子奠定一种视野、奠定一种胸襟，他可以说在国内这个领域我是最优秀的，我得过全国的一等奖、二等奖，我觉得这个是超乎家长期待的。因为所有的家长都了解，如果你要培养一个孩子天赋的话，你需要到外面课外机构找名师，需要超乎自己负担的投入，但是你要进了二校，孩子天赋你完全不需要担心被埋没。第二点就是教育质量体现，就像上午讲过很多课程上的创新，凝聚着二校团队在教学上的很多智慧，让孩子在有才的基础上学习也不落下，能正常地去面对以后升重点初中、重点高中甚至重点大学这样应试的道路，这是教育教学质量方面。

今天这样程度的二校品牌，对我们这些学校所认定的"专家"来说，压力是非常巨大，因为二校的成长一直在乘风而上，非常快速，需要我们不断地走进二校，琢磨二校，去横向、纵向研究基础教育的高质量发展趋势，这也反过来推动我们自己的成长。

主持人（任荣辉）：作为专家委员会当中的跨界成员，值得我们业内人士再次给他鼓掌。我还想追问一个问题，据我所知，辽宁出版集团应该也是在若干年前合并了省内大量文化出版的企业后而形成的一个大型的企业集团。从集团化的角度来讲，倒是和文艺二校这种发展有一定的相近之处，如果让你给今后文艺二校在集团化管理方面提一个建议的话，你最想推荐给他们的，你们企业文化当中的核心是什么？

张鹏（辽宁出版集团电子出版社社长）：我觉得企业文化中最核心的就是学习，无止境的学习，因为只有不断地学习，我们才能适应教育的现代化要求，现代化转型。就像习近平总书记对新闻出版工作者的要求一样，形成不断的学习、终身的学习习惯，增加眼力、脚力、脑力、笔力。学习是我们面对今天这个社会应该具备的基本认知，所有行业的人，都必须建立终身学习概念并去践行，因为"洞中方一日，世上已千年"，一旦落伍，就是社会性淘汰。

主持人（任荣辉）：出版集团承担着为我们提供教材的这样一个社会职能，所以学习应该是我们共同的一个基本素质。其他两位专家对文艺二校还有什么补充建议？

郭振香主任（沈河区教育局发展研究室主任）：在建议之前我还是想说几句话，难得有这样的机会，我非常感谢今天有这样的一个会议，因为我们现在正在做整个区域的教育现代化的 2035，我们就在想未来的，或者说能够应对未来的现代化学校是一种什么样的学校呢？今天的这个会议其实在很多方面呼应着这个问题，文艺二校在很多方面给我们可以说是提供了一个样板。从 2011 年陪着文艺二校一路走到现在，看着她经历了逐渐从组建期到发展期，到现在开始进入成熟期，我觉得用一句话来总结和概括文艺二校的话，她应该是一所多元共治的、优质特色的、现代化的教育集团品牌。多元指的是她既有兼并紧密型的学校，又有新建学校的引领，又有与其他松散型的成员学校的共建，还有对外区的或者跨市的这样一个委托管理的多元化的集团模式，她采取的是现代学校共治的管理模式，在质量和内涵发展上，她呈现一个优质特色。单从她的经验来看，我觉得有这样几点，第一个得益于顶层设计，就是宏观上的顶层设计。从田校长的报告上大家可以看出，在不同的发展阶段顶层设计是不同的，组建期和发展期是不同的，我想下一步要做的可能就是在成熟发展期，这所学校的顶层设计应该是什么样子的。第二个，得益于终端的组织机构和管理模式的变革，今天大家听到的都是这样的变革，共治的九大委员会也好、扁平化的管理也好，分部式的领导都呈现了这样一个特色。第三，她微观上的教育教学改革上的创新，这个不多说，大家看过都深有体会。第四，还是得益于这个集团学校校长的领导力和预见力。领导是在思想里面，文化、路径、策略、方式方法上面引领。这个预见力呢，我觉得要走在前头，要有创新，必须有对未来的、对危险的一个预见以及快速做出反应的能力，所以从这样一个角度上讲文艺二校集团既是一个责任教育的品牌，也是一个集团化办学的品牌，还是现代学校追求建设的一个品牌，同时她也是我认为或者期待她成为未来的、现代化学校创新教育的品牌，谢谢！

郭黎言教授（沈阳师范大学教授）： 作为高等学校的一个成员能有幸进入到基础教育，作为学术专家委员会、顾问委员会的一个成员，我自己深深地感觉到学术研究不是大学的专利，过去我们都认为学术和科研的发源地是高等教育，今天让我看到了小学基础教育的科研引领、学术助力，把我们这些作为学校发展品牌教育的外脑充分地利用起来。所以，我们这个委员会是共治委员会的副脑，也就是说我们来协助学校进行顶层设计，战略发展目标的价值判断和前瞻性的思考，对于学校的理念的构建，路径的选择，管理模式的确定，我们有一定的发言权。我们能够站在国内外发展的视角对一个品质学校应该趋向哪里，进行光顾和指导。所以从这个角度上来讲，我们应该发挥我们外脑的、有力的支撑作用，同时我们又和其他九大委员会的成员是并驾齐驱、携手并进的关系，我们应该是相互支撑，共同努力为学校发展建设共尽我们的微薄之力。我觉得在这样一个品质、品位、品牌的学校沃土上，我们每一个包括家长，包括专家委员会、仲裁委员会，我们都会在这个沃土上增长智慧，出尽韬略，培植我们的正能量，同时也为这所学校走向更高层次，向全国层面的优秀品质学校发展贡献我们的力量，这里也是我的一点心声和意见。

主持人（任荣辉）： 刚才我想我们各方面人员一起诠释了这所学校在管理过程当中，以"法治"为基本底色，以"分权"为治校逻辑，以"共治"为行为模式的这样一种管理方式。尽管他们的经验已经做得非常有质感，但是我还是要说，这里面还有一些很难说得更清楚的事情，有待于我们在实践当中共同探讨，所以它绝不是一个样板型的东西，只能是我们大家分析这样一种管理模式的样本。我们一直用航母来比喻这所学校，一艘航母从沉寂化最终成为真正的航母，需要设计、建造、基装、服役、训练，最后才能形成初始战斗力，这个周期国际上一般是五到十年，那么按照这样一个周期，现在的文艺二校也刚刚是形成了初始的战斗力，我们一起祝愿文艺二校能够在今后的航程当中平顺、坚定。论坛到此结束，谢谢大家！

2019.6.18

第四节　现代治理激发办学活力

经过多年的探索，现在，文艺二校教育集团已经形成了依法办学、民主管理、多元主体协同治理的新格局，极大激发了学校的办学活力，成效显著。

1. 激发了发展活力。"一加五"构成的庞大团队和谐相融，校部发展协调同步，干群关系、师生关系、家校关系更加融洽。集团组建初期不时传来的"教师血统论""牛奶稀释论"等都在集团的稳步发展中悄无声息。新并入的九个社区内的学生大面积返流，每年有近十个班的学区生入学增量，五部三园惠及全区9000余个家庭，近年小学新生招生占比全区22.6%，学校的社会影响力大幅度提升。

2. 激发了创新活力。一是课程创新，架构了"双三阶动态循环"责任课程体系，课程与学校育人目标相契合，从"常规范式"迈向"个性定制"。二是课堂创新，打造了"责任学堂"，让"有责任的学习"在课堂上发生，努力达成以系统建构为特征的深度学习。三是技术创新，借力信息技术，以翻转课堂平台开发、steam 课程融入、远程管理系统搭建、迷你云存储应用等为主要载体，创新教育形态。四是项目创新，形成了培育师生发展的"双十"项目群，给予师生幸福而完整的教育生活。

3. 激发了品牌活力。从优质单体学校到集团化转型发展，文艺二校集团的"责任教育"品牌逐步走向成熟，并呈现四方面特质：责任为基的文化属性、公平为先的服务指向、引领创新的发展态势、融合共享的价值体现。学校以责任教育特色立校，以集团化办学实现优质教育的更大化区域辐射，更加凸显了品牌发展的活力。二校集团用自己的创新实践为沈阳基础教育集团化办学改革提供了一个品牌发展、升级的典型案例，用事实回答了在教育均衡的背景下如何处理好融合与稳定、发展与改革、提高质量与特色办学、自我发展与共同发展的关系。学校的集团化办学也由此走向内涵发展、自我超越的新阶段，教育集团的品牌影响力不断延展，在市、省乃至全国产生了良好的社会影响。2014 年出版的《集团化办学的实践与思考》一书获得"十二五"省级科研成果出版类一等奖。2016 年《集团化办学品牌增值的实践研究》这一课题作为辽宁省基础教育唯一代表成为获得国家社科基金 18 万元专项支持的国家级课题。集团办学的成果经验先后在中国教育协会中小学整体改革专业委员会十六届年会、中国教育学会第二十八届年会、海峡两岸卓越校长论坛上进行大会交流，产生了强烈的反响。学校先后荣获了辽宁省课改基地校、辽宁省首批体卫艺综合基地校、辽宁省特色校、三个学科的国家级教师培训基地校、全国名校长名教师挂职研修基地、全国中小学外语教研工作示范学校、全国首批信息技术试点校。学校经验走出辽沈，多次在北京、重庆、天津、哈尔滨、绵竹、济南、西安等地交流。五年来，迎接全国范围内集团化办学专项考察 20 余批次。集团化办学经验先后在《人民日报》《光明日报》《中国教育报》《人民教育》刊登报道。

品牌的增值与服务的延展，标志着二校的集团化办学已经从最初的"单一加入式"升级为"加入式＋内生型＋联盟型＋委托办学型的复合型"发展阶段。集团化改革实现了内部治理结构和外部发展模式的双向发展，初步实现了师与生共同成长、家长与社会满意、规模与质量双赢的集团愿景。从独善其身的单体发展到兼济区域的集团化办学担当，应该说，文艺二校用现代治理方式的变革经受了新时代教育改革发展大潮的历练，它的发展历程可以说也是沈阳市教育优质、均衡发展的缩影。多年来，二校的资源与品牌输出打破校际围墙、区域壁垒、城乡阻隔。这种基于社会大众办教育的名校集团化战略已经成为教育均衡发展的重要举措。

第三章 现代集团
治理实践的反思

文艺二校集团现代学校制度体系已经有效建立，集团多元共治理念逐步渗透进集团工作的各个领域和关键环节，并不断内化为教职员工的自觉行为，提高了集团学校的综合治理能力。在推进治理变革的同时，学校也不断进行总结反思，及时调整和改进，以期更好地调动集团学校各方治理主体的积极性，更好地激发学校的创新发展活力，不断提升学校治理体系的合理化程度和发展水平。文艺二校集团治理实践呈现如下特征与思考：

一、发展理念的"和"与不同

基于现代学校办学治理的思考，学校提出了"和而不同"的集团办学主张，其核心价值是"兼容并蓄"。在努力使办学集团成为和谐共生的大家庭的同时，让办学集团内所有校区都能实现共性与个性的有机结合，达到"和而不同，各具特色"的目标。文艺二校的集团管理有统有分。"和"的是理念目标层面的五个统一，即办学理念、学校标识、质量管理、教师发展、学生培养的基本目标统一。"不同"的是各校部、各托管分校根据每个校区的环境、资源等条件，尤其是学生分年段布局的现状，成功打造出"1+X"的办学特色，使每个校部都有适合自己的"X"绝活：不同地域依托不同的资源，不同年段有不同的育人方法，不同校部有不同的活动设计，每个年龄阶段的孩子有不同的教育体验。这种和而不同的格局，成功地将各校部、各分校人员的能动性、资源的优越性和儿童的身心发展规律结合起来，实现了集团各组成部分的各美其美。

"和而同"则千篇一律，不承认发展差异；"不和而不同"则矛盾激化，无法调和，不能协同发展。唯有"和而不同"既多元和谐相处，又各具特色，互补互济，和谐发展。

二、治理样态的"动静结合"

在集团化办学的学校治理创新中，学校不仅在静态的治理结构上下功夫，同时在动态的治理机制上去创新。首先，在静态的治理结构上，依据多元主体治理的思想，学校为集团内部成员和其他利益相关者参与学校治理提供机会和平台（如学术委员会、家长共治委员会、仲裁委员会），促进内部治理结构的完善与优化。其次，在动态的治理机制上，重视加强集团的治理机制建设，即促使集团治理结构的不同组成部分之间的协调配合，实现集团的有序运行而进行制度设计。一是完善了决策机制。校务委员会这一集团的最高权力机构的负责人和成员的产生方式、人员构成打破"校长惯例"现象，组织任命与民主推荐相结合，规范和发挥了集团委员会的统领作用。二是构建责任到位的执行机制。条块结合、雁阵编队、科学授权，合理制定划分校级、中层管理人员的职责权力，充分发挥了各层级干部的执行力和创造力。三是建立科学化、人性化的选择性奖励机制，规避了集团组织成员"搭便车"的现象，消解集体行动的困境，进而激发组织成员的整体积极性和工作绩效。

学校一方面要考虑集团组织的重构与文化融合，提升组织成员的领导力和执行力；另一方面也要重视检视和优化集团机制的配套建立与完善，两手抓，两手都要硬，集团治理样态实现"动静结合"，才能有效促进治理能力和治理水平的提升。

三、治理结构的"内外联建"

在发挥集团化办学的学校治理有效性过程中，学校不断完善内部治理结构，通过制度化的方式规定和划分各个治理主体在组织治理结构中的权力与责任，充分发挥集团内部组织成员的领导力和执行力。同时，也要充分重视和吸纳集团治理的利益相关者。一是吸引更多的家长参与学校治理。作为名校集团化办学的重要利益相关者和治理主体，家长是一个至关重要的治理主体。通过家长委员会和学校家长会的形式，充分发挥家长治理主体的智慧和价值。二是构建、完善和充分发挥治理结构中的学术委员会功能。学校充分认识到大学教授、教育智库专家的治理主体价值，并且积极以项目的形式吸引专家学者的参与，建立专家、教授定期研讨咨询机制，从而有效落实学术委员会的功能，充分发挥学术研究者的治理主体价值。三是在区域教育行政的指导下正在积极引进第三方评价。因为在进一步优化集团内部治理结构的同时，学校加强了外部治理主体的构建，从而实现了集团内部治理结构与外部治理主体、资源要素的协调互动。

四、制度环境的"内外契合"

大力营造集团学校内外部制度环境。一是对外部正式制度的积极借鉴。借鉴《学校法》的规定，让二校的集团化办学有法可依、权责分明。二是努力培植集团内的关系资本和制度资本。一方面，通过校际合作、教师轮岗、师徒带教等方式逐渐培育个人之间的关系资本，从而提升信任、合作意识；另一方面，逐渐把关系资本适时上升到团队和校际的制度资本，从而实现集团内成员之间的相互信任，增加校际成员的合作深度和学校融合。三是重视教育集团内普通学校（各个分校部）的新型组织文化培育，形成治理结构的文化基础。治理的有形框架只有在理念认可，即与文化模式相容的情况下，才能发挥作用。由总校和已被合并的普通学校联合组建的名校教育集团，其蕴含了与原学校迥然不同的价值观念、组织文化、思维方式、行为准则，如果没有集团成员对办学理念的认可、组织文化的认同和对组织领导者能力的"仰视"，再完善的治理结构与制度，也很难得到有效执行并充分发挥作用。概而言之，因为学校的改革加强了集团治理的外部制度供给、培育集团社会资本和培育新型组织文化，并着力使内外部正式制度与非正式制度彼此相互契合，从而促进了集团治理达到理想状态。

五、权利分配的"上下平衡"

集团现阶段的管理呈现广泛参与的领导实践，即包括教师、专家、学生家长的参与，从而得到了更广泛的群体决策，使学校现阶段的管理方式从传统的"聚焦式领导"过渡到"分布式领导"。"分布式领导"是分布于学校组织中的领导者、追随者和特定情境交互作用网络中的一种领导实践理论，它强调领导的实现是领导者与其他因素交互作用的结果，而不是领导的个人行为的作用。这种"分布式领导"不仅强调了校长在学校发展中的作用，而且更关注学校领导的集体作用；不仅重视领导权力在正式职位中的分布，而且更强调在非正式领导人员的分布。

这种领导方式避免了绝对权力的产生。"把权力关进制度的笼子里"，要真正实现这一目标，并不是那么容易。在现代治理理念的指导下，学校首先重视了制约校长的权力。在完善学校内部治理结构中，校长的角色实现了四方面转变。一是逐步由学校的管理者转变为学校的决策人，为学校发展确定章程、梳理理念、规划发展、明确学校的特色追求等；二是逐渐淡出了日常管理，着力培养合格的管理者，而不是自己亲自去事无巨细地管理，让校长避免自己成为焦点，而是努力地搭建舞台让别人去表演，自己退到幕后；三是校长不再依靠个人魅力实施管理，而是要尊重制度，逐步习惯以制度管理人、以制度激励人的运行模式；四是校长的管理权威受到了挑战，必须习惯在监督下进行决策，让监督成为常态。

权利分配的"上下平衡"还体现在决策权与执行权的平衡。决策权属于教育集团，是上位权利；行政权属于教育集团下属的各校区，属于下位权利。决策机构也要充分赋权给校区执行校长和全体行政人员，但行政权要服从于决策权。

文艺二校的现代学校治理体系和能力建设正在路上，随着现代学校制度建设的深入推进，以依法治校为有力抓手和保障，学校的管理分权已经成为一种常态，核心权力的民主协商也将发展成为一种常态，民主管理正在改变学校管理权力运行的方式，使学校管理更加贴心、更加人文，学校将以更加开放的心态去面对家长和社会，展现出学校对教育的责任和担当。从"人治"到"法治"、从"集权"到"分权"、从"自治"到"共治"，既是对校长权力的一种约束，更是对校长自身的一种解放。它让校长不再奔波在各个校部，不再疲于应付繁杂的事务性工作，而是赢得更多的时间对学术领域做系统深入的研究，对学校顶层设计做前瞻、全面思考，全力以赴地带领学校真正步入"从管理走向引领、从制度走向文化、从行政走向学术、从自治走向开放"的转型发展之路，"依法治校、民主协商、自主发展"已成为学校走向现代教育管理的主旋律。

第四编 团队托起品牌形象

既滋兰之九畹兮，又树蕙之百亩。

从 2009 年起，沈河区文艺二校先后进行了五次重组，十一年间，文艺二校由 140 名教师的单体学校迅速发展为 560 名教师的多校部集团学校，累积交流、重组、新进教师占比达到了 82%。社会及家长"牛奶是否会稀释"的质疑核心，就是"是否有那么多优秀教师，能与这么大规模的学校匹配"。其他资源的平衡都可以用软硬件投入来化解，但是没有好教师，不生产名教师，那集团化就成了徒有虚名的空壳子。

在集团化的过程中，二校领导也曾幻想，把别人家的好教师都抢到自己队伍里，但是那是市场化的集团化，而不是二校追求的均衡教育目标下的集团化。二校的集团化，必须要有良好的培养人的机制，自己能带出好兵强兵。面对合校初期良莠不齐的教师队伍，无论是从稳定出发，从大局出发，还是从学校的顶层设计出发，集团都不能搞"换血"，必须选择自身"造血"。而建构系统可持续的"造血"机制，就必须迈过一道道难关：一是学校文化的和谐统一，"新"教师们如何在原有的学校文化和工作理念基础上，快速认同、浸润入文艺二校的责任文化？二是精神层面的思想融合，"新"教师们如何激发内在动力，走出职业倦怠，实现与二校大集团、大平台适配要求的全身心融入？三是管理层面的接受认可，平均年龄结构偏高（42岁）的"新"教师们如何克服思想固化，打破对新制度、新要求执行的畏难情绪，实现与集团现代化、快节奏的管理制度步调一致呢？四是业务层面的水平提升，教学理念模糊、教学水平薄弱的教师如何实现充分、平衡的教育教学提高和师德师能方面的专业成长呢？建立这样的"造血机制"，是否可复制、可延展、可自我迭代，从而真正达到与高速推进的集团化相"适合"呢？

江湖夜雨十年灯。十余年的摸索，从2009年合并第一所薄弱校开始，到今天的走出本区去外区、外地委托管理，集团这一套"造血机制"基本完成，实现了团队的品牌增值，一批批新进教师用自己的努力站稳了脚跟，一支具有"肯包容的态度、善协同的能力、重责任的精神"的优秀教师团队已然形成，并经历了学生、家长、社会的重重考验。一条心，一路人，一样的服务品质，一样的教学水平，打破了"教师血统论""牛奶稀释论"，二校教师的品牌，已然闪亮。

第一章　一个被设计好的
"新移民"样本

　　并入二校的万晶老师对十一年前的那次宣讲会记忆犹新。那是并校后的第一次新生入学，也是学生转换校区的关键时刻，万晶被选为合并校的教师代表，要在大型家校沟通见面会上发言，为带着满心疑虑而来的家长们解惑。

　　"那时候我就是一张白纸，在自己讲台上讲课我可以很潇洒，但是应对大场面，我一点儿经验都没有！"但是在田冬校长的雕琢下，从气度站姿，到发音部位，到十几遍的发言稿打磨，到回答每一个问题一个字不能错的标准设计，到一遍又一遍的见面会彩排，没经验的万晶，成为后来者可以参考对标的经验。情景历历在目，台下家长和社会各界关心二校的人士坐在一起，台上原有的教师和新来的教师一起展示，让家长们看看孩子未来的老师什么气质、什么实力，有没有正能量。见面会上，万晶等新并入教师一遍遍耐心地向家长细致讲解，讲学校的教师快车道提升计划；讲多个校区人力资源如何优化分配确保均衡，每个校区未来有怎样的规划；讲如何打造适合学生年段特点的校部空间和专属活动。让家长感到这个向心、向上的团队是用心在做教育，用不断增加的信任感逐渐打消了家长对本年组近三分之一后并入教师的疑虑。

"结果参会的人根本看不出谁是原校的，谁是新来的，第一关就这么过了。"

然后就是感受二校在融合新教师的满满套路，然后就是在社团里发现了自己的一点点"文艺细胞"，然后就是被责任文化所浸润、感动。她入选了"快车道提升"项目。看到了同时并入的年近五旬的王老师，因为原来所在学校的学生基础较差，做教师的成就感渐行渐远，工作热情消失殆尽，就等着退休了。经过一段时间的融入培训，劲头上来了，并立下军令状，要再当一把班主任，给自己的职业生涯画上完美的句号。一年后，她所任教的班级成绩非常出色，家长赞许不断。

万晶同其他并入教师一道，经历了二校推门课、研讨课、评优课的洗礼，聪颖上进的她在这里找到了肆意驰骋的草原，两年后就被迅速吸纳为语文中心教研组成员并任年级组长，短短几年间成为省级、国家级语文优秀课获得者。

2013年，学校作为教育部首批信息化试点校，开始探索数字化教学。身为"云课堂"实验团队的一分子，万晶积极投身课改，多次荣获全国信息技术与学科整合大赛奖项；并成功在全国新媒体新技术大赛开幕式现场上了汇报展示课，获得业界专家的一致好评。

2015年，她竞聘成为文艺二校教育集团信息技术主任兼总校部教学副主任，工作重心从班主任转移到教育教学项目研究与课程改革。她带领骨干教师持续深入探索信息技术与教学深度融合，指导近50人多次获评国家、省、市级优秀课，并取得了一定科研成果。

2016年，随着集团课改的推进，她进入了"四叶草综合课程"改革团队并参与了核心研发，此项目被评为省基础教育教学成果二等奖。

2017年，集团开始推进创客教育，她担负起了科技工作，成功申请市青少年科技创新实验室，其中"e木+"课程被评为市特等特色课程。同年，她和团队梳理"数字化环境下的个性化学习"成果，获评教育部基础教育信息化成果典型应用案例。

2018 年，她带着集团总校的重托成为文艺二校沈北分校副校长，投身到新校建设和年轻教师培训工作之中。不到两年时间，她指导新教师获得部级语文优秀课、国家级信息技术课、省级创新融合课、市语文和综合实践活动学科素养大赛特等奖等。

一步一步，一年一年，文艺二校每一种培训教师的"招法"，都在万晶身上得以体现，文艺二校教师应该具备的特质和闪光点，都被万晶等年轻教师吸收和承继。从 2009 走到 2020，从青年教师走到省市骨干，从"一张白纸"成为"一面旗帜"，万晶老师的十年成长之路，是每名融入二校集团的教师的进阶之路。

单丝不成线，独木不成林。

这是英语教师马金鸣的自述演讲，她把自己称作二校"新移民"：

2012 年，我从小西一校合并到文艺二校这个大家庭中。从只有 4 名英语教师的原单位来到有着 37 名英语教师的团队中，我感到自己是那么渺小。学校为合并教师举行的座谈会帮助我卸下思想包袱，通过集体生日会、新年联欢会等活动也让我逐渐融入到二校的团队中。

我目睹了学校英语教研团队为了一节优课反复研磨、精益求精的过程。这唤醒了我的教学热情，我期待着有一天也能像他们一样站在舞台的中央。学校的"快车道计划"使我获得了骨干教师们的专业指导与培训，帮助我的专业水平得到了飞速提升。文艺二校作为集团化办学的示范校迎来了各方各级领导的观摩与参观，为我提供了各级展示活动的平台，我的课堂教学能力也得到了充分的锻炼。我多次进行各级观摩课展示，参与送教下乡课，参评各级优课。学校为我们"新移民教师"提供了平等的发展机会和个性化的个人专业发展之路，把我逐步锤炼成一名成熟的英语教师。学校先进的办学理念和精良的教学设施激发了我不断创新勇于探索的精神。我参与了学校"一对一"信息化教学实验课题的研究，作为一线的实验教师参加课堂探索实践活动。"一师一优"课部级优秀课、省观摩课特等奖、省基本功特等奖、首批沈阳市千名研究型教师、市智慧教师、区名师，一个又一个荣誉的取得，都离不开学校精细化教研管理团队的引领。

近年来，在像我这样的"新移民"教师中，涌现了越来越多的优秀教师。无论是文艺二校的"原住民"，还是像我这样的"新移民"，以及更多的教师新秀们，我们都在文艺二校这片沃土上，渐渐地生根、发芽，成长为能经得起风雨的参天大树！

其实，这些年集团已经不再提"新人"和"老人"之分，他们都是二校人，都在学校不断创新的教学理念激励下，一起携手在教学的路上砥砺前行，肩负着二校的品牌，迈出新的脚步。

第二章 党建引领
打造教师队伍思想高地

伴随着学校集团化发展，文艺二校党组织也在逐步地发展壮大中。由最初一个党支部56名党员发展到现在一个党委五个党支部166名党员，在1+X的党组织建构过程中，X的变量逐年增大。在集团化办学发展的进程中，党组织从未缺位。二校党委做到三个坚持，做实集团品牌、教师队伍建设两大任务，发挥党委的领导核心、政治核心作用，以党的力量凝聚教师，把党的政治优势、组织优势转化为教师成长优势、集团发展优势，凸显政治引领、思想引领、文化引领、作风引领、工作引领的作用，努力锻造一支以"四有"为目标的责任之师，为推动集团转型发展、品牌增值提供了坚强的政治保证和组织保证。

第一节　顶层设计　党委把方向

集团发展中，党组织政治站位很重要，学校党委把方向，充分发挥统揽全局、协调各方的作用，把坚持和加强党的领导贯穿集团改革发展的各方面、全过程。从盘活资源，优化配置；文化导向，重塑团队；雁阵管理，各美其美三方面开展集团党建工作，创造了每个校部一部一品的党建特色文化，形成了"文艺二校教育集团责任教育"的品牌运作、学校经营和质量管理的突出优势。

学校党委以"坚守党建责任，挖掘党建内涵，强化政治核心作用，引领学校创新发展"为工作思路，以搭建"12345"党建工作模式为目标，牢牢把握"围绕中心抓党建，抓好党建促发展"的工作理念，做好顶层设计，为教师队伍领航，为学校发展助力。12345的党建工作模式：1——传承一个责任党建文化，2——围绕以教育教学工作为中心、以智慧党建为重心的两心设计，3——紧抓干部、党员、教师三个队伍，4——强化四融入四引领（融入文化引领思想、融入管理引领方向、融入教学引领发展、融入师训引领人才），5——完善五有工作目标（有头雁引领、有制度约束、有项目推进、有特色创新、有评价机制）。学校党委将党建工作与学校管理相融合，与教育教学工作相融合，与师德师风建设相融合，不断提升育人质量、提高办学水平，让党建工作与学校管理实现同频共振。

第二节　头雁担当　支部有引领

十年的集团化发展之路，没有任何可以借鉴的经验，也决不是一路鲜花的坦途大道。文艺二校的核心领导团队虽是困难重重，但班子成员选择迎难而上，党政同心，责任同担，并肩同行。通过梳理学校发展脉络，文艺二校提取了学校成功发展的三个因素——责任、融合、创新。田冬校长用这三把"钥匙"成功开启了集团化转型、再次出发的征程。曲徽书记则以其为抓手，凝聚教师，熔铸团队，着力打造一支具有"肯包容的态度、善协同的能力、重责任的精神"的优秀教师团队，从而实现教师队伍的相融、责任文化的传承和责任党建的丰盈。

1. 凝聚担当精神，引领有力量

责任是文艺二校的校训，更是文艺二校的精神符号。学校领导班子以责任精神引领学校的发展。借助"雁阵"理念形成了一支肯担当勇奉献有作为能吃苦的管理团队。管理团队一直在致力于用责任精神传承文化。从校训石、校旗、校标的物态文化，《学校章程》的制度文化，到"责任至上"的精神文化三个层面丰富以"责任"为核心的学校文化。让追求"肯包容的态度、善协同的能力、重责任的精神"的团队文化；共同塑造"师生共同成长、家长与社会满意、规模与质量双赢"集团发展愿景都成为责任文化的重要内容。传承"责任"文化，弘扬"责任"精神，深挖责任内涵，用责任文化影响人、凝聚人，成为文艺二校人积蓄力量继续奋斗的原动力。正是领导班子的拼劲和闯劲成就了今天文艺二校的集团化。集团发展了，校园变大了，权力变大了，利益变多了，但是班子成员清正廉洁做表率的作风不变。兼济区域均衡发展，五次平稳合校，那是我们的政治担当；做强教育品牌，办人民满意的教育，那是我们的使命担当；从问题出发，在学习中提升自己，在实践中锤炼自己，五个校部管理团队，校级带着中层干，中层带着年组干，一级跟着一级干，那是我们的责任担当。每次合校，我们党政配合，班子并肩合作，田冬校长为拉平办学条件而跑项目、找资金、想办法，用心谋划每一个校部的发展建设。曲徽书记走进校部抓师资、精管理、塑文化，用心融合每一位教师，用党建力量锻造责任之师。十年的集团化发展之路，我们靠一份对教育使命的坚持，靠一份对责任品牌的坚守，实现了 1+5>6 的品牌增值效应。

2. 建设特色支部，引领有方向

五个党支部在规范化、标准化建设的同时，深挖内涵，努力实现特色化。学校党委从集团愿景出发，着力建设五个特色支部，从支部名称、标识到建设目标，都体现了对教师的方向性引领。同时，各支部也逐步形成了自己的支部文化，如启明星支部的"爱"文化、暖心支部的"融"文化、阳光支部的"和"文化、牵手支部的"责"文化、文艺一支部的"勤博"文化，共同构成了学校责任文化的重要组成部分。支部文化根植于文艺二校党委的责任文化，是对责任文化的诠释和发展。支部和干部党员的引领作用让教师们逐步熔炼了良好的师德师风。

第三节　特色创新　活动出成效

学校党委以创新的理念、以协同的方式不断探索党政工作的融合，开展温暖工程、寻找职业幸福、分享教育智慧、党员成长工程、"不忘初心、牢记使命"等主题活动，凸显了党建工作的实效性。

政治学习有板块。党委抓教师全方位的学习，整合政治学习内容，与政治时事、教育改革、师德修养、文化积淀、业务提升相结合，多层面地开展政治思想、业务能力的提升。从最初的五大板块：新闻聚焦——了解时事新闻；每学一题——微党课设计；最美二校人——推出师德榜样；读书分享——分享读书心得感悟；微课展示——展示课程改革制作的微课程，到现在的升级五大板块：先进理论我宣讲、天下要事我知道、廉政风云我评说、岗位尽责我表扬、幸福驿站我分享，将学习内容系列化、精品化，强化了全员学习的实效。

主题教育有工程。当"两学一做"成为党员教育常态化工作时，我们以"从心开始、用心对待"为题开展党员成长工程。从"心"开始——"不忘初心"我承诺。党员示范岗责任区公开"心岗"承诺活动。从"心"开始——"坚定信念"我宣讲。党员定期以党史知识、先进典型事迹为主进行"初心"宣讲的微型党课宣讲活动。用"心"对待——"牢记使命"我发现。党员深入校园、深入一线、深入群众发现身边的工作亮点、好人好事，收集教师对学校的意见和建议。用"心"对待——"践行责任"我引领。党员"心灯"点亮，在各项教学展示和经验分享中有身影有发声，做教育教学的先锋。以党员榜样力量影响身边的教师，点亮自己照亮他人。

党日活动有拓展。党日活动不拘泥于党员学理论，更注重理论与实践的结合。党日活动这样搞：党课＋队课模式，以党史知识进校园为内容，党建带队建，党员给孩子们上主题队课，同时书记带党员一同学习观摩。队课后，在学生们的见证下，全体党员完成党日活动宣誓环节。整个活动激发学生爱党爱国的热情，党员们也受到精神上的洗礼。还可以这样做：主题报告＋跨界学习模式，请科学家走进校园做报告了解科普知识，带着党员走进科研院所，参与他们的党日活动，聆听科学家的故事，学习科学精神，开阔视野，跨界学习。在学习中去深化理论，提升思想。

志愿服务有岗位。党员志愿者将责任奉献精神担在肩上落到实处。各支部的实践岗责任区党员志愿服务，奉献爱心。暖心支部的"爱暖童心"志愿者服务岗和文艺一支部早间的护学岗，以党员教师为引领，坚持至今，每日早上从 7 点 10 分到 7 点 50 分在校外接送孩子们过马路。至今已扩展成家长义工和教师志愿者与党员共同完成，得到了家长的好评，同时也有效缓解了早上门前拥堵的现象。阳光支部的"阳光志愿者服务队"坚持多年到阳光之家为智障人士服务，已形成支部的党员服务品牌。

管理宣传有技术。进入 5G 时代，"互联网＋"成为党建工作的重要手段，党建管理平台的技术支撑。结合多校部多支部管理的现状，借助互联网技术，学校党委解决因人员众多、校部分散而出现的党组织建设和党员教育管理及活动开展上的新难题。以"互联网＋"的思维搭建党建工作的新平台，成功搭建党建教育同步化、党建资源共享便捷化、信息交流畅通化的平台。《图小情长 初心不改—— 照片背后的教育故事》《我和国旗同框》《我和小树共成长》《我是党员》这些活动都是通过信息技术手段来实现的。从远程会议系统在校级领导班子述职中的应用，党建微信群在党员学习教育管理中重要作用的发挥，到党建宣教功能的运用，互联网、多媒体成为我们工作不可或缺的技术媒介。

党建品牌有亮点。学校党委基于"以有责任心的教师育有责任感的学生"的理念，开展党建品牌的创建工作，使党建品牌建设与学校办学理念相呼应，和谐共美。以"责任党建先锋行"党建品牌擦亮责任教育品牌。通过党建品牌的创建，将责任教育的理念更深入地融入办学的方方面面，让责任文化成为文艺二校的精神追求，让党组织更有战斗力。党员通过参与党建品牌创建发挥先锋模范作用，增强党性和服务意识，提升整体素质，进而以党员团队引领带动来自六所学校的教师队伍凝心聚力、工作积极，实现思想上的深度融合，以此推动集团的科学发展。

第四节　项目推动　追求有基地

文艺二校党委创新形式载体、细化工作举措、严格落实责任，学校党建工作虚功实做，实现了教育党建从"点到为止"到"精准定位"，从"杂乱无章"到"井然有序"，从"浮光掠影"到"精细入微"的华丽转变。

学校党委坚持"党建项目化管理"的理念，以"智慧党建+"为切入口，完善"支部e家"党建管理平台，以"五责"联动为驱动，做强党组织的政治功能和服务功能。通过"六微工程""七色党建"等项目的开展，推动全体教师岗位尽责，提升党组织的凝聚力。学校的追求学习会里有党课宣讲，有参观学习，那是教师有信仰有追求的加油站。让党员成为骨干教师，让骨干教师成为党员的双培养机制成为教师坚定的理想信念的动力源。教师队伍在党建项目中逐步传承责任，涵养精神。责任内化于心，外化于行，固化于制，成化于果。融合中实现思想的共识，理念的同化，精神的凝聚，能力的提升，用责任滋养生命中的每一天，充实而温暖，从容而美丽，这就是生命的增值。

案例解析：

七色党建行动，为学校党组织创新发展助力

因为校部建立时间不一，各党支部的起点不同，所以五个支部出现了发展不均衡、抓手不多、成效不显著的问题，166人的党员队伍也出现了党员凝聚力不够、先锋作用不明显的问题。基于此，我们以问题为导向，把党建项目作为一个切入点，精心谋划，结合实际问题寻找最适合的项目。设立并实施《七

色党建行动，为学校党组织创新发展助力》这个党建项目，正是源于文艺二校党委在学校集团化办学的背景下努力打造"责任"文化，立足于党建发展，结合学校深厚的文化底蕴，把党建文化和校园文化建设统一起来的现实需要，更与沈河区兴办"适合的教育"理念一脉相承。通过"党建项目化"管理，通过具体项目的实施，文艺二校党建工作与校部管理相辅相成，相互助力，共同推进。

一、求实求变中打造亮点

1.围绕中心做谋划，项目核心出内涵

学校党委紧紧围绕现代学校制度建设和课改推进两个中心工作，力求通过"七色党建行动"，提高党员干部的服务意识和服务水平，建设一支责任意识优、服务技能强的党员干部队伍，打造创新型、服务型党组织。

项目是以七个颜色标志七方面的行动主题，即：

红色先锋行动——以"三包建区""一班一岗""项目认领"为措施，发挥党员的先锋模范作用；

橙色关爱行动——以党员阳光志愿者服务队为依托，以"微善行动"为手段，提升党员的爱心与奉献精神；

黄色活力行动——以党带团、建社团、节日DIY等形式，增进党群情感的联系；

绿色责任行动——以多层面搭台子、多途径给路子，引领课程改革的发展；

青色成长行动——以党群拜师、网络学习、智慧分享为载体，关注教师的成长与发展；

蓝色民主行动——以信息技术为手段，建网络工作群、学习群、交流群，开展"最美校园"随手拍等活动，增强党员民主管理的意识；

紫色星光行动——以责任团队、责任教师评选为动力，促进榜样力量的激励。

七个主题全方位的操作，实现了党组织工作内容全包括，人员全覆盖。

2.点面结合促落实，项目实施靠策略

（1）融合策略——突出三个融合

与学校中心工作相融合，与群众需要相融合，与党组织日常工作相融合。如课改是学校中心工作，在绿色责任行动中，党员聚集课改，认领十大项目、牵头研究课题、引路课、创新课、研讨论坛等，围绕课改集党员智慧与力量开展活动，使党员成为项目的参与主体。党员在项目开展中受教育、强责任、做贡献，让群众感觉到在课改之路上党员永远做引路先锋。

（2）开放策略——突出点面结合

党委抓面，各支部抓点，七个主题有统有分，结合实际开展。统是一盘棋，分是满天星。七色行动分落各支部，找重点，抓亮点，出经典。如：红色先锋行动，建区设岗，党委三统一：内容统一、要求统一、标准统一，各支部执行一致，体现统一性。橙色关爱行动，阳光支部的点打在帮助智障人士的"阳光之家"的帮扶活动，坚持始终，成为支部特色品牌；而牵手支部的点打在为东部特困家庭学生帮扶中。黄色活力行动，党委统一进行党员政治生日短信祝贺，提醒党员的身份意识。各支部搞党群活动，发挥纽带作用。如同是庆端午，启明星、暖心支部是包粽子DIY活动，牵手支部结合校部年轻人多的特点，做成了"体验五彩乐活 品味端午味道"的团训活动，亮点突出，实效性强。

（3）创新策略——突出支部特色

项目实施中，我们充分放权，鼓励支部创新，和而不同，一支一品，突出特色。如在蓝色民主行动中，总校部的暖心支部从组织教师开展"最美校园"随手拍活动开始，逐渐发展为校部"校园寻美"活动，从主题歌推广到寻找最美的七色花，以单一的党建项目活动拓展为校部的品牌活动。党总支及时发现创新点，在集团内推广创新经验，这是党建工作的拓展与提升。

党建项目的实施，使我们的党建工作以项目化管理贯穿工作的始终，面上围绕一条线——落实群众路线实践活动成果这条主线；条上注重七个点——七个行动主题的设计；行上突出一个魂——以二校"责任"校训为魂；果上体现两个实——党组织凝聚力增实效和党员思想素质提升增实绩。

党建项目的开展，增强了各支部的党建意识，提升了党员的责任感，刷新了党组织的存在感，让全体教师在活动中活出精气神，让党建文化在校部中生根发芽。启明星支部"爱"的文化体现对顺通校部一年级学生细致入微的关爱。暖心支部以"融"文化，把总校部大气包容的气质尽显无遗。阳光支部的"和"文化，展现的是行知校部乐观向上积极进取的阳光精神。牵手支部用一个"责"字演绎着东校部多层次融合、牵手共进、尽责东部的决心与气势。我们就是要让党建项目成为一种精神，传承在责任教育的血脉中，成为一面旗帜，飘扬在课改练兵的征途中；成为一份温暖，陪伴在风雨前行的每一天。

内生动力，创造活力，凝魂聚力，把责任至上作为二校教师的行动追求和精神底色，内树师德，外塑形象，这是文艺二校责任党建的重要内容，也是文艺二校党委的使命与责任。时光不弃，未来可期，教师队伍建设之路上我们党政永远同行，初心不改，牢记使命，拼搏奋进，追逐梦想。

第三章　文化浸润：

从融人融心到和融共生

训其三军，如臂使指；运用之妙，存乎一心。

人员整合了，文化就整合统一了吗？磨合顺了，文化就会自行理顺了吗？集团化后，文艺二校的教师队伍一样走过浅层次的物理融合、规范性的制度融合到理念趋同的文化融合等阶段。通过满满的参与感，满满的设计感，准确整合，把"n"浓缩为"1"，而且身在其中的教师们，却其乐融融，其志昂扬，形成重重叠叠的浪，托起责任校园这条船。

第一节　唱好迎新"三部曲"

　　管人要管心，合校要合心，人心的融合是基础。相融的第一步就是建立新成员对新团队的认同感和归属感。每次合校，"暖心工程"一定相伴。暖暖迎新意、纸短情谊长、谈心增了解就是二校迎新的三部曲。

　　暖意迎新会上，每位新进教师入校有鲜花、进门有笑脸、问候有真情、座位有引领、身边有伙伴。每人一手袋，工作提示单、楼层分布图、办公用品放其中，细心呵护暖在心，瞬间拉近彼此距离。在学校的迎新教师大会上，校长对合并的意义从学校的发展及每一名教师的发展都会做出积极的阐述，说的是实在话，用的真感情。会后，后并入教师感言道："通过校长有智有趣，用心良苦的阐述，我们明白合并不是一个简单的结束，而是崭新的开始，校长对我们用心良苦……"

　　纸短情谊长，用真情唤起新成员的共鸣。每次合校，校领导都与教师用书信沟通，用笔寄情。前后100余封、六万多字。新年、"七一"各支部的党员祝福卡祝福信写满真情。教师节时，校领导会送上自己设计的贺卡，幽默风趣而励志。相融就在书信的一收一回中，就在笔端真情的交流中。

　　谈心增了解，学校把谈心谈话制度用在教师相融中。被并学校的教师对前学校充满眷恋和怀旧之情。他们急需一份感动，一份改变，一份真诚的接纳引领他们快乐地满怀激情地前行。党委要求每位党员在合校中主动交一个新朋友、主动与新朋友谈心一次。第一周的党员教师一对一的谈心活动，第一月的教师恳谈会，第一学期末的座谈交流会，成为每次合校必不可少的环节。平等对话、心灵沟通的方式，不仅让校领导快速而准确地把握了新进教师的思想动态，而且解决了教师初入时的迷茫，了解了工作过程中的需求，进行了合校后的总结反思。五次合校，每合并一次就意味着一次分配方案和管理制度的重组，这牵扯学校所有人的利益。如第一次合校，在谈心中学校了解到原行知学生与原文艺二校学生存在着差异，在学业质量的考核评价中教师希望有更加合理的评价指标。学校及时实行了原文艺二校班级与行知班级分开考核的双规制评价办法。平等的对话权，让"新"老师切实感受到了学校对制度出台的谨慎，对教师权利的尊重。

"路遥知马力，日久见人心"，经过一段时间的磨合，教师们感受到了学校的温暖，同志们的支持，从思想深处对新学校有了家的归属感和文化认同，食堂早餐时没有了落寂的小圈子，办公室里少了围坐忆往昔的小队伍。感情是人际关系的"调节器"。只有学校把外来教师放在心上，对他们一视同仁，先把"他们"变成"咱们"，新入教师才会把"你们"变为"我们"。

第二节　社团搭建蜕变舞台

如果说暖心工程是合校阶段的三部曲，那教师社团就是凝聚情感、展现自我的大舞台。

从红烛、春蚕、园丁、默默无闻、奉献……这些比喻和形容教师的词语中不难看出，教师更多拥有的是"承受"。在文艺二校这样的名校工作，来自社会与家长的压力相比其他小学会更加明显。文艺二校工会从开展教工文体社团入手，让每位教师都能浸润在幸福的氛围中快乐工作。

二校教师社团是在共同的兴趣、爱好、志向的基础上，由教师自主组成的以"健身、健心、健美"和"提高业务素质、提高工作业绩、提高幸福指数"为目的的教师组织。"教工社团需要组建一支能够人尽其才的团队，发挥各自的才能优势。只要您对社团活动有兴趣，又有闲暇的课余时间，那么不妨投下您的申请表，学校欢迎每位伙伴的加盟"，教工社团招募简章里这样写道。因为喜欢，所以认真；因为自主，所以主动。社团从建设到活动整个过程都是教师自主，全员参与的。工会制定总的章程，从组织机构、社团团长的条件和产生、社团成员的权利和义务、经费保障和奖励措施等方面做好明确规定。然后，就以自报和推荐的方式产生各社团团长，由各团长制定自己社团的具体章程、每学期的活动计划，商议确定活动的时间、地点，购置活动装备，对每次活动做好简要记录、签到和图片资料等。

学校从教师的真实需求及兴趣爱好出发，通过发放问卷调查，组建了十余个教师社团。有以健身为宗旨的乒乓球、羽毛球、排球、篮球及太极拳，有以健心、陶冶性情为宗旨的陶艺、扎染、古筝、书画，有以健美为宗旨的拉丁舞、健美操，有培养气质、舒缓情绪的瑜伽队，还有美食俱乐部、养生俱乐部、育儿俱乐部等等。学校还为每个社团配备了一名特约指导教师，帮助社团成员提高水平。

同时，学校还深入开展以阅读为基点的"富脑工程"，让舒张身心的同时为教师健脑补脑。学校拨出专款购买专家理论、名师经验、经典名著等书籍，紧密结合"精细化管理年"工作要求，加强学校图书室管理，逐步建立图书数字化信息资源库和教职工电子阅览室，为教师创设良好读书环境。定期举办"校长读书会""中层读书季""教师读书节"等活动，推行"四个一"读书制度，即每一位干部、教师每学期至少要读一本教育名著，读一种反映新课程理念的教学刊物，读一本适合自己业务的反映专业前沿的理论专著，读一本历史、现代科技、法律等方面的书籍。搭建交流平台，成立"教师读书会"，有计划地为教师指定读书书目，定期组织开展读书征文、读书论坛、经验交流会以及报告会等活动，在校园网开辟"读书富脑"活动专栏，设立"好书大家谈"读书交流平台，定期向教师推荐书目、文章，选登优秀教师读书感悟，推出一批有影响、有特色、有示范引领作用的读书典型人物和读书实践成果，积极引导广大教师养成"多读书、读好书"的习惯。打造出一个儒雅聪慧的"书香教师"群体。

教师群体藏龙卧虎、人才济济，"给我一个舞台，我就能演绎精彩"。学校把志趣相投的教师们都组织到一起，统一时间、统一地点、统一行动，把平时只有心动没有行动的教师都拉到社团中来，丰富教师们的业余文体生活。学校工会主席尹哲表示：教工社团致力于为教师提供一个充满活力的环境，宽松的社团章程，劳逸结合的活动模式，让每一名教师都找到属于自己的最佳舞台。

"六〇后"的及兰霞老师是一位综合科任教师，自幼喜爱舞蹈。社团课程实践之初，她毛遂自荐要成立一个舞蹈队并自任队长。从此，火热动感的啦啦操、温婉柔美的傣族舞、热情奔放的拉丁舞……如百花竞放般装点着校园，舞蹈队也成了学校最受欢迎、最唯美的社团之一。

美术老师王霞自己钻研扎染方法，并自制扎染手袋，得到同志们的喜爱，于是又一个社团自发创建。现在，社团里的成员个个都有扎染作品，他们将自己亲手制作的围巾、桌布、挂件等送给家人、朋友，深受大家喜爱。

"五〇后"的谢谭秋是学校古筝社团的骨干团员，她是第一个向学校提出申请进入社团的老教师。两年来，谢老师不仅能够娴熟地演奏二十余首作品，而且为了让更多的孩子分享古筝社团的优秀资源，她把悠扬清越的古筝引入到所教授的国学课中，成为三年级国学课程的一大亮点。

"我从来都没感到自己原来这么有水平！""我从没有想到自己能做到这个程度，原来人的潜力是无限的。"这些教师，无论年轻的还是年长的，每个人都站到了舞台的最前面，他们因社团而自信，因社团而成长。

社团活动宛如教师生命力的"激活剂"，让每一个教师放飞心灵，拥有健康，获得快乐。郭伟老师原来体弱多病，性格内向，但参加了太极拳社团的活动后体质明显增强，性格也活泼开朗了许多；羽毛球社团的老师与专业选手对决不露怯意、毫不逊色，最终获得了区教师羽毛球赛冠军，那一刻，大家紧紧相拥，高唱"团结就是力量"，集体荣誉感和组织归属感溢于言表。

每年的教师节、中秋节、元旦、毕业典礼、各种观摩、访问等活动，学校把舞台交给教师社团。健美操队的"活力青春"，舞蹈队的"草原恋歌"，书画社团的现场泼墨……每一次展示都会让现场观摩的嘉宾刮目相看，他们深切地感受到文艺二校的教师是那么自信、阳光，校园是那样充满了生命的活力。共同的兴趣、爱好，让教师们看到了生活的精彩和团队的凝聚力，"达人""发烧友"等在各自的领域崭露头角，形成一个个积极健康的兴趣圈，并越来越向专业化发展。

"让幸福伴随工作"是文艺二校教工社团活动的宗旨，丰富多样的社团活动不仅能充实教职工的业余生活，优秀的社团更是教工们充电的加油站，是教师生命力的一串"激活码"，更是促进教师团结凝聚、教师专业提升和非专业素养提高的助推器。

如今，教师社团作为学校文化建设的一部分，为教师们打开了一扇心窗，使教师们享受到生活的美好，教育的幸福。

第三节　多元共生铸就精神

集团为文化建设注入了"一元主导、多元共生"的思想，以责任为基石，各校部可以保留自己的特色文化，和谐共生，各美其美。同时，通过多种潜移默化的影响，让合并而来的教师逐步打上文艺二校学校文化的烙印：有高度的思想内涵，有深度的课堂教学，有温度的师生关系，有热度的同事交流。而这种促使新融入教师发生转变，潜移默化影响他们价值观和方法论的东西，就是责任文化。它是从历史中积淀而来，几代二校人逐步铸造出以"责任"为内涵的学校文化，"责任重于泰山、质量胜于生命"是它的精神内核，它是文艺二校的发展之根，精神之魂。

1. 了解责任文化的根，让传承有力度

在集团的各校部你都会看到统一的责任文化标识。题为《成长》的浮雕主题墙、责任石等具有责任文化元素的景观在校园中呈现，学校的办学理念、办学愿景、办学目标都一一展现其中，这是墙壁在说话。党委组织教师写教育感言展示在墙上，每句话都能找到责任教育的影子，那是对责任教育内生的理解与感悟，那是文字在说话。校园随手拍活动中一张张照片记录着最美二校人一个个感人的瞬间，那是行动在说话。眼之所触皆责任，所听所闻皆责任。这是物态化的外显文化，让师生被会说话的校园空间构筑的学校独特的责任文化所熏陶。

感性的熏陶也必不可少，文艺二校先后合并了五所学校。在文艺二校的墙壁上挂的不是领导来访的照片，不是现任校领导的照片，而是历任老校长的照片，这些照片在无声地讲述一个个被文艺二校人所熟知的责任故事，告诉教师队伍：谁是我们的偶像，我们要与谁对标！

"她"的老故事：一位七十多岁的老年痴呆患者，迷失在大街上，被问及姓名、年龄、家庭住址，她一概不知，只反复念叨着四个字"文艺二校"。她就是在这里工

作了 30 年的老校长杨玉生。

"她"的老故事：陈桂荣老书记已经 86 岁高龄了，每逢党和国家的重大节日，身患癌症的老书记总忘不了向党上交一份特殊的党费。老书记用实际行动践行了怎样全心全意为社会服务。

说是"她"的故事，是因为集团里绝大多数教师没见过他们，不曾和他们共事，但每个人又都熟知他们，在学校的墙壁上看到他们的身影，瘦弱却伟岸。

"乒乓"的故事：多年来，众多乒乓健儿多次代表学校在国内外各级各类比赛中囊括金牌，马琳、谭瑞午、张瑞等世界乒坛名将与孩子们的巨幅合影摆在学校的突出位置。

曲徽书记也热情地敞开心扉与教职工交流，心与心的对话让我们踏上传承责任的征程。现在，我们的身边有无数个"你"和"你的故事"，你们都因交流与二校结缘、相识、相知，在二校厚重的责任文化里成长。秦丽、彭志红都从一个交流教师成长为学校教师团队的领军人物，从责任文化的感受者成长为传承者，学校文化在交流教师中的成功接力为合并教师的到来准备了良好的传播土壤。人非而风气犹存，物迭而精神不朽，二校的责任文化给人以春风化雨般的滋润，鼓舞人以磁力场般的凝聚！

无论是卢晓青老师来到文艺二校后感受到的学校教师重责任、肯包容、善合作的精神，还是身患癌症的陈克萍老师感受到的二校的温暖，这些都是责任文化在大家之间融合的故事，小故事蕴藏大文化——责任至上，责任至爱。文化看不见吗？文化看得见。文化就在那里，代代相传，只是分量越来越重，有老一辈文艺二校人的躬行确立，有新一辈教育家带领大家的传承接力，更有新二校人的积极认同和执行力。几十年时间的风霜磨砺，让责任文化充满合力，历久弥坚！

2. 根植责任文化的场，让场域有深度

我们通过探索责任文化在教师队伍建设中的契合点，拓宽途径，形成不同场域，根植责任文化。

"微影真有趣"的自我教育场：文化的认同需要潜移默化，自然生成，最好的办法就是自我教育。在队伍融合的过程中，教师的微电影发挥了重要的作用。无论校部人员怎样更迭，教师的编导团队集合精英自编自导自演，这是合校带来的能人效应，这是责任文化内化的平台，更是凝聚人心、自我教育的最佳手段。

"爱上 DIY"的活动场：文化在活动中浸润，教师在轻松愉快的氛围中感受文化的魅力，融洽同事的关系。我们利用一切节日开展 DIY 活动，以教研团队的形式开展，如端午节包粽子，中秋节做月饼等，增进了教师的相融，增进了教师感情的交流，这是活动，更是教师肯包容善合作文化的渗透。各支部最美团队照片的评选，团训活动。还鼓励各支部组建教师社团。这种在团队中的和谐相融，让教师们感受到成功的喜悦，体验到团队合作的幸福。

"展演增活力"的磁力场：一块没有燃烧的煤放在燃烧的煤堆上可以燃烧；一块燃烧的煤放在没有燃烧的煤堆上可以熄灭，这两句话可以透视出文化的力量。每学期我们都开展期末集团校部展演活动，围绕一个主题总结本学期的工作，以多样的丰富的表现形式，全员参与创作、演出，让每学期末的最后一天成为"文艺二的春晚"。在其中党支部的策划力，管理团队的执行力，党员骨干教师的带动力，教师队伍的融合力得到充分发挥。它就是一个磁力场，深深吸引着每一位教师。教师们就是在一次次策划、准备、演出中实现了深度的融合。

3. 塑造责任文化的魂，让践行有高度

行胜于言，我们搭建责任文化践行的平台。温暖工程、寻找职业幸福、分享教育智慧、教师成长工程。青蓝工程中的传帮带，学思创教学大赛中的引路课，志愿者服务中的奉献行，都在传递着先进思想的声音，传承着责任文化的精神。

文化是最深层、最持久的力量。让活动滋养心灵，让践行成为习惯，让责任文化浸润在教师日常的每一天每一处。

4. n 元的文化传承，一致的责任主导

五所学校的校园文化，如何化零为一个浓缩的"1"？一个准确的"1"？一个顺应时代要求的"1"？一个能撑起二校未来发展的"1"？二校通过总结、提炼、分析，寻求最佳文化结合点，找到这个"1"。

表4-1　校园文化

序号	办学理念	校训	特色项目	学校愿景
文艺二校	以爱为本，情系师生；以人为本，追求个性；以校为本，和谐发展。	责任	课程特色、英语特色、艺术特色、德育特色、信息特色。	学生成长的乐园，教师成长的家园，外语特色的学园，师生和谐的校园。
原行知小学	以陶行知的生活教育理论为办学的指导思想，让每个学生受到等距离教学，让每个学生充分享受教育资源。	爱满天下	践行陶行知先生提倡的"生活即教育、社会即学校、教学做合一"的教育理论，创立了"东方绿洲"教育教学实践基地。	以新课程改革为契机，实现"塑一流师资、抓一流管理、创一流质量、育一流人才"。
原顺通小学	夯实基础教育，打造学校特色，树立教育品牌，构建和谐校园。	文明守纪团结进取	乒乓球——创建体育训练与教育教学相结合的教育模式	倡导"和谐管理、和谐教育"。
原149小学	以"责任"为校训，形成"团结"的良好校风、"严谨"的优良教风和"勤学"的浓厚学风，使"求真务实、开拓创新、团结协作、精益求精"的149中精神不断发扬光大。	奉行"责任"校训	以学生发展为本的理念，把课本知识与农业科技教育有机地结合起来，确定了以"聚焦生态，花舞校园"为主题、"农业科技伴我成长"为特色的学校办学思路。	以深化内部管理为核心，以学生的和谐发展为中心，创建师生赞同、家长赞扬、政府赞许、社会赞誉的名优学校。
原小西一校	以"给孩子最快乐的童年、给人生最坚实的起步"为办学理念，遵循着"情智共生、和谐发展"的办学目标，诠释着"静下心来教书、潜下心来育人"的教育思想。	"志存高远"的校训，引领全体师生励志磨练，成为具有进取精神的有用的人才	特色教育内涵，凸显排球精神文化，提升办学品位。形成了"人人爱排球，人人懂排球"的优良传统。	以改革创新促发展，加强教师队伍建设，坚持为学生的发展而教，狠抓教学质量；深化特色教育，加强"自主体验"实践教育，提升学生的整体素质。

原行知小学："捧着一颗心来，不带半根草去"是行知小学的教风，而这奉献精神就体现在教师强烈的责任感中。

原顺通小学：弘扬国球文化，透视出以弘扬民族文化为己任的责任感。

原149小学：校训为责任，强调责任文化在育人与学校发展中的至关重要的作用。

原小西一校："爱心构建和谐校园，责任促进师生发展"，张扬每一个学生的个性风采，绽放每一个学生的生命精彩，创造了一个素质教育的春华秋实！

责任文化来源于群众，自然也就被群众认同，责任文化的主导地位由此确立。由著名书画家哲成亲笔题写的"责任"二字的责任石，蕴含着朴素而深刻的含义：激励教职工立足于本职，甘担重任，知行垂范；启迪学生时刻牢记肩负的责任，树立健康向上的人生价值观，完善人格。一元为主导，多元并存的文化整合的格局，形成一种昂扬向上的，与二校同呼吸、共命运的文化氛围，促进合并校内在实质的融合。

第四节　演绎精彩"大阅兵"

如何让"责任文化"渗透到各个校部，成为二校的最高组织语言？如何让平时交集不多的各个校部教师间增进了解、彼此欣赏？如何实现每位教师对在集团文化下校部特色文化的认同与归属呢？于是，具有二校特色的"展演文化"应运而生。"展演文化"是存在于二校校园中一种特殊的文化现象。大到每学期的校部总结，小到中层干部的学期述职，大家都会以配音、原创剧、微电影这些艺术表现形式来进行表达。

（一）执校宣言促交流

为了增进教师对每个校部的了解，让集团内的教师交流工作顺利进行，从而实现真正的大融合，每个学年结束，各个校部的执行校长都会以校部宣言的方式来总结本年度中校部的工作和成绩，这既是统一思想、鼓舞士气的总结会，也是促进新学期集团内部交流的动员会。2019年末的总结会上，东部校区的曹丽校长就自豪地说："回眸2019，我们也想低调，可是它实力不允许啊！"曹丽校长继续说："2019的岁月静好，是因为东校每一个人的负重前行。每一个曾经在东校，即将在东校或者一直在东校的我辈，你一定会因为参与到东校的成长而骄傲。东校的长征路上，不缺少一时熠熠生辉的明星，需要的是潜心笃志的匠人！凡是过往，皆为序章。2020，让我们东校人只争朝夕，以梦为马，不负韶华！东校加油，东校奥利给！"

充满激情的演讲澎湃着多少曾奋斗在东校的心房，又吸引着多少志同道合的目光。这也许就是东校最好的交流广告，因为有了集团共同的愿景，我们定会心怀远方，努力把教育的每一天过成想要的模样，眼里全是光芒，笑里全是坦荡。

（二）中层述职精管理

五次队伍的合并，文艺二校的中层干部多达50名，每个学期的中层述职就成为大家互相了解、凝聚团队的好机会。中层干部在述职中总结自己的学期工作，分享自己的工作感悟，感谢合作伙伴的支持、配合。东校部的少先队辅导员杜萍主任在并校后的第一次述职大会上，借用微课程的方式讲述工作中的心路历程："积极配合牵头主任工作，认真完成团区委、安全科下发的各项工作，每次接到牵头主任的电话，我的回答是行、好、必须的，我没有任何借口去推脱，因为他们绞尽脑汁拿方案，我少动脑筋，少走弯路，我很知足。雁阵齐飞每一次振翅和滑翔都是团队精神和合作意识的体现。"行知校部的教学主任赵红经历了五次述职，她的述职报告题目从《迎接挑战》《适应变化》《适应稳定》到《不懈追求》《1+x=？》，题目的变化折射出赵红主任在文艺二校管理岗位上历练后的自我提升。在二校管理团队中，我们看到的是雁阵中的每一个成员互相弥补、彼此包容、共同扶持，这正是团队和谐的体现。

（三）责任团队显峥嵘

出于激发各个教研组的工作热情和业务潜力的目的，每个学期集团都会拿出丰厚的奖品来奖励优秀的责任团队，而责任团队除了平日工作要按照条例要求执行之外，还要在期末进行特色展示。责任团队的终极PK展示真是八仙过海、各显其能。

一年组针对自己的年级特点，排演了小品剧《疯狂拍卖》，平底鞋、扩音器和金嗓子这三样一年级教师离不了的日常物品成了她们的道具，夸张的表演和幽默的台词让人忍俊不禁。是呀，让不懂事的一年级小不点儿成长为文明守礼的孩子，是得付出比别的年级更多的努力和爱心呀！

夺得辽宁省优秀教研组的美术组教师将一曲《光辉岁月》改编制作成了他们一学期工作缩影的MTV——《彩墨人生》,歌词这样写道:"终于望见了期末,达到完美不太易,即使有挫折,斗志也不止,校长了解你和我,不必多说些什么,只想靠两手,向教学挥手,拿起手中画笔,布满彩色天空,自信打不死的心态活到老,纵有创伤不退避,期盼有日达成找到心底梦想的世界,向前冲!"画面中美术老师上课、教研、组织孩子课余活动的场景历历在目,让全体教师共同回顾昨天荣耀的同时也不胜唏嘘,在二校,科任教师也疯狂呀!

与其说是责任团队的PK赛,其实更像是教研组间的联欢会,从各个责任团队的展示中你会看到才华横溢的老师、凝聚奋进的团队和永不退缩的二校精神!

(四)校部总结聚人心

如果说责任团队的展示是联欢会,那么每学期一次的校部总结展演随着期待度和精彩度的年年攀升,已成为教师们必不可少的文化大餐,堪称"二校春晚"了。也正是因为这样,在二校的教师中产生了一个特殊群体,那就是——校园的文艺大腕。他们来自不同的校区、不同的工作岗位,却有着共同的爱好——那就是艺术创作!他们是台前的演员,能唱、能跳、能说、能演,学校的艺术节、教师节、期末展示,到处都有他们活跃的身影;他们还是幕后的导演、策划,能把学校日常生活中的精彩片段用幽默、夸张的艺术形式表现出来。

也许他们的作品不够专业,而且创编的过程也会绞尽脑汁,牺牲了许多的个人时间,但校园粉丝量的急剧增加,却也让他们骄傲不已。如今,他们每个人的身后又都有了自己校部的创作团队,让总校的"融文化"、顺通的"爱文化"、行知的"家文化"和东部的"责任文化"日渐饱满、深入人心!

还记得东部校区"十亿"票房的《东游记》微电影,田冬校长的友情客串,男女主角的反串表演,把全场与会人员带到了当时相对陌生的东校区,大家在欢笑中观赏着东校区美丽宽敞的校园,先进的硬件配套设施,积极乐观的教师团队……正如主持人所说:有一种情感叫责任,有一种行动叫奋进,有一种发展叫超越,这里是二校集团新的世界,梦的海洋,它将是二校闪耀的东方之珠!

还记得顺通校部教师的现场说唱，字字句句道出了一年的班主任教师一个学期为了爱的坚持与病痛抗争："腰脱的、耳鸣的、面瘫的、骨折的，还有颈椎强直的……"她们都一一挺过，因为孩子们需要她们，她们承载着太多的角色——"学校岗位的老师，家长心中的保姆，孩子心中的妈妈！"最后，顺通校部团队和着《爱的奉献》的手语展示，更加诠释了顺通校部"爱"的心声！

还记得改编版的《圣斗士》和《WAKAWAKA》通过画外音向大家展示着行知校部的共生、共荣和共进。MTV中演绎了因为"和生"，行知校部代表文艺二校在区运动会上第七次蝉联桂冠；因为"和生"，课改学科的教师们通过引路课、过关课、试卷讲评课、期末复习课，经历了半年课改的"困则思、思则变、变则通、通则达"的心路历程。

还记得总校通过家长在社会上的话语权《家长那点事》、二校教师在社会上的地位《打车奇遇记》、公益广告《坚守教师的底线》、微电影《神医与神灯》等创意巧妙、精彩纷呈的讲述方式和教师参加各项活动的记录短片等多种形式的汇报，让每一个人深感身为二校教师的自豪与光荣，诠释着总校"融合、融洽、其乐融融"的校部文化精髓。

二校的"展演文化"是一种个性，是学校团队建设、干部管理、教师发展的独特品格和风姿；它是一种定式，在有意识的积累和沉淀中形成了模式，它产生的校园正能量比任何行政指令还要强大；它更是一种品牌，体现着二校持续发展的高度和深度，体现了校园文化所散发的一种魅力和魔力，从而给人以依赖和信任，形成文艺二校独树一帜的教师文化。

第四章　项目驱动：
力促教师队伍专业发展

集团化后，文艺二校教师队伍的平均年龄一度由原来的 38 岁变成了 40.8 岁，规模庞大，水平素质也极为不均衡。其中有享誉日久的名师、骨干教师，他们需要集团化后的大平台来推动自身在已有教学经验基础上，实现更高层次的专业发展；也有大多数教师从教数年，进入了失去"进取心"的经验期，职业倦怠现象比较普遍，个人职业发展的规划也停滞不前。整体教师队伍专业发展的不均衡，"卡脖子"，成为阻碍学校发展的拦路石。如何培养一支熟悉并理解新的教育理念，形成新的职业价值观、学生观、教育活动观的教师群体，来适应学校高位发展的需求？文艺二校走出了一条"依托项目研究引领，促进教师团队健康、和谐、多元发展"的教师发展之路。

第一节　新职业规划，
去掉"天花板"的精彩成长

前几年有一句话，叫"世界那么大，我想去看看"，就是一位教师的辞职信，一旦一位基础教育教师把自我的成长上限界定在经验期，把评上"高级"职称当作职涯巅峰，那基本上正常的学校激励体系是很难把这样的教师重新激活点燃的。而集团化对于二校人来说，也是难得的机遇，放大了工作舞台，让流向清澈的职业溪流变成了大江大河，让教职生涯有了更多元的可能性，以促进教师专业发展为目标的"职业规划项目"出台，也就水到渠成了。

舞台有了，责任文化这一灵魂核心完备，文艺二校教师的职业规划项目自然可以由责任文化来引领教师发展自觉，以项目推进专业发展，构建和谐的发展环境，形成自主发展的动力机制，从而实现分梯队、有计划地促进各个层次教师的自主发展和高效发展。

一是以校本研训为手段，锻造职业精神。着力培植教师崇高的职业信念、高层次的职业境界、先进的教育理念和自我发展的强烈意识，促使教师的思想观念、价值取向、心理素质、行为准则趋于同一目标、同化为统一的步调、凝聚成强有力的团队，在促进学生、学校获得发展的同时，个人也获得充分的发展；把学校的办学目标融入每一个教职员工的价值体系中，使教师的个人追求与学生的成长、学校发展紧密结合，形成共生共荣的关系，让教师在积极探索有效教育途径的同时，不断提升自身的专业水平、创造能力、思想境界和职业追求。

二是由组织来帮助教师设计自我成长的蓝图。通过自我查找、诊断式教学、问卷调查等形式，帮助教师发现自身专业成长中的问题，帮助教师查找专业技能方面的亮点，让教师准确定位自我的专业发展方向，为自己设计专业发展蓝图。

三是由学校来搭设专业成长的阶梯。专家导师启智，课堂实践提智，课题研究借智，校本研修汇智，名家导航帮助教师更新观念、涵养学术；课堂实践的研磨鼓励教师在改革创新中形成自己的教学特色；课题研究提升教师研究的水平和科学素养；校本研修以团队的合力展示教师专业成长的精彩、分享教育人生的智慧。各个维度的资源、力量、管理工具层层推进，调动不同层面的教师，让他们心中都有一个为之奋斗的目标，从希望之星到学科带头人，从学科带头人再到名师。为了使教师这一成长过程尽快成为现实，学校采取了牵手共进的策略：希望之星与学科带头人牵手努力向学科带头人目标迈进；学科带头人与学校名师牵手，努力向学校名师迈进；学校的名师与市区的专家和专业教研人员牵手，努力向省市学科带头人迈进。

通过"教师职业规划项目"的开展，文艺二校的教师队伍平稳度过了合校重组的磨合期，并逐步确立了专业发展的方向。教师各个层面的专业发展有序开展，如今已形成了特级教师田冬、江山、张丹引领下的教师团队的专业发展，建立了曹丽、刘鹏、耿天娇三个市级名师工作室，于欢、潘宁、曹悦等八个区名师工作室，培养出如郑毅、万晶、马丽丽、汪月娇、潘宁等多学科的十余位国家级优秀课教师。

第二节　快车道提升，
兵团式催熟

2012 年，文艺二校建立了教师校本研修机制，开始为所有教师实施"快车道提升"校本研修计划，把教师的教学实践与教学研究、培训有机地融为一体，引领教师快速提升业务能力、发展教师专业、提振教师精神的行动，从而促进教师及学校的可持续发展。

"以教师为本"是开展教师培训工作的一个基本理念，这在校本研修的过程中同样适合。为触动教师"我要学"的学习动力，而不是"要我学"，校本研修整体设计采用了灵活创新的互动方式，"回避"了大量枯燥的强制性培训及学习活动。同时，学校制订的校本研修计划，充分考虑到学校中每个教师的需求，使每个教师都能参与到研修之中。学校每学期组织两次教师分层座谈、讨论以及对教师课堂教学的观摩与研讨，了解每个教师的发展需求，与教师一道共同制定个体发展的目标，并将实现这些目标的途径融合到整体的校本教师研修之中，实现了学校中每个教师发展学习计划的统合。为保障"快车道提升计划"的实施质量，学校积极开发设计体现灵活性、特色化、多元化的研修方式，通过骨干引领、团队联动、建立"研究共同体"、评价促进与委以责任这五项实施方略实现"研与修"一体化，进而促进教师专业化。

1. 骨干引领

骨干教师是学校校本研修的重要资源。立足校本，培养和选拔一专多能、富于开拓与创造力的骨干教师，再以他们做领头雁，去影响、带动教师群体，达到相互促进、相互提高的目的，是校本研修中一条周期短、成本低、效率高、针对性强的必要途径。文艺二校形成了以学科带头人为牵头人的校本研修的主体模式。

（1）组织骨干教师开展学习，在转变教育观念上发挥模范带头作用

在培训过程中，学校鼓励骨干教师积极投身课改浪潮，通过组织他们参加课改通识培训、外出看观摩课、参加市区举办的课改专题讲座，并且自觉学习现代教育理论，特别是素质教育、创新教育和基础教育改革等方面的理论，不断转变他们的教育思想和教育观念，并以此来指导教学实践，发挥模范引领作用。

（2）大胆改革上示范课、研究课，在实践中发挥骨干引领作用

学校鼓励骨干教师在学科教学研讨活动中，大胆将学习到的新课程理念指导教学实践，为学校其他教师上示范课、研究课，争当教研排头兵。为了发挥这些骨干教师的引领与辐射作用，学校每学期都举办"优质课观摩活动"，由骨干教师为全校做观摩教学。每位骨干教师所执教的课，都能充分挖掘教材内容，关注学生的学习过程，联系学生的生活实际，调动学生的学习热情，教学形式活跃，教学效果良好。通过这样的观摩活动，对于其他教师转变教学观念，开放课堂教学，促进学生发展起到了积极作用，不仅深化了课改实验，发挥了骨干教师的专业引领作用，还全面提高了课堂的教学质量，提升了广大教师的专业素养。

（3）搭设骨干教师论坛平台，带动全体教师参与课改积极成长

　　学校以骨干教师为中坚力量搭设论坛平台，带动全员开展讨论交流活动，促进教师之间互动成长。论坛分为"开设公开课"与"经验讲座"两种形式，公开课利用集体教研时间进行，公开课后，由执教教师反思，然后广泛地在教研组里展开研讨；讲座利用周三下午业务学习时间进行，由外出参与培训或是有着丰富教学经验的教师担任主讲。骨干教师的讲座都能立足校本，深入浅出地向全体教师介绍当前课改的先进理念、教育实践、教育理论、理想信念、政治思想等方面的内容，将自己宝贵的经验毫无保留地传授给并入教师。通过论坛活动，各教研组积极展开研讨，教师们参与课改的热情提高了，在活动中能结合自己的教育教学困惑与骨干教师进行互动对话，这样的活动具有实效性，深受教师们喜爱，取得了预期的效果，促进了学校学习共同体的凝聚力。

　　（4）骨干教师对并入教师进行"一托二"指导，使提升加速

　　为了尽快提高并入教师的教育教学水平，缩短他们的成长时间，学校采取了"一托二"的指导策略，推动并入教师迅速成长。

　　"一托二"即一名骨干教师带领两名并入教师，有计划地带动两名教师参与学校的教育、教学研究。骨干教师不仅要帮业务，而且要帮思想，定期与并入教师谈心。对所帮带的教师，要满足其随堂听课的要求，接受咨询解答教学疑难，指导并入教师备好课，上好课。定期听所帮带的教师的课，及时指导改进。同时，要本着资源共享的原则，骨干教师的教案、课件、课例研究报告、教学反思等资源要与被帮带教师共享。

　　"一托二"的帮扶模式使并入教师从骨干教师的言传身教、从各种教研活动和相互听课中学习好的做法、好的经验和先进的教育理论，以此来充实、提高自己。通过师徒双方的共同努力，为徒一方在政治思想和业务水平、工作能力和研究能力等方面在很短的时间内都有了明显提高。

　　2. 团队联动

　　二校在团队建设中针对整个团队发展的不同阶段中出现的问题，制定相应的提升策略，让教师在团队中发展，让团队成为学校整体构造中最鲜活的给氧组织。在实施责任管理的过程中，学校变一个教研组、一个校部的智慧为整个集团的智慧，变单打

独斗为团队共赢。以教学团队建设为目标，以先进教师为龙头，践行"实践—反思—研究"的校本教研三部曲，从而实现教育教学突破。

（1）案例分析

针对存在问题，学校在集体备课时，通过向教师提供一节典型内容的课堂教学案例，要求教师自主发现问题，自主研磨。之后，在自主式研课的基础上，在教研组内互动式评析，使每位教师都有机会说出自己对教学问题的见解，同时又能在比较中得到别人的指点。这样边议论、边对照、边反思、边修补，既促进了教研组研课风气的形成，又把问题消除在萌芽中。

（2）问题沙龙

在教研组中，开展问题沙龙活动，教师们带着教学中的感悟和疑惑，激烈地交流，自由地对话，他们在这里分享彼此的经验，反思失败教训，共商改进措施，由几个问题的讨论变成了共享更多的教育资源。

（3）校本特色

文艺二校注重校本课程的开发与利用，通过构建"4·8·29"的校本课程体系，有意识地组建课程小组。结合学科和专业发展方向，充分发挥每一位成员的专业特长和资源优势，将常规教研活动与专题教研活动和创造发挥型教研活动有机结合，为处于不同职业阶段的教师营造成长、进步、提高的良好氛围。

团队联动使教师群体在课堂研究过程中所形成的成果不断丰富，形成了全体教师对教材的深刻理解并由此生成的教育机敏和教学智慧以及对教育理想的不懈追求，这不仅是促进学校持续发展的内在活力和不竭动力，是教师们最宝贵的财富，更是学校提升教学质量，促进并入教师全面发展的正确途径。

3. 建立"研究共同体"

植物界有一种"共生效应"，即某种植物单独生长时会枯萎死亡，而与另外一种植物一起生长时两者都会生机勃勃。其实，教师的专业发展过程中个体之间的"研究共同体"也会产生这样一种"共生效应"。"研究共同体"是指教师之间为解决某一个教育问题，自发形成或有组织地建立的志趣相投、情感相通、心理相容的研究型组织。

文艺二校为了促进并入教师融入教师群体，形成教师的校本研修氛围，学校通过各学科教研组成立了"研究共同体"，为教师的快速成长提供辅助力量。

一是研课模式。研究课堂教学是全体教师都能接受、都可参与的一种教研行为。在教学设计活动上，学校通过"备说议改"的递进式教研、"说授评议"的捆绑式教研、"同课异构"的专题式教研等，推动并入教师参与教研，提升能力。

二是共享模式。借助网络即共享平台等媒介，教师可以共享学校的各种资源，也可以通过共享实现教师之间的成果分享，促进全体教师追求学习、研究效益的最大化。

三是奖励模式。学期末，学校对教研组教研计划落实情况、日常教研过程效度情况、校本教研成果展示效果情况、教研组内教师开展研究的主动性、教师在专业发展上的提升效率各方面进行考评，推选学习型教研组，并进行奖励。教师之间的交流、协作，可以弥补师资参差不齐的缺陷，有利于加大教研合力，形成 1+1>2 的效应。

4. 评价促进

文艺二校针对集团化办学的实际情况，对教师的评价做出了大胆及有益的尝试。学校以促进教师发展为宗旨，以发展的眼光对待教师评价工作。通过领导评、教师评、学生评、家长评等多种评价模式，综合评价内容，全面考核教师的工作。在多种评价的结果出来后，学校运用数据工具，进行量化考核，让优秀的人才脱颖而出。比工作，比业绩，比团队，让看得见的业绩证明人才的成长，通过正确的评价促进教师积极主动地投身工作。

（1）领导评。学校领导会根据教师工作内容的不同，对教师分组进行评价。学校领导对所负责的教师，进行长期的跟踪考核。平时工作的考核不仅要及时公示给教师，还会根据教师完成工作的情况，为教师进行评分。期末的时候，学校会将教师一学期所有的工作内容进行量化考核，算出教师一学期的总得分。按照得分情况，学校会将教师一学期以来的工作给予正确的评价。

（2）教师评。为了促进教师的工作积极性，学校通过开展评选"服务明星"的形式，开展教师间互评工作。每月，学校都会下发"服务明星"选票，由班主任及科任教师评选出二线教师的服务明星。学期末，学校也会通过下发教师互评的选票，统计结果后，纳入教师的评价。教师间的互评，有力地激发了教师工作的积极性及进取心，为学校顺利开展工作打下了良好的基础。

（3）学生评。在文艺二校"责任"校训的引领下，全体教师时刻树立为学生服好务的目标。学校每月通过开展学生问卷，评选出学生心目中的"好老师"，以此倡导全体教师无私奉献，一切以为学生健康成长为中心，认真上课备课，深入学生中，了解学生思想状态，全心全意为学生服务。

（4）家长评。学校定期组织开展家长调查问卷活动，了解教师的从教情况。问卷采取不记名的方式，家长将问卷在家填写后，在次日送孩子到校的时候投入学校的收票箱内。教导处组织专人进行问卷的统计。学校会针对集中的共性问题，由校长向家长进行统一回复。并以此为根据及时调整学校的教育教学工作，赢得家长的满意。

5. 委以责任

学校对并入教师委以重任，把重要岗位和展示机会交与并入教师，这不是揠苗助长，而是以集团化后成熟的平台和机制来帮助他们敢于做事，敢于成事。

"快车道提升计划"缩短了新进教师的徘徊观望期，激活了"老资格教师"事业心，让"混日子的"没理由被动等待，让"想上课的"有多少能量就释放多少能量。八年来，"快车道提升计划"作用显著，不仅促进了教师的深度融合，而且通过不断的自身"造血"促进了队伍整体实力的提升，大量后并入的教师除个别因年龄和身体原因做些服务岗位的工作，更多的教师培训后以新的姿态回到一线，成为集团的中坚力量。

实践证明，只要体系资源和管理激励跟得上，中坚力量的快速提升完全可以实现。

第三节　名师工作室，
教师联盟共进的"真龙头"

通过成立名师工作室，研究、保护、传播名师的教育教学特色和思想，用名师的品德、能力、个性品格和风格等去带动其他教师，促进了更多教师的专业成长，已经成为公认的培养骨干教师的有效模式。但真正做出实效，做出成果，使其成为优秀教师培养的发源地、青年教师的集聚地、未来名师的孵化地，"名师工作室"金闪闪招牌的背后，还有诸多硬功夫。

文艺二校自 2012 年起，就以"均衡、优质、共享、共进"为主题，统筹推进管理互通、研训联动、质量同进、文化共建的"名师工作室项目"，努力构建结对组团、共进发展模式，通过理念、资源、方法、成果、品牌的五大共享，全面推进教师队伍建设。学校建立了名师工作总室，下属辽宁省专家型校长工作室，沈阳市专家工作坊，沈河区名校长工作室，以及 9 个名师工作室，包含语文、数学、英语、体育、音乐、美术、思品、科学、综合实践 9 个学科，以名师个人命名。

名校长工作室由省特级教师、沈阳市教育专家、文艺二校田冬校长任负责人，成员由文艺二校集团各校书记、校长、副校长组成。名师工作室由三部分人员组成，一是省、市、区、校四级挂牌名师，是工作室的责任人；二是工作室成员，由学科骨干教师组成，不少于 3 名；三是学员，为骨干教师培养对象和青年教师，每期 5—8 名。目前，文艺二校名师工作室中有特级教师 1 人，辽宁省骨干教师 2 人，沈阳市首席教师 1 人，沈阳市名师 3 人，沈河区名师 3 人。

名师工作总室负责各学科名师工作室的名师培养、科研引领、业务指导、工作协调；提炼名师的教育教学特色和思想。各学科名师工作室负责本学科骨干培养、课题研究、教学示范、资源建设、成员考核等具体工作。

挂牌名师负责制订工作室计划，建立工作室制度；传授教育教学专业技能，提高综合素质；组织开展教育教学研究；负责工作室资金的使用和管理。工作室成员要接受挂牌名师指导；结对帮带 1—2 名工作室学员；完成挂牌名师分配的各项任务。工作室学员要依据个人实际，确立自身发展目标；完成挂牌名师安排的听课、学习、研究任务，做好学习记录和案例评析；接受挂牌名师的指导；完成个人专业成长报告。

1. 以名师工作室为平台，构建工作室教师发展共同体

在名师工作总室的引领下，各学科名师工作室针对教育教学开展了丰富的教研活动，每个成员的生命彼此感应，思想彼此碰撞，教、学、研合一，都在不同的起点上实现了多样的、最大的发展可能。

（1）导师指导，专家引领

名师和学员是一种"导师制"的关系，学员从导师那里获得的不仅仅是"答案"和"技巧"，更多的是"思想"，是看问题的角度，是解决问题的方法。工作室采取"任务驱动法"启发学员思考，挖掘学员潜力，全面提高学员的认识水平、教学能力、专业素质和科研能力。

工作室会根据各成员的实际情况，明确其专业发展方向，有的放矢地进行培养。可以一人一向或多人一向，对相同或相近发展方向的成员进行集约培养。有的成员具备课堂"表演"天赋，就促其向课堂教学技能技巧方向发展；有的成员擅长理性分析，就促其向科研领域发展；有的成员积淀深厚，素养全面，就鼓励其向名师方向进军……工作室坚持走共性培养和差异辅导相结合的道路。

（2）聚焦课堂，研磨教法

名师工作室活动聚焦课堂，由名师执教示范，学员则刻苦钻研教材，精心设计教法，工作室成员集体共勉，将教师的潜能诱导出来，将教师的创造性激发出来，不断更新教学理念，在共享知识、经验、智慧中使教师专业水平得到长足的发展。

（3）课题研究，反思实践

名师工作室鼓励每个学员确立自己的课题研究方向，以课题推动教师发展，以科研提升教师素养，以研究来形成教师特色。通过在课题中反思、实践，最终形成工作室的集体成果和骨干教师富有个性的成果，引导教师由经验型向专家型转变。

（4）学术讲座，专题研讨

名师工作室定期邀请专家开展学术报告，让学员了解最新的教研动向和最新的教学理念。组织普通学员和特级教师面对面交流；鼓励工作室成员积极参加论坛活动，就学科教学中的热点与敏感问题发表自己的意见。

2. 以名师工作室为辐射源，构建集团内教师发展共同体

名师工作室对成员与学员的培养是集约化、实效化的，还要以点带面，以名师工作室作为辐射源，构建集团内教师发展共同体，推动集团教育的整体发展。

（1）研训一体，实现教师自主成长

名师工作室培训中一方面指导教师准确自我定位，制订适合自身发展追求的职业规划，另一方面，注重开发参与式、案例式、情境式、菜单式等专题培训内容，以适合不同层次教师自身发展的需求，最终实现教师专业化自主成长。

（2）网络辐射，搭建混合式教师培训模式

工作室在集团网站上建立教师培训专栏，介绍各种教育教学信息和研究动态，上传活动报道、项目研究的成果和经验总结，在网上开展学术沙龙、建立名师工作室博客、专业的聊天室等，使更多教师在网上就能分享工作室成果和资源，放大培训效益。

3. 以名师工作室为媒介，构建学科间教师发展共同体

文艺二校名师工作室组群中，相同或相近学科工作室会互通有无，相互借鉴，共谋发展。跨学科听课是一种构建学科间教师发展共同体有效的途径。名师工作室成员相对具有"跨边界"的性质，往往超越学校、年级组、教研组的限制，有条件通过赏析精品课程和开展校际交流、学科间交流来提高教学水平。各工作室会定期展开学术研讨、经验交流、成果展示，实现数据、经验、专家共享，构建学科间教师发展共同体。

第四节　四课型管理，
推动科学评价的"新尺度"

如果说快车道提升，青蓝计划，名师工作室，都是激发潜力的"放"，都是营造环境的"服"，那么评价鞭策机制，就是约束的"收"，就是设定尺度的"管"，两者平衡，学校对于教师才能"收放自如"。随着集团的不断壮大，出现了校部多、人员分散的局面，教学管理如何落实？如何监控？又如何有效评价？文艺二校对原有教学管理评价体系进行发展创新，由"三课管理"（即推门课、研讨课、评优课）发展成了"四课管理"（即推门课、研讨课、评优课、诊断课），不但注重常态课管理，而且关注非常态课的管理；不但关注教师课堂教学水平的提高，而且关注教师教研能力的提升，以管理激活内驱力，促进教师专业成长。

（一）"四课管理"基本含义

通过"教学校长、牵头主任、校部主任、学科主任"四级联动管理，把常态教学与特色教研活动有效链接，齐抓共管，全面提升教师的专业水平和稳步提升教学质量。

推门课——常态课堂、考察态度；研讨课——年组共研、促进交流；诊断课——高位引领、团队跟进；评优课——展现风格、奖励优质。"四课"是教师专业素质的具体体现，"四课管理"是一个不断发展的动态过程。

课改实践中，学校遇到的最大难题就是有相当一部分教师课堂上仍然在"穿新鞋走老路"，致使课堂教学达不到新课标的要求。要改变这一现状，就必须建立与之相适应的教学管理和评价机制。设计并开展"四课管理"，就是要使广大教师适应新课改，打破制约推进新课改的瓶颈。

（二）全面推进"四课管理"的有效实施

1.精心运作，科学管理

（1）朴实的推门课，守住常态教学的底线

教师最基本的工作是日常教学，所以四课管理从推门课开始，保证每一节常态课的教学质量。依据文艺二校推门课评价标准，采取"一三三"管理模式进行，"一"是每个学科要成立由学科主任和省市优秀课教师组成的听课小组，第一个"三"是指通过"随机听课""预约听课""告知听课"三种形式进行，第二个"三"是听完课后完成"任课教师反思课前预设与实践达成""听课小组随机抽 8 名学生进行基本知识点的测评""听课小组反馈"三个环节，最后综合对教师课堂教学进行量化。

按照分工，教学领导每月至少要听自己所负责教研组内教师的两节推门课。每个学科的推门课完成一轮后，负责领导要在年组做整体总结，共同反思，深挖教材、优化教法，确定下一步的研究主题。所以，推门课管理也是发现课堂教学问题的有效途径，是主题式教研的源头。

（2）深入的研讨课，促进教师学会反思

承接推门课出现的共性问题，采取团队共研，以"制度化 + 草根研究 + 专家引路"为主要运行模式。常规情况下，通过学科教研共同体开展"聚焦课堂、增效提质"系列教研活动，分为研讨定主题、精彩现片断、课后汇反思三个环节，解决教学问题，全面完善教学设计，科学推进课程改革。研究遇到瓶颈时，学校根据"走出去、请进来"的原则，聘请资深的教研专家为教学顾问，围绕研究课题，组内逐一上研讨课，全组教师与专家共同评课研讨，一人讲，众人评，将个人反思、同伴互助、专家引领三位连成一体，破解教研问题。

研讨课立足学校实际，聚焦课堂，加强对课堂教学策略、方法、评价和学生学习方法指导等方面的研究。在常规教研组之外，很多兴趣相同志同道合的教师跨年级组成了特色学习共同体，"文启芳华"研究共同体，"益智数学"研究共同体，"全脑母语"研究共同体等，在一次又一次的团队研讨中，随着对同一问题的深入交流，教师互相启发，进而诱发更多的思考。在求同存异中，教师完成对学科认知把握的准确、深入。研讨课就是把住课堂教学过程，在不断的预测和生成的问题中，让更多的思想并轨，寻求到一条真正有意义的针对性强、实效性高的课堂教学之路。

（3）成熟的诊断课，助力教师专业成长

智者借力而行，在教学管理上，我们以"钻研教学，提升教师专业素质"为出发点，组织教师积极参加区内教学主任诊断式培训以及送教下校活动，使课堂教学呈现因文而异、因人而异的喜人局面。教师们的勤学善思使得学校的课堂教学得以不断完善，精彩纷呈。

诊断前：教学主任先对授课教师的独立备课进行指导，学校的学科团队听试教，组内研讨，上课教师进行修改调整。

诊断中：参加学科培训的主任、学科教师和学科教研员参与听课、评课。重点是评课即诊断环节，按授课教师自我反思——听课的同学科教师同伴互助——培训主任评价——教研员评价的程序进行。

诊断后：教学主任带领教研组综合汇总评课建议，进行反思和教学再设计。在对比、反思、再设计的过程中逐渐使自己的学科教学意识向学科的课改主流靠拢，最终达到对学科准确认识的目的。

诊断课实现了一点激活一面，是在教研员专业指导下，对教学团队进行建设和培养的有效手段。

（4）精彩的优质课，提升教师教学智慧

在推门课、研讨课、诊断课的基础上，学校每年开展一次"学思创"优质课教学大赛，给教师提供展示与发展的平台。已连续传承九届，激发和释放每一位教师的潜能，促使教师脚步不停歇。"学"代表学习，赛前学校进行统一培训，教师自主充电，扎实自己的理论。"思"代表思考，搭建理论通往实践的桥梁。"创"代表创新，不囿于既成经验，跳出传统束缚，追求有生命活力的课堂的建构。

每一年的学思创大赛结合教育发展，课改要求设计不同主题，包括"启动""初赛""决赛""展示"四个阶段。不仅助推了个人成长，也为集团教研积累了宝贵经验，一批批教师从大赛开始走入各级名优教师行列。

"四课合一"的有效开展和管理，使每位教师常常"梳理自己的课堂"，思考课堂里每一种教学行为的价值、其背后的深远意义；思考自己的课堂上，学生在学习中自主的程度、合作的效度和探究的深度。通过这种方式有效促进教师教、学生学的方式的变革，引领教师、学生的成长与发展。

纵观四课管理，不是四个散点，而是从单一管理走向精准高效的教研系统工程，从缺少后续追踪走向全程帮助教师"知行合一"的策略。"四课管理"的有效落实实现了"两个转变"：一是实现了教师评价方式的根本转变，变单一性评价为涵盖教师专业知识、专业技能和课堂教学水平等多方面内容的开放式评价，充分调动了广大教师学习和工作的积极性、主动性；二是实现了教师研修方式的转变，由原来的"自主研修"转向"自主研修、同伴互助和专业引领"的校本研修，促进了教师专业化发展进程和个性发展。

第五章　科研引领，
夯实教学实践学术力量

　　说一千，道一万，真本事，看实战。评价名校，就看课程课题，评价名师，就在讲台三尺。如果说精神成长是教师发展的灵魂，那么专业成长就是教师发展的基石。文艺二校聚焦责任教研、责任科研等教师专业发展领域，打造教研、教改、科研强校，全方位铺就文艺二校教师队伍建设中的多点融合路径图谱。

　　在课程开发、教学科研的过程中，学校的领导与教师共同研究，查找资料，邀请专家指导。每一次对问题的争辩，每一次思想上的共鸣，每一次发现后的喜悦，每一次被认可后的互勉都让教师们倍感成长的幸福。随着各项研发工作的不断深入，越来越多的师生参与其中，大家惊喜地发现每一名教师都走出了固守已久的传统课堂，自由地引领着学生们感受着核心教育的万水千山、姹紫嫣红，从多元的课程中汲取着人类文明的精髓，交流着从中体味到的智慧与哲理。师生在心灵与心灵的对话、智慧与智慧碰撞的火花中彼此感动着、温暖着，共同思考共同实践共同进步着，结出硕果累累。

第一节　研发校本课程体系，推动教师走上"最前线"

课程研发是提高教师教育科研素养的一条有效途径。教育教学实践是教师发展的基石和依托。二校围绕"课程建设即教师建设"这一指导思想，在研发校本课程体系的过程中，把教师推向课程开发前沿。

课程研发对教师而言充满挑战，需要教师本身的毅力、耐力和能力，更需要学校的助力。在实践中，学校一是积极创设良好的外部开发环境，投入大量的资金，包括购置设备、购买学习材料、奖励编写教材的教师、设立金点子奖励基金等；二是注重发挥各个教研组的作用，提倡分校间、各组内教师之间的交流与协作，以点带面，让每一个人都有参与课改的机会。学校经常举办课程研发观摩课、交流会，为教师提供面对面的经验交流机会。在"名师工作室"活动中，在"诊断课堂"教研中，在"多元评价"交流中，在"我的课程观"演讲中，教师们既体会到研究的艰辛，也体验了创造的快乐。

通过课程研发，教师的课程意识明显增强，并形成相应的课程观念。课程研发本身是以学生为本，在课程研发建设中，学生不再是处在被动者的地位，而成为课程研发的重要一员，继而强化教师"以学生为本"的意识。

①课改的基本理念——以学生发展为本。二校课程研发坚持"以人为本、张扬个性"的教育思想。以人为本，即"以学生为中心"，注重培养学生的人格，注重教学中学生的非智力因素的作用，尊重学生的需要等等；张扬个性，即发现差异、利用差异、发展差异、因材施教、成就人才。在课程研发的过程中，教师们更清楚地知道了，学校是为学生存在的，课程是为学生开设的，教师所做的一切归根到底是为了促进学生最大限度地发展，所以参与校本课程开发有利于教师形成以学生发展为本的理念。

②课改的课程价值观——在于增进个人幸福，满足学生需求。学校根据生源变化，给家长、学生下发课程征求单，尽可能地满足不同孩子的课程需求。如：原顺通学校是乒乓球冠军马琳的母校，孩子们热爱乒乓球运动，学校就开设了乒乓球课程；原行知小学以运动为特色，合校后新增设了跆拳道、花式跳绳等课程。教育是一种培养人的事业，人是教育的出发点，所以课程的开发必须以学生的发展为起点。这样的课程价值观深深影响着每一位教师。

③课改倡导的课程开发观——课程研发权赋予学校、教师。课程研发发挥了教师创造的潜能，使其体验成功，从而不满足于做一个消极被动的"教书匠"，进而利用自己"讲台之主"的权利，强化反思意识，从教育实践入手，提升自己的特色"教学实践性知识"，积极、主动走向"专家型教师"。如刘志伟老师研发的《数棋》课程至今使用已有十余年，在逐渐完善的过程中，课程策划、教材编写、课件制作等已形成了系统的成熟的完整体系。学生喜爱率达到 87%，教师也俨然成为这门课程的专家。

④课改倡导的课程交流观——促进教师在课程研发中能力的提升。例如《全脑母语》是学校在"学习力"课题研究中引进研发的课程，因为注重的是对学生学习方法技能的训练，对于所有教师来说这是一个崭新的内容，与传统的教学截然不同。但教师们通过学习——研讨——实践——反思，研究出闪示训练、导图训练、听音训练等几十种变化多端的训练方式，系统地构建了课程的模式，并逐渐升级成了 3.0 版，将全脑的科学训练结合教材主题单元，完美达成了方法与内容、课内与课外的整合。使这门课程成为最受学生们欢迎的课程之一，课程建设经验在全国推广。有多位教师被邀请为省内外的专家、同行上示范课，在课程研发中成为专家型教师。

经过多年的研究与实践，学校已形成了校本课程的四大模块，构建了丰富的责任课程体系。校本课程丰富了课程营养，形成了课程特色，完善了课程内涵，实现了课程价值。而且课程是动态的，总有课程在升级，也总有课程被淘汰，又产生新的课程。与此同时，教师们也收获着课程研发带来的累累硕果。共有 12 门课程的 16 位教师在校本课程的课堂上被评为国家级、省级、市级优秀课教师；有《全脑母语》《e 木》《国学》《陶艺》《超脑麦斯》《益智数学》等 15 门校本课程内容在全国同行内进行展示，经验得以推广。

课程研发调动了教师工作的积极性，挖掘了教师身上蕴含的巨大潜能，让教师们更有成就感和荣耀感，把他们从昨天课程的消费者转变为今天课程的开发者，从昨天的教书匠转变为今天的研究者。教师们的专业得到发展，个性得以张扬，有特色有个性的教师在文艺二校校园中层出不穷。如今成为有思想的课程开发者、实践者已成为教师中的时尚。

第二节　以课题立项为引擎，
扛起科研兴师新旗帜

如果说学校发展如鲲鹏展翅，那教育科研便是助力的和风。在文艺二校的发展中，在二校人的成长中，教育科研从未缺席，教育科研已然成为学校教育质量的发展引擎和智库。二校把"责任科研"作为学校教育科研工作顶层设计中的核心理念，把"研究问题、指导实践、服务决策、引领发展"作为目标追求，规划设计"课题统领、创新驱动、项目推进、队伍建设、成果转化、保障助力"六条实施路径，整体构建了集团教育科研管理体系，成为人才战略的关键引擎，有效地解决了在学校转型、品牌建设中遭遇的种种挑战。

目前，科研工作已成为学校的龙头课题，已经实现了全学校设计、全成员介入、全方位视导、全过程管理，并且倾注资源，聚焦四大方向，基本完成了学校科研工作从"事务性向专业化"的发展转型。

一是聚焦学生成长。从 2006 年开始的"小习惯成就大未来"的"习惯工程"，聚焦学生学习、行为、道德等方面的习惯养成教育，以"学生良好习惯培养的研究"立项中国教育学会整改委实验基地的实验课题，六年的滚动研究推动了学校的责任德育。

二是聚焦课程建设。中国教育学会"十二五"教育科学规划立项课题"中小学生学习力培养的研究"结题之后，学校的研究并未止步，而是在此基础上，转向基于全

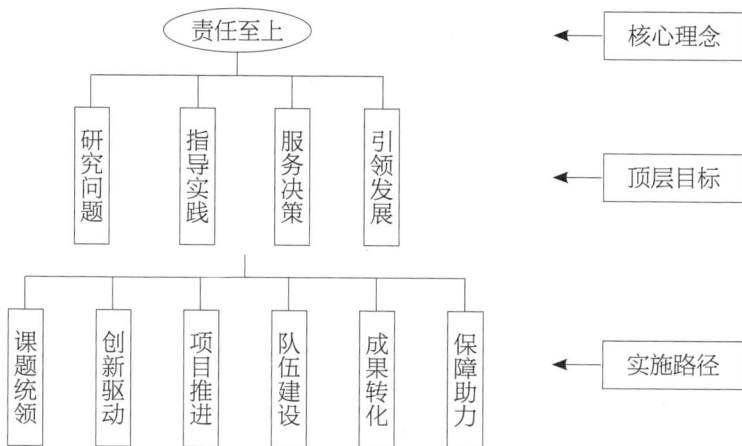

图4-1

脑开发的责任课程体系的建构。十年光景，历经课程的三度开发，构建了"双三阶动态循环"责任课程体系，学习力研究成果"全脑母语课程"的升级版成为第三阶心智发展课程中的核心课程，并在首届基础教育省级教学成果评选中获得一等奖，同时在沈阳市教育科研"十百千工程"中获百项办学特色。

三是聚焦品牌发展。紧扣学校的责任教育，辽宁省规划办"十二五"立项课题"用责任文化育人立校的实践研究"擦亮了学校的责任教育品牌，研究成果"责任教育"入选辽宁省《创建小学特色学校的理论与实践丛书》，在全国出版发行。

四是聚焦时代命题。集团化办学作为实现公平而有质量的教育的有效途径，在全国各地方兴未艾。文艺二校从2009年开始集团化办学的实践探索，五年的积淀、反思、梳理，《集团化办学的实践与思考》一书出版发行，并获得辽宁省教育学会"十二五"优秀基础教育科研成果一等奖。如果说1.0版的集团化办学，我们只是服从于区域教育均衡发展的需求，只是为了挑起政府递过来的担子，那么，2.0版的集团化办学，就彰显了二校人主动出击，守初心、担使命的教育责任情怀。2016年，学校立足集团化办学先期实践，凸显品牌的社会化增值，以《集团化办学品牌增值的实践研究》为题申报，最终被列为国家社会科学基金"十三五"规划课题，成为辽宁省基础教育唯一立项成功的课题，填补了近些年省基础教育高规格国家级课题研究的空白。

这几项龙头课题，关注点始终围绕着学生素养的提升、责任教育的传承以及集团化办学中品牌的经营与增值，从不曾脱离学校发展的主线。二校人做科研做就做前沿的，做就做管用的；既有逐鹿中原的"顶天"气魄，又有服务区域的"立地"追求。学校先后被命名为辽宁省科研兴校百强校、辽宁省教育科研先进单位。

表4-2 "十三五"立项课题数量统计表

级别	全国规划办	省规划办	省学会	市学会	区学会
数量（项）	1	2	44	33	9

玉不琢不成器，教育科研就是琢玉成器的打磨器。教师是真正富有活力、与时俱进的"创新型"教师。高质量的教育需要的是"创新型"的教师，学校的教育科研三手联谈，成为教师专业成长加速的助推器。

一是确立了"问题即课题，教学即研究，教室即研究室，教师成长即成果"的校本课题研究思路，推进学校的教育科研工作从中宏观走向微观、从个体走向群体、从行政推动到个体自觉的蜕变。

二是构建了市区校三级课题研究网络，在"十三五"课题规划中，待评市区名师、骨干教师要有市级以上的立项课题；校骨干教师及教研组长要有区级的立项课题；其他教师要有校级"微型课题"，以课题研究为载体，梯次培养科研型教师队伍，营造浓厚的科研氛围。

三是打造了科研的"三名工程"，即名教师、名课题、名项目。为青年教师成立"青陶会"，聚集各学科市区名师成立"原点名师工作室"，在课题研究中提炼出自己的教学策略、教学模式，形成个性化的教学风格，培养教育学术的团队和领军人物。

润物无声处，满园春盎然，教育科研改变了教师的生命状态。在沈阳市教育科研"十百千工程"的评选中，万晶、马金铭、韩雪、于欢、曹桅被评为"千名研究型教师"；吴迪、董丹被评为市区科研骨干教师。"一对一数字化教学""四叶草综合课程的架构与实施""周动态分组模式在班级管理中的应用"等一线教师的课题研究成果在集团内广泛推广;"小脚丫走世界""风雅颂古诗文积累""一沙一世界""活力啦啦操""一根跳绳摇出精彩"等教师的个人项目熠熠生辉。

"科研为魂",真做"事",做"实"事,文艺二校人在教育教学土壤上培植出灼灼教育科研之花,为责任教育品牌的增值增添馨香。

第五编　创新驱动发展

栉风沐雨，春华秋实。

　　一座座分校，一项项成果，一批批人才的背后推动力量，是文艺二校集团人的不断求索，对于创新的孜孜以求。他们无时无刻不在想，怎样去立足新的内外条件，遵循新的指导思想，打开新的发展空间，闯出一片新的天地，去实现自身对于责任传承，对于教育事业的种种美好追求与梦想。他们在角色转换中，接受一次次新的文化沁润，一次次新的体系洗礼，去感受和领会最核心、最本质的教育基底和风气格调，去对标、挖掘、探索更适合自己的校园特色、标杆课程，他们更关注的，是比，是学，是眺望，是追赶，是引领。

　　风雨多经人不老，关山初度路犹长。他们更明确的是，"创新有根本，谨记不折腾"，十多年探索，虽有鼓瑟鼓琴，但师者不可自伐自矜。他们更加紧迫的是，让优秀教师"老而弥坚"，产量日丰，做好传、帮、带；让新锐们保持如饥似渴，又别出机杼，以学一分得一分的踏实来铺垫成长；他们要在沈阳市"十四五教育规划"的引领下，继续完善创新体系，要让集团的规划化培养人才机制更加成熟，让课程研发有节点、有标准、有支撑地系统推进，使教学的根更壮大，枝叶更繁茂。他们要把党的教育创新理论作为开展工作的"导航仪"、提升能力的"教科书"，这才是教育人心无旁骛干事创业的不变基石。

守正出新，大道至简，大道至坚。

第一章　课程创新

　　如果把学校看作一个"生命体"，那课程就好比"传递主要生命物质的血液循环系统"，是学校运行的轴心和品质的基础。文艺二校就把课程体系的建构看成从单体学校到集团化办学进程中"学校变革的第一发动机"，努力地研究集团扩容下的课程生长，让课程体系匹配学校的"办学基因"：文化、融合、创新；以及同步联动学校所有系统的随同变革：学习方式、教师素养、资源支撑、评价体系、管理机制……学校建构了"责任课程体系"，其中全脑母语课程、四叶草大综合课程曾获辽宁省课改成果奖，并在全国教博会上展出；e木＋创客课程、始业课程获沈阳市优秀课程奖……全体教师用智慧凝结成的一门门课程成为献给孩子们的最好的成长礼物，助力了学校的发展和师生的成长。

　　责任文化涵养责任课程，责任课程的建构滋养了学生核心素养，也丰盈了责任教育的内涵，助推文艺二校教育集团乘风破浪，向着"师与生共同发展，家长与社会满意，规模与质量双赢"的美好远景稳步前行。

第一节　整体构建，双"三阶循环"责任课程　实现学生核心素养落地

沈阳市沈河区文艺路第二小学始建于1964年，作为沈阳市规模最大的公办小学教育集团，学校以"责任为基、公平为先、引领创新、增值共享"为发展主题。责任立校、责任育人成为学校两代人的文化坚守；内部资源均衡、学习机会均等是家长的基本诉求；吸纳引进、先行先试是学校超前发展的创新态势；品牌增值、发挥辐射是集团持续发展的价值追求。发展中，学校始终把课程看作最能改变学校生态的关键要素，成为学校顶层设计实施路径中的关键措施，建构了《责任课程体系》。

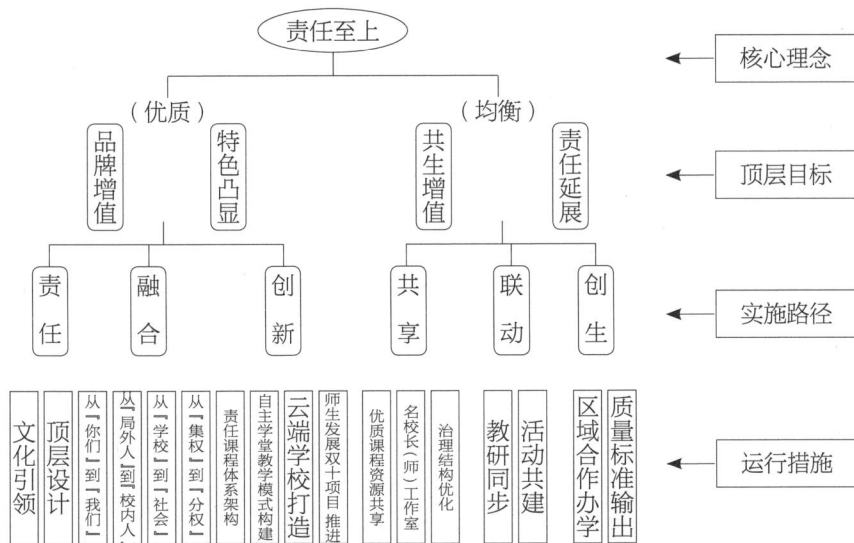

图5-1　责任课程体系

一、厘清认知——有依可循、逻辑清晰的课程情境

（一）责任课程的发展历程

"课程"（Curriculum）一词是从拉丁语"Currere"一词派生出来的。课程的界定古今中外见智见仁，我国古代视课程为"学程"，英国教育家斯宾塞理解为"前行、奔跑"。

我校的课程"前行"经历了三个阶段：一是价值导向下的课程繁荣期（2001 年—2010 年），即自发阶段，主要体现在课堂教学模式的积极变革与学校课程的大量涌现两个维度；二是效能追求下的结构渐变期（2010 年—2015 年），即自觉阶段，主要体现在真正从育人角度开展国家课程有效学校课程要素的消化吸收；三是理论自觉下的概念重建期（2015 年至今），即自立阶段，能够在目标体系和课程体系之间建立系统联系。

（二）责任课程的生长空间

既然是"前行"，就要理清五个逻辑关系：课程建设的逻辑起点和核心；课程要素的逻辑匹配；课程结构的逻辑建构；师生发展与课程进步的逻辑相系；课程变革的关键路径。

我们认为，课程建设的逻辑起点和核心是学生。课程建设中，应打破"国家、地方、学校"的三级界限，校本化、特色化、个性化地重构课程结构，通过整合提升效能。

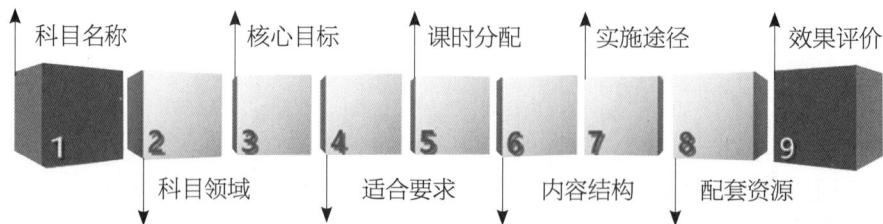

图5-2

以学生需求分析为起点的课程达成的技术路径见图 5-3：

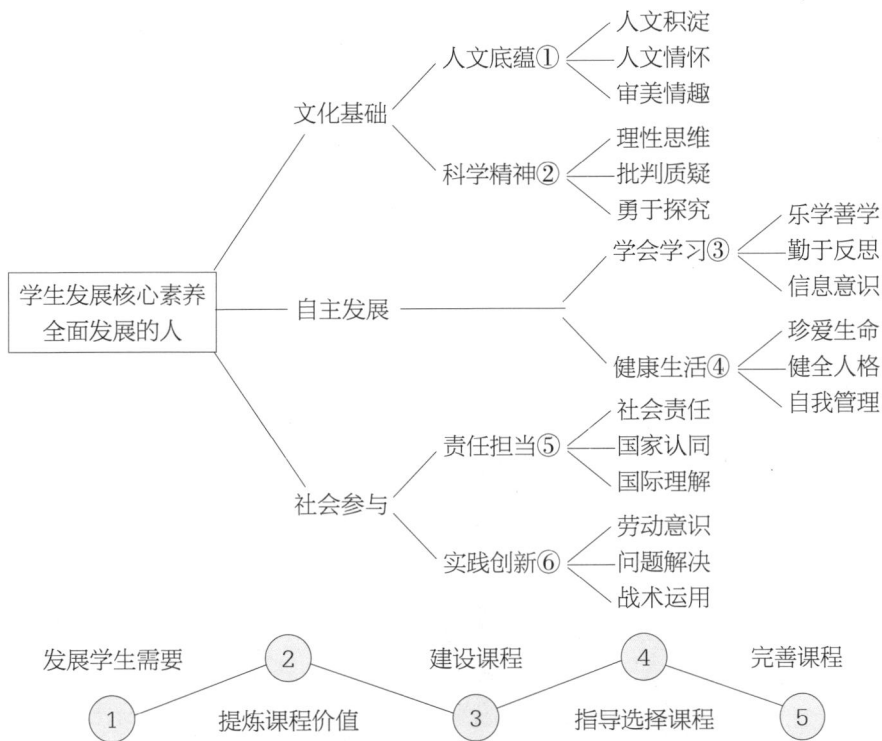

文化基础

人文底蕴① ── 人文积淀／人文情怀／审美情趣

科学精神② ── 理性思维／批判质疑／勇于探究

学生发展核心素养 全面发展的人

自主发展

学会学习③ ── 乐学善学／勤于反思／信息意识

健康生活④ ── 珍爱生命／健全人格／自我管理

社会参与

责任担当⑤ ── 社会责任／国家认同／国际理解

实践创新⑥ ── 劳动意识／问题解决／战术运用

发展学生需要① ── 提炼课程价值② ── 建设课程③ ── 指导选择课程④ ── 完善课程⑤

图5-3

二、寻根溯源——让教育哲学与课程理念相匹配

（一）责任课程的教育哲学

基础教育给每个接受教育的个体留下什么才算完成"基础"的使命？一是"底线"，懂得且遵循做人、做事必须有的底线；二是"底色"，阳光、自信、热爱生活，不畏艰难；三是"底蕴"，不断学习、探索、创造未来世界的能力。从传统中继承而来的学校文化精髓，它是学校自己的教育哲学、价值追求。日臻完善的当代教育改革特别是课程改革的理论体系，是方向，是坐标。我们的使命就是将这两大资源有机整合，用课程的形式表达出来。

（二）责任课程的课程理念

我们眼中的底线和底色的判断不是灌输了多少知识，而是培育志气、坚毅、努力、责任这些重要的性格特质。小学是培养最佳期，即便责任文化的传承缓慢，可能要在学生走入社会才能看出来小学时打下的烙印，但它远远高于功利的应试行为，高于追求短期效应的应景活动。

三、精准定位——将课程与学校育人目标相契合

一艘没有航行目标的船，任何方向的风都逆风。现阶段，我们已经把"责任素养"的含义从一般德育范畴的"责任意识"延展至包括"负责任的能力与水平"等更为丰富的责任教育内容。

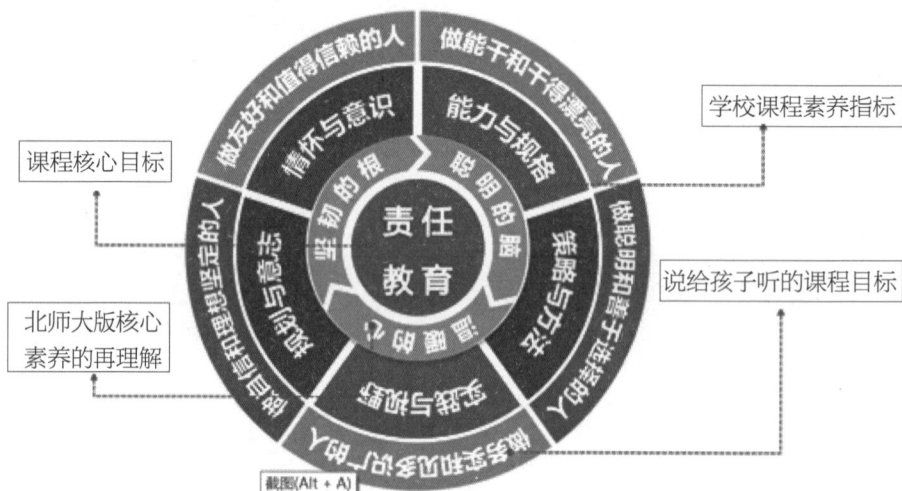

图5-4

图5-4的中间是学校的课程核心目标，并用孩子们能听懂的方式予以表达和传播。我们坚信，责任素养就是孩子撬动未来发展的阿基米德支点。

四、重塑结构——让课程体系指向人的素养结构

（一）课程结构

我们围绕责任素养，从学生的素质结构重构课程结构。用有生命力的课程一方链接健全的人，一方链接真实的世界。以课程功能为依据划分的课程结构基本取代了以

开发和管理权限为依据划分的课程结构。我们将其表述为：学科教学是抓手，充分实践是平台，发展心智是主轴，深度整合是形态。要说明的是一度、二度、三度开发是同时推进的，而且不是孤立存在的，是一个不断完善的复合的网状结构，形成双三阶动态循环的态势是它的特质。

以上就是我们责任教育课程系统的全貌，课程体系的第一个"三阶循环"，是现阶段课程开发、实施的实践模型。即课

图5-5　第一个"三阶循环"

程的一度、二度、三度开发，分别解决了基础建构、开放拓展、功能完善的问题。在这三次开发工程中，总有新课程和新课型的出现，但也总是有课程渐渐被其他课程、课型所吸收，形成了课程的动态更新和良性循环。

课程体系的第二个"三阶循环"，是指长期积淀的学校文化、扎实丰富的资源积累、不断创新的课程实施的"三阶循环"，是责任课程生态系统的动力源头。学校在保持自己的文化品格同时不断发展创新，课程的创新、丰富又成为学校资源与文化新的组成部分，形成课程与资源、文化发展的"三阶循环"。

（二）课程设置

1.学科基础课程

学科是知识的最主要支柱，学科基础课程是课程的基础层面，以此打牢"双基"是课程最实在、最可见的任务，这一层面围绕的是国家课程和地方课程。这里所说

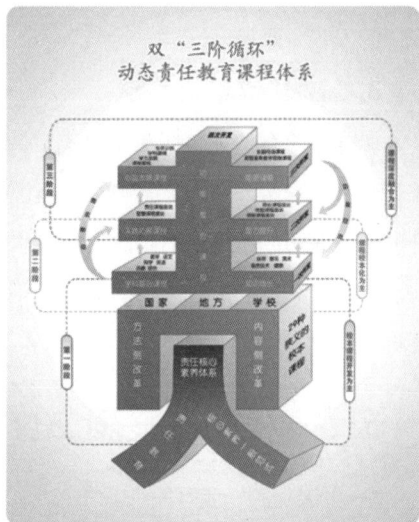

图5-6　第二个"三阶循环"

的一度开发，不是上游的编写教材，而是通过校本重构，旨在使"课本"转为与校本资源配套、与学生经验合拍、与办学目标相匹配的"课程"。

2. 实践拓展课程

经过几年的动态调整，学校逐步形成了以责任素养为指向的实践拓展课程体系——包括责之养成课程、责之 e 课程、责之扬长课程、责之创新课程、责之体验课程五大课程板块。

责之养成课程：侧重责任情怀与意识的素养养成，把"做一个友好和值得信赖的人"作为课程目标。

责之 e 课程：侧重责任能力与规格的素养养成，把"做一个能干和干得漂亮的人"为课程目标。

责之扬长课程：侧重责任策略与方法的素养养成，以"做一个会学和善于选择的人"为课程目标。

责之创新课程：同样侧重责任策略与方法的素养养成，以"做一个聪明和善于创新的人"为课程目标。

责之体验课程：侧重责任实践与生活、社会的素养养成，以"做一个务实和见多识广的人"为课程目标。

3. 心智发展课程

课程主要在两个传统主科语文、数学的实践拓展上展开，开发了全脑母语课程、益智数学课程两大模块。其中"全脑母语课程"是学校参加全国"中小学生学习力提升的研究课题"经过了七年的实践探索，逐步深化、自主研发的课程。媒体采访后用《一目十行培养最强大脑》加以报道，被课程专家称为"教科书式的课程建模范本"，获得辽宁省首届课改成果一等奖的殊荣。

五、课程实施——让三度开发伴随双"三阶循环"

（一）课程的一度开发

一度开发，我们解决了学科基础课程的合体、变式、整合、补齐的问题。我们将同质学科《品德与社会》《品德与生活》《综合实践活动》《学校公共卫生教育》《心理健康》等作为主体，将地方课程《环境教育》《安全教育》等相关内容，通过删减、融合、增补、重组，形成由多个板块组成的一门四叶草大综合课程。

整合中，既有积极做加法，将学科课程实践化，学校活动课程化，形成生活处处皆课程的教育佳境；又有理性做减法，解决了课时臃肿，内容重复，学生无趣，浪费师资的尴尬问题。

以四年级为例，原来这些学科每月共用 30 课时室内授课，大综合课程改为每月 12 课时室内授课，8 课时室外体验探究课，4 课时家庭实践课。集团 128 个教学班，共节约教师资源 11 人。国家课程的校本化实施，实现了课程结构优化。

（二）课程的二度开发

这一层面的开发是围绕学生学习能力展开，是聚焦学生学习基本能力素养和基本活动经验重新开发或引进的课程。关于实践的意义，培根说过：一盎司的实践，值一磅教训。离开了实践，学习也就成了无源之水、无本之木。我们的实践拓展课程的丰富突出的就是课程的多样性、实践性、开放性。

1. 责之养成课程：包括习惯养成课程、影视课程、主题仪式课程、主题活动课程四个模块，全员必修。习惯养成课程中，学校自编的《牵手好习惯》系列教材，分低、中、高三个年段，制定了责任教育的分层教育目标和行为标准。影视课程结合责任习惯教育的阶段目标开设，每个年级每学期欣赏影片 10 余部，影视活动课，儿童文学与影视欣赏整合课等课程形式也逐渐多样化。

2. 责之 e 课程：在这个互联网＋的时代，我们想到了互联网＋学习、互联网＋课程……以提升师生学习能力为目标，学校历经三年自主研发的互动教学平台现已升级至 6.0 版本，平台的使用颠覆了传统学习方式，实现课前、课中、课后全程一对一互动学习，课堂翻转成为可能。平台已在三至六年级多个实验班逐渐铺开，涉及语文、数学、英语、科学、综合五个学科。我们将这种探索不仅定位在技术的介入，更确立在新的课程形式与内涵的生成上，我们称之为"一对一数字化"课程板块；而"二校微课程"是数字化课程中的另一课程板块。我们与校外科技公司合作，组织业务能力强的教师基于问题和需求录制系列微课程，累计近千节，涵盖全学科，并依托学校教育云平台和教育资源专业网站——统一教育网发布，在虚拟空间里为学生创设了另一个开放自由的课程空间，强大的功能平台和丰富鲜活的资源让学生自主学习、翻转学习、深度学习随时随处真实发生。

3. 责之扬长课程：是旨在深入发掘学生某一方面的潜能，积极引进校外课程的校本化实施。这类课程以艺体两个模块为主，分为艺术表演、美术创作、体育技能三大类，为了给学生更多的选择，我们提出课程自助餐的理念，共为学生开设 30 余门动态可选课程，全员选学。我们集约校外资源，让有专长的家长进校园，戏曲大腕进校园，专业教练进校园……实现了没有边界的课程资源。在体育技能课程中，仅球类就开设了乒乓球、羽毛球、足球、篮球、冰球、橄榄球等七项课程。其中近 30 年的传统优势课程乒乓球——由 20 多位专业教练坚持常年课程化的训练，让一批批学员沿着奥运冠军马琳的足迹前行，仅本批在校学员就接近 200 名。在这项传统优势课程的引领下，羽毛球、足球、篮球、冰球、橄榄球课程先后引入课程共享平台，并建立起校内外项目基地，让集团近千名学生受益。在近几年的国家及省内艺术、体育各项展演、竞赛中，各类学员捷报频传、硕果累累。

4. 责之创新课程：积极引进创客文化理念，把"让创意变为现实"的创客文化引入校园。学校投资近百万元，在东校区建设了 200 平方米的开放式科技体验场，在总校建立了 180 平方米的"小叮当工坊"——创客教育实践中心。引进实践课程包括"智能机器人""电子线路""工程机械""艺术创意""3D 数字制造""物联网体验"六个板块，供四至六年级学生选学。创客课程引导学生在"玩"的过程中去发现问题和需求，在"造"的过程中努力找到解决方案，开启了孩子们创新的思维空间，培养了积极向上的生活态度和健康乐观的素养。

5. 责之体验课程：心理学的前沿研究表明，知识就存在于行动中、表现在身体上、蕴蓄在体验里。身心体验便是人类对于知识的探求和贮存方式。弱化体验，是课程的缺失。丰富体验，是课程建设的趋势。我们的责之体验课程分为学校体验课程、家庭体验课程、社会体验课程三大模块，全员必修。以确定主题——体验探究——交流分享为课程实施模式。学校体验课程结合集团化多校部布局特点，有目标有计划地分年级设定，不同校部根据学生年龄特点开展体验式课程。如：一年部离校的散学会课程，总校部离校的成长式课程，高年部离校的毕业礼课程。校部的个性化课程和而不同、各尽其美。到小学毕业，学生要完成军训、拓展训练、职业体验、节日体验、小义工团等 12 个大型体验主题。家庭体验课程分为家庭劳动体验和家庭角色体验两部分。社会体验课程则由学校和家庭共同完成，除学校集体组织如小记者社会采访等体验外，要求家庭和孩子共同完成行走体验课程，其中必走课程如沈阳故宫、沈阳博物馆、沈阳科技馆等十项，还有自选内容五项。让课程没有边界，让校园没有围墙。

（三）课程的三度开发

如果说，前文一度和二度课程开发是以"丰富"为特征的，那么我们课程的三度开发则旨在把责任能力与规格的养成的目标提升到一个新的高度。美国思想家艾尔伯·哈柏德提出：责任趋向于有能力担当的人。我们培养的学生如果没有足够的学习能力是担不起发展自我和将来服务社会的相应责任的。通过课题引领我们认识到，学习能力的核心是发展学生的心理能量和思维能量即心智素养。为此，在课程体系的建构进程中，我们积极向脑认知科学等教育以外领域借力，开始了责之心智发展课程的开发。我们通过引入脑力训练、学科建模、学力发展、课堂建模来解析课程，解析学习，以充分体现"人性"和"脑力"的双重内涵为特征，完成了课程的三度开发。

以"全脑母语课程"为例，它由最初的以眼脑机能训练为主的单纯的校本技能课，发展到今天将脑科学与大语文学习有机结合的 3.0 升级版，进入课表全员必修。它打破了国家课程与校本课程的界限。从大语文的角度重新建构整个母语课程，将课程以语文教材的单元主题为主线，分为"单元导学课""常态生本课""拓展阅读课""语文活动课"四种课型，并以全脑开发原理为理论支撑，将科学的眼脑技能训练及注意力、记忆力、理解力、思维可视化等学习力概念引入课程，形成了依托母语操练环境，借助全脑思维方法指导，以学力提升训练为明显特征的崭新课程建构。

在开发学生心智的路途上，我们没有满足于自创，在学生选学的益智数学课程中就包含着我们引进并坚持了十年的低年数棋课程，中、高年数学游戏课程；更有直接引进国际上的开发心智的成熟课程——超脑麦斯数学课程。这个玩数学的板块不是增加孩子的学业负担，而是让已有的数学观念在游戏创设的情景中，得以"重新涌现和复活"，协助儿童积极主动地建构由不同观念之间的关系所共同形成的认知结构，有效促进其全脑思维协调发展，提升心智。

六、条块管理——让"责任"为课程保驾护航

（一）管理方式

为了便于集团化管理，勇于开创学校教育工作新局面，更好地为建设和谐校园努力工作，我校实行集团化管理执行校长负责制度。结合集团化管理，不同校部根据学生年龄特点而开展和而不同、各美其美的个性化课程。如：分校部的管理使每名学生在一年级、四年级、六年级三次离开自己的校部，适应新的学习环境，这让学生更多了一些体验，也增加了课程资源。

课程整合初期，教师的合理调配和管理评价是学校面临的最大挑战。学科领域拓宽了，主题课程需要跨学科的知识和探究式的教学策略，教师要花大量精力去学习，提高课程执行能力，这无疑增加了教师的负担。除此以外，主题课程需要广泛的课程资源，需要投入大量的人力、物力，实际工作量增加，但上级主管部门的制度支持与政策保障却没有及时跟上，学校和教师都面临着比较大的压力。对于学生来说，当这么多课程融合到一起，并且越分越细的时候，就容易被分裂。

经过一段时间的调整，参与课程改革的教师们教育教学能力不断增强，对课程目标和教材的全面理解和把握也更加到位。学校对教师评价机制的改革，大大调动了骨干教师工作的积极性，教师真正成为了课程研究者、建设者。

（二）保障措施

基础性课程作为课程的保障和内核，引领学生全面发展；拓展性课程作为课程的选择与补充，助推学生个性化发展；综合性课程辅助学生多元化发展。三类课程又都围绕六个领域落实和强化六种素养。

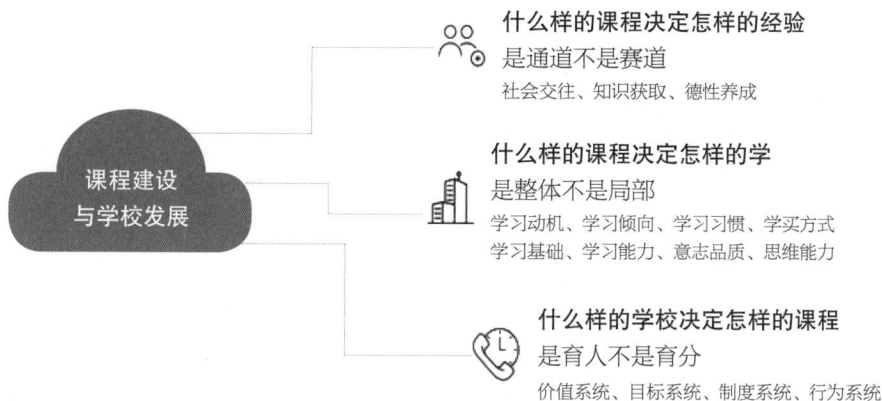

图5-7

　　纵观责任课程架构与实施，课程指向了学生的学习需求，聚焦到了学生的成长与发展。实现了跨学科之界的多领域融合；跨教材之界的资源链接；跨教室之界的课堂内外及社会生活活动的拓展；跨认知之界的深度整合学习等新课程建构的属性。课程体系的架构经由中国教科院陈如平教授的团队给予倾力指导，入编《学校课程新样态》一书，并在全国课程千校联盟的公众平台上发布。

第二节　破立结合，"四叶草综合课程"培育学生创新精神和实践能力

　　一直以来，文艺二校坚持把课程作为改变学校生态的重要元素，深切感受到课程变革方式直接改变了学校的发展方式，先行先试也让文艺二校收获了课程改革为学校发展带来的"红利"。2016年底，辽宁省出台了《辽宁省全面深化义务教育课程改革的指导意见》，明确了地方课程综合化的改革方向。随后，辽宁省重新编写了地方课程教材，将原有的16门课程统整为两大领域、四门综合课程。同时提出："加强各类课程、不同学科之间的联系和整合，突破各类课程和学科之间的壁垒"；"研究与探索'全课程'整合教学、'主题式'学习活动等，增强课程的综合性"；"在保证每周2课

时的基础上，可根据实际情况，与综合实践活动、校本课程统筹使用，灵活安排"。

二校认为：这次改革直指问题，真正触及到了学校课程管理的痛点，从课程政策层面帮助学校突破了课程建设的瓶颈。之所以有这样的认识，是因为早在《意见》出台前，二校的教师就发现，16门地方课程中有些内容在不同年级、不同学科（综合实践活动、美术、思品等）中都有体现，且无呼应、衔接。这一问题让文艺二校更深层地发现教材内容在设计上的分散、安排上的断层使知识呈碎片化存在，如蜻蜓点水，处处不透彻，学生的学习也变得麻木不重视。基于这种现象，二校人积极寻找课程建设中的学校定位。《课标》是国家定制，教材是一种范式。任何一种教材都会自成体系，但这种体系与学生的经验增长轴线只是大致合拍。学生的学习实践与地域文化、学校文化、资源水平息息相关，任何制式的教材都无法照顾到学校的千差万别，让教材的体系与学习实践轴线高度合拍，是学校标段的任务。

2015年暑假，二校教学领导召集了相关8个学科30余名教师，将相关学科全部教材目录及内容，一页页翻阅，一课课核对，找到重复、陈旧的内容，找到有联系可整合的内容。通过整整一个假期，以主题式学习为主要方式对多学科内容进行了大胆整合，变每学期8科70余项内容为12个主题，"四叶草综合课程"1.0版应运而生，成为地方课程的新形态。它凝聚了众多一线教师的智慧，承载着以简驭繁、整合增效的课改初衷，虽稚嫩却焕发鲜活的生命力。

图5-8　《四叶草综合课程》1.0版

随着这门课程每学期的完善，二校教师也在其中领会了地方课程的重要价值所在。一致认同：

地方课程是综合育人的不可缺少的主要载体和基本途径，其课程内容和实施方式都是着眼于学生核心素养的全维度培育；

地方课程是对国家课程的优势补充，它对三级课程管理体系起着重要的延展和衔接作用；

地方课程的实施对考试评价将起着积极的正向作用，将促进学校和教师树立全面教育质量观。

此次地方课程的改革方向，不仅回应和肯定了之前二校对地方课程的校本化改造，更是对地方课程的整体形态给出了顶层的系统设计。可以说，新版的地方课程对二校的课程观进行了一次全面的提升。学校也意识到：此次地方课程的实施将是课程整体变革的催化剂，如果能够利用其中的内容，统整多学科的教与学，必将会激活学校三级课程整合的节奏和进度。

课程改革是系统工程，学校标段应该是一个"落实，丰富，整合"不断循环的迭代进化过程。为了更好地落实新版地方课程，增强其与学校教育的适应性，二校在原有课程探索的基础上对四叶草课程进行了适应性升级，使之成为新版地方课程校本化落地的载体。

图5-9 《四叶草综合课程》2.0版

2.0版"四叶草综合课程"以地方课程各项主题为核心内容，以综合实践学科的研究性学习为主要学习方式，以信息技术为主要支持手段，是一种基于学生的直接经验、密切联系学生自身生活和社会生活、体现对知识的综合运用的新型课程形态。具体说，就是三个"调整"。

一、优化整合，调整课程内容，解决重复交叉问题

通过对辽宁省新编地方课程教材的深入研读，我们发现在课程实施过程中留有很大的生成、开发、拓展、选择的空间，这激发起了学校对课程进一步建设的主动性。学校将地方课程与国家课程、校本课程相关联的内容，以及学科实践活动横向有机整合；将地方课程与德队活动、传统活动、节日活动等纵向循序推进，形成新的主题内容。

它们在逻辑上不是并列的关系，更不是相互割裂的关系，而是彼此渗透、因地制

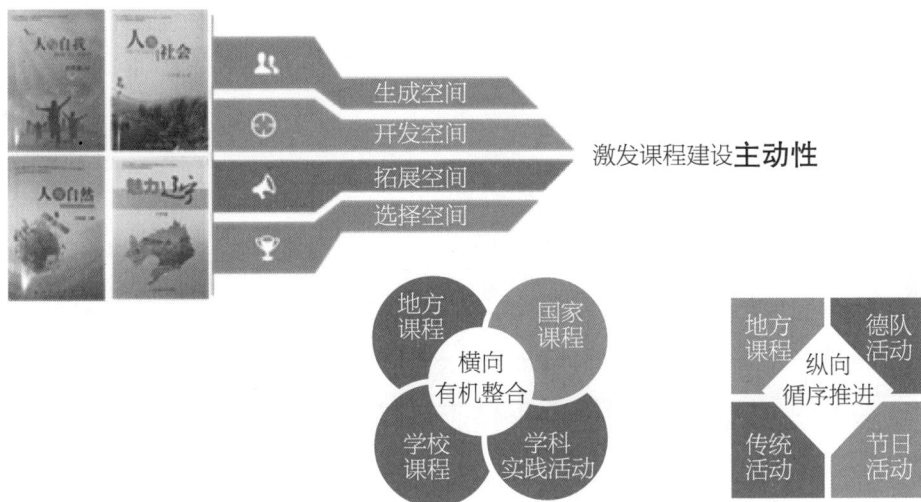

图5-10　调整课程内容

宜，以配合的形态呈现的。充分发挥课程间相互关联、相互作用的系统功能和整体成效，这种衔接渐进，增强了课程发展的活力，也开启了教师们研究与探索"全课程"整合教学。

二、巧用课时，调整课程结构，解决人员时空问题

学校根据学生发展、课程实施的具体需要和学校的实际情况，把课程分为校内、校外两部分进行。以集中与分散相结合的形式，通过长短课、周课、跨学科课、跨年级课等不同方式，学校、家庭、社会等不同地点，科学、灵活地安排课程。因为课程整合，地方课程的课时不减反增的同时，还有效地融入了信息技术教育。

课时的巧用，让课程结构有了腾挪的空间，也为学生的发展需求给出了相对充裕的时间。课程结构的调整有效地解决了部分学科课时臃肿，学生无趣，浪费师资的尴尬问题。

表5-1

每学期共80课时	校内（64课时）	主题式教学（48课时）约16周每周3课时	2课时	采用常规环境，以研究性学习为主，辅以劳动与技术教育
			1课时	采用信息技术环境学习，辅以教师的技术指导和学生的练习展示等
		机动课时	6课时	教师对学生进行方法指导和期末评价
			10课时	与校内各种活动相结合的内容
	校内（16课时）	课外实践活动	8课时	社会实践
			8课时	社区服务，每月一次

三、形成体系，调整课程样态，解决序列问题

以地方课程为主要内容的全新"四叶草综合课程"2.0版在结构上可分为三部分：

1. 主题模块——规划"四叶草乐园"面积、格局

学生在生活中遇到的问题一定是多维度的，不仅仅是一个学科的问题。为了立体化地对接学生成长需求，学校为学生探究设计了任务主题模块。这部分主要以"学习单"的样式呈现，分为4个板块：我了解，我思考；我探索，我体验；我交流，我合作；我反思，我拓展。循着提出问题、确定主题、制订方案、合作探究、整理信息、交流反思这一解决一般问题的思路展开。让学生经历"提出探究问题，确定活动主题；给予方法指导，制订相关方案，体验个人感受；交流实践得失，尝试合作参与；反思生成问题，提出新生成的研究问题"这样一个完整的事物认知过程和问题解决过程。主题模块就像我们给学生建设了一个"四叶草乐园"，规划了面积、格局等。

2. 实践活动——设计打理"四叶草乐园"的任务单

每个主题学校都配有实践活动评价表，针对主题活动中学生的综合素养进行评价。每月一次的课外实践活动，配有相应的记录单，包含地点、主题、任务、收获、思考、评价等部分。

学期末，学校通过"学期收获"让孩子们对一个阶段的实践活动进行总结。这些评价表、记录单、收获栏就好比是学生们自主打理"四叶草乐园"的任务单，决定着

四叶草乐园的最终模样。

3. 配套资源——给予"四叶草"赖以生长的土地、水源、养分和阳光

课程推进的过程中，除了地方课程配套资源外，学校有意识地收集各种资源，编制了《教师资源包》和《学生操作包》。同时，还将课程所需资源和评价反馈上传至学校云平台，让学生可以通过网络进行个性化学习和互动交流，家长们也可以及时了解孩子的学习动向，为课程开发与实施献计献策，甚至提出指导、提供资源。

集团云盘里存储的教师设计的大综合学科能力指标训练内容、教师积累的教学过程资料包、学生在实践中的优秀作业和过程图片集……这些是比纸质教材更加丰富厚重的内容，好比是四叶草赖以生长的土地、水源、养分和阳光，是使"四叶草"健康成长的基础。

综上，调整课程内容，解决重复交叉问题，让课程做得更精；调整课程结构，解决人员时空问题，让课程做得更通；调整课程样态，解决序列问题，让课程做得更实。最终实现学科课程实践化，学校活动课程化，形成生活处处皆课程的教育佳境。

伴随着"四叶草综合课程"从 1.0 版到 2.0 版的升级，文艺二校也从一个校部发展至五部三园、师生总量超过 9000 人的教育集团。回头梳理，学校的优质教育资源的含金量之所以没有被稀释，其中一个重要的原因就是二校人找到了课程变革这一有力抓手，正所谓"课程改变——学校改变"。一路走来，学校有如下体会：

一是在课程建设这条道路上，早觉醒，早受益。先试先行虽然风险较大，但是机遇并存。唯有不回避，积极应对，才能化劣势为优势，变困难为契机。

二是以小搏大，量力而行。在一些学校直接向数学、语文这样的国家课程发力的时候，学校选择学科体系更开放、实践性更强的地方课程领域，然后向国家课程输送课程营养的路径，从而撬动学校整体课程变革。

三是课程建设重塑学校的文化生态。不断深入的课程研究，扎根教学现场，发现鲜活问题。教师们在课程的破、立之间，研磨之中，开始跳出学科本位，回归教育本真，关注学生全面发展。这种深研细耕、合作共赢的团队文化成为了学校持续发展创新的起点与动力。

文艺二校的课改历程伴随着些许争议，也伴随着各级领导部门、各界专家、同行们难能可贵的支持和鼓励。也正是在这样的改革进程中，考问了学校的勇气与担当，更考问了学校改革的智慧性与科学性。

2016年，"四叶草综合课程"获得了沈阳市地方课程改革评比一等奖；2017年，再度获得辽宁省基础教育改革成果奖项，并有幸代表我省参与国家基础教育改革成果的评比。省级评审对课程做了这样的反馈："四叶草课程打破了国家、地方、学校三级课程的壁垒，融入了继承性学习与实践性学习的方式，冲破了学科课程与活动课程的界限，是学校落实地方课程的创新。"这正是学校破立结合，通过"四叶草综合课程"培育学生创新精神和实践能力的价值所在。

第三节　科学开发，"全脑母语课程"全新架构提升学生学习力的桥梁

以全脑母语课程的架构，实现学生学习力的全面提升，是文艺二校2007年开始"引入全脑开发理念，以母语—汉语为特定训练环境，以校本化课程实施为载体，以提升学习力为终极目标"进行的课程改革。这样的课程改革使教育者有了新的定位，受教育者得到了新的关注，教育方式有了新的突破。目前，随着学校对脑科学认识的不断深入，和课程改革的持续深化，学校已将全脑母语课程从最开始的1.0版逐渐升级到3.0版，实现了用统整、建模的思想将全脑母语课程从大语文的角度出发，以母语学习为核心，以全脑开发为方向，打破课程界限，科学阅读课与常态语文课和语文实践活动课三轨合一，一轨贯之的全脑母语课程。成为学校的品牌项目之一。

一、课程的提出

在全脑母语课程实施的十余年中，课程两次进阶，主要经历了三个阶段，第一阶段：1.0版高效阅读阶段（2007年—2008年）。课程简述为单纯借助阅读文章训练学生学习力的训练课。第二阶段：2.0版科学阅读阶段（2009年—2015年）。课程简述

为根据学生发展规律形成低年段科学识字、中年段科学记忆、高年段科学阅读的课程集群，借助全脑开发策略，使学习力提升循序渐进、螺旋上升。第三阶段3.0版现今的全脑母语阶段（2016年至今）。

在1.0—2.0版的课程系列训练中学校发现，由于课程设置切合学生大脑发育规律和生长特点，学生的潜在能量被调动。通过系统科学的训练，学生在注意力、记忆力、观察力、想象力等多方面得到快速提升。

表5–2 全脑母语课程实验先后成果对比

项目 阶段	识字量 （一年级）	词语记忆 （三年级）	阅读速度 （五年级）
实验前	800 字	5 个词 /90 秒	200 字 / 分
实验后	1500 字	15 个词 /90 秒	1200 字 / 分

除表5-2显示，三年级学生在15节课上还能熟记一百一十个谐音定位词、π 小数点后二百位、三十六计、五十六个民族、二十四节气等等。虽然学生们的学习力很惊人，但学校在研究中还是发现在前两个版本的课程中，课程内容都是以学校编写的校本教材为载体，在课程目标、认知原理、学习方式、能力发展等方面与常规语文课程对比，还不能完全使训练习得的方法在整个语文学习中充分地学以致用，使全脑开发有了局限性。因此，怎样将科学的脑训练方法与大语文的内容进行统整，打破国家课程与校本课程的界限，轻松实现学生语文素养和学习力的提升，是学校必须思考的问题。

另外，《义务教育语文课程标准》要求小学生六年完成145万字的阅读，这么大的阅读量是在科学阅读课、常态语文课和语文实践活动之外的又一轨道上进行的，所以学校需要另拿出课时来进行。面对着教师搜集资料困难，学生的学习内容缺少系统和联系的现实，怎样将语文主题单元的学习与语文实践活动整合起来，让教师轻松解决资源搜集、内容统整的难题，便于教师统筹使用语文课，让语文课程改革踏上高质低耗的快车道是学校必须思考的又一问题。

因此，打破课程界限，统整母语课程资源，将全脑开发和科学的阅读方法与常态语文教学的学习方法整合，重建一个框架完整、思路清晰的全脑母语3.0版是十分必要的。

二、全脑母语课程3.0版的科学构建

文艺二校把已有2.0版的课程放在大语文的课程观上，思考如何在"破"与"立"之间寻求更适合学生的课程建模，让课程价值更能实现学生个体成长与发展需要。经过实践，学校将重方法训练的科学阅读课与常规语文课、语文活动课程有机融合，实现三轨归一，一轨贯通的模式。形成了以国家教材为主线，科学训练为依托，拓展阅读活动为延展的"主题阅读"单元教学的大语文课程体系。实现了内容上和方法上的双重统整，使之逐渐成为提升学生学习力，全面培养学生核心素养的重要阵地。

（一）内容统整

以语文版教材主题单元内容为主线，围绕主题向外扩展，整体规划经典诵读、课内外阅读与习作、整本书阅读的内容，打通课内课外的联系，实现单元主题统整下的内容整合。

1.一条主线：以语文版教材单元主题为主线

以国家课程，沈阳市现用的语文版教材的单元主题为主线。

2.两个整合：实现语文版教材教学与课外美文阅读、经典诵读的整合

其一，以语文版单元主题为主线整合课外美文阅读，通过"拓展阅读""以文带文""自由阅读"，扩充阅读量，丰富阅读积累，培养综合素养，提升学习力；通过"读写联动"，结合单元习作要求和选文特点，插入随笔训练，并将单元习作要求逐步渗透到选文阅读中，实现单元主题统整下的读写结合。

其二，围绕语文版教材主题单元组织经典诵读内容，打通单元主题与经典诵读的内容联系，课内的主题内容与晨诵主题诗文，相互补充、相得益彰。

3.两个拓展：由单元教学向整本书阅读的语文活动灵活拓展

紧密型拓展：依据人教版教材主题单元读写训练重点和课文内容、体裁、作者等

特点，研究的阅读与课本联系较为密切的整本书读物。

松散型拓展：开设"读书交流"活动，依据不同年龄儿童生命成长的需求和阅读能力，分年级、分学期推荐童书阅读书目，低年级以绘本阅读为主，读写绘结合。中高年级以读整本的文字书为主，指导儿童阅读生命成长中最需要的童书，促进儿童生命成长。

为了实现上述意图，课题组教师开发了配套教材，每学期一册，每册依据语文版主题单元分组，为内容整合提供了必备资源。

（二）方法统整

以"主题单元教学"为主要框架，将常态语文课的"'四学'生本学堂"模式与科学阅读训练课的"三环九步"课堂教学模式，课外阅读的"固定程序阅读法"等教法、学法进行整合。将不同的方法策略融入不同学段、不同领域的教学中，形成理念先进、策略完整的教法体系。

"三环九步"课堂教学模式。眼脑机能训练环节（定点凝视、圆圈扩缩训练、注意力训练）—全脑快速阅读环节（固定程序阅读训练、线式阅读训练、直读法训练、面式阅读训练）—读书交流环节（绘制导图、交流感悟）。通过眼脑机能的科学训练唤醒右脑、启发潜能，让学生在课上快速识字、记忆及阅读，课下海量阅读，提高阅读效益。

"'四学'生本学堂"课堂教学模式：预学——共学——分享——拓展四学教学模式。课堂以学生为本，引领学生自学、探究、交流。

"五环教学模式"：确定主题——制订计划——分组活动——交流汇报——总结评价

三、全脑母语课程3.0版的实施

全脑母语课程3.0版主要以四种课型为途径全面推进、落地实施。"主题阅读"单元教学，借助"单元导学课""常态生本课""拓展阅读课""语文活动课"四种课型，实现依托科学方法指导，基于学力训练，面向核心素养的完整建构。

主题单元导学课：侧重眼脑机能与阅读方法训练，成为语文教材单元学习的起始课。教学内容：单元学习内容前置，在语文教师引导学生品词析句之前，先给学生建立单元课程的大模样。教学目标：1. 用固定程序阅读法引导学生通读单元内容，初步了解单元全貌及文章要素。2. 以单元文章内容为载体，科学训练学生眼脑机能，提高快速记忆与快速阅读的能力。3. 了解单元主题，激发学生对课文内容及类似文章的阅读期待与阅读兴趣。方法策略：由科学阅读教师来上，以教材单元内容为载体，以"三环九步"教学模式为主，指导学生用科学阅读的方法对一单元的内容进行初读、速读、略读。统领单元全貌，使学生对后续学习内容产生阅读兴趣和阅读期待。

常态生本语文课：在四学模式引领下的生本课堂。教学内容：语文版单元内教材内容。教学目标：在自主探究的过程中让学生学会、会学、乐学。方法策略：由班主任完成，以"'四学'生本学堂"课堂教学模式为主，引领学生对文章内容进行精读、品读与研读。完成自主探究、读写联动。

单元拓展阅读课：以语文教材主题单元为主线，单元学习结束后的拓展阅读课。教学内容：从读写训练重点、内容、体裁、作者等方面展开相应拓展材料的阅读，包括篇章拓展阅读与整本书的阅读推荐。教学目标：1.具有独立阅读的基本能力；2.拥有一定的语文积累；3.达到一定的阅读量；4.在以上进程中，培养语文学习的兴趣，养成良好的阅读习惯。方法策略：由科学阅读教师完成。用固定程序阅读、思维导图等方法引领学生延读、拓读、悦读。对单元主题内容加深记忆，有效地避免零散阅读所造成的知识遗忘，同时，多角度、多层次地理解同一主题思想，形成框架性思考。提升理解力。

语文实践活动课：美国教育家杜威说过：个体要获得真知，就必须在活动中主动体验尝试改造，必须去做。语文实践活动课就是学生将已有的知识技能在实践中应用，又在应用中获得新知，这是提高学习力的过程。我们的语文实践活动课是结合单元阅读内容开展的，借助科学思维和科学方法，引导学生主动获取知识、应用知识、创造性地解决问题的探索性学习活动。教学内容：从自然、社会和书本中选择和确定的动脑、动口、动手的多项思维活动。围绕单元所学内容进行，带领学生结合学校《亲子读书手册》，读书交流活动，课外阅读大赛等多种语文综合活动来分享展示的语文学习。教学目标：1.扩大知识层面，培养语感，积累个性语言；2.培养学生在语文实践活动中养成良好的读书、思维、表达习惯，提高阅读、鉴赏能力，掌握运用语文的规律；3.组织通过多种途径，多种渠道，有目的、有计划地进行实践活动，为学生创造生动活泼、轻松愉快的学习氛围，使他们在乐中学习，在学中受益，从而得到更健康更全面的发展。方法策略：由班主任完成。以专题形式开展活动，以五环教学模式为主开展教学。

四、课程实践中的收获与思考

在全脑母语 3.0 版课程实践过程中，学校始终坚持"尊重科学""遵循规律""儿童立场"，在课程、学生、教师等多方面收获良多。

（一）课程层面

1.课程以母语为依托，介入全脑科学，以国家教材的单元主题为单位，将快速阅读、深入学习和综合运用统整起来，在课程的层面确定目标、整合资源，寻求思维可视化等更加灵活高效科学的教学方式和方法策略，实现了课程实施水平的整体提升。

2."主题模块"构建的方式将大量的课外文本引入课堂，用"举三归一"的母语学习方式，体现"质从量出"的价值取向；同时，又将大量阅读与母语学习延展至校外，综合的运用大大提升了学生的课外阅读效能，强化了母语课程的开放性、综合性、实践性，实现了建模——出模——用模的过程，向母语学习基本规律的靠拢。

（二）学生层面

1.科学创造奇迹：全脑母语课程的实施使学生的阅读能力提高，良好的阅读习惯已经形成。一年级提前识记 1500—2000 个汉字，熟记 500 条成语，为其他学科的学习和提早阅读打下基础。中高年级阅读方法的改变使高年级学生从开始的每分钟平均阅读 200 多字，进步到每分钟平均阅读 1200 多字，是课程标准中六年级要求每分钟阅读 300 字的 4 倍，优秀的学生能达到十余倍，实现了海量阅读。

2.建模成长心智：全脑母语课程的实施遵循学生心智发展的规律。在实践中学生已习惯用思维导图、鱼骨图、主题学习思维建模等思维可视化的学习策略，将思维路径、思维结构、思考策略呈现出来，逐渐形成结构化思考的能力，提高了认知效能，促进了思维能力的发展，心智水平的提升。

3.学习力提升圆梦减负提质：全脑母语课程重构了课程与教学，也重构了学生的学习过程。让学生在学习中找到了"撬动地球的支点"，体验到"穿越迷雾的通透"。使学习变成主动与愉悦的过程，专注力、记忆力、思维力综合都得到提升。学习力的提升已不只表现在母语学习中，已成为学生学习过程中的习惯与品质。使学习轻松、增效，这与单纯从减量上体现减负有本质的区别。

（三）教师层面

全脑母语课程项目从起步到如今已开展十余年，从无到有，从有到精，每一次教材的改进、课程的进阶都是在教师们不断付出、研究中实现的。目前，已有8名教师在此项目中做全国的优秀课展示。教师们已在这个项目平台上成长为热忱与智慧兼具的"研创型"教师。

总之，全脑母语课程的体系架构，彻底改变了现行语文教学的面貌，打破狭隘的课本、课堂局限；冲破方法上的局限性，融入科学的全脑开发训练方法。课程实现了跨教材之界的资源提供、跨教室之界的社会活动、跨认知之界的深度整合等新课程建构的属性。学校先后以此为主题承办了三次国家级现场会，多年来接待来自全国各地学习的领导和教师近千人。孩子们在学习能力上的突出表现也让这门课程受到各界瞩目。媒体采访后用《一目十行培养最强大脑》加以报道，中国教师报以《一门神奇的课程》进行了专题报道。课程被课程专家誉为"教科书式的课程建模范本"，获得辽宁省首届课改成果一等奖。全脑母语课程成为提升学生学习力与核心素养的最有效的特色品牌课程。但是，对脑科学更进一步的了解和认知，对如何更科学地将全脑开发融入到母语学习中等很多问题学校还有很远的路要走，需逐步深入地思考研究。在不断思考、实践、反思、再创新中发现问题、解决问题，才能使全脑母语课程拥有持续的生命力，成为提升学生学习力最优秀的课程。

第二章　课堂创新

　　集团的发展与融合，催生了共享共进的集团教研，带给教研人更多的思考。课堂是学生生命成长的地方，更是课程落地的主渠道。课堂教学改革必须在继承中发展，重塑教学形态，寻求学生共性提升与个体发展的最佳契合；重建学习方式，寻求课堂教学与学生自我学习的最佳结合，已成为课堂改革的新焦点。

　　经过不断的实践创新，我们以自主学习和小组合作为两大支撑点，从理论定位、模式构建、实践论证三大方面切入，直击课堂，形成了责任学堂的教学新样态和凸显责任的学习态度、高效的学习质量和生本的学习过程。教学过程关注全程育人、综合育人、全面育人的研究，并基于信息技术的现代教学模式助力学生探究学习，努力达成以系统建构为特征的深度学习。同时，探索了"以评导教，以评促学"的课堂评价的新模式，通过简明、科学的观察框架解构课堂学习过程，深入诊断分析教与学的行为，使课堂教学质量不断优化，教师专业水平不断提升。

第一节　让素养在课堂中悄然生长

课堂是学校育人的主要渠道。在集团化办学发展中，随着学校对"责任教育"主题的深化，对"责任课程"体系的重构，促使学校站在责任育人的更高层面对课堂教学再认识、再思考，创新课堂教学，使之与学校育人目标、责任课程理念深度契合，成为全面落实核心素养的主阵地。

一、对课堂育人的深思考再定位

新课改倡导培养学生自主学习能力、合作学习意识、科学探究精神。如何通过具有精神实质的学习过程使学生真正理解知识、习得技能、发展心智、形成价值观？新时代，学校的课堂将走向何方？学校选择对课堂改革进一步理性反思、纠偏，在传承、创新中重新定位，找准坐标更好平稳前行。

1.从课改足迹中厘清方向，找准课堂教学坐标

回顾并梳理课改的历程，引领我们更准确地寻找前行的路径。（见表5-3）

表5-3

发展阶段	教学目标	价值取向	课堂结构	课堂本位	教学关系	教学意义
第一阶段	双基： 基本知识 基本技能	教什么	先教后学	师本位	讲授接纳	知识掌握
第二阶段	三维： 知识与技能 过程与方法 情感态度价值观	怎么教	先学后教 当堂训练	生本位	学为中心 教为辅助	能力提升

续表

发展阶段	教学目标	价值取向	课堂结构	课堂本位	教学关系	教学意义
第三阶段	素养： 必备品格 关键能力	育什么样 的人	自主合作 以学定教	生本位 自本位	学科教学走 向学科教育	素养形成

在梳理过程中，学校清晰认识到，随着教学目标的发展，更关注小组的学习效益，更关注学生知识、技能、情感、态度、价值观等多方面的学科素养的形成，让学生经历有意义的学习过程已经成为课堂教学重点。

2. 根据当前国家教育要求调整课堂教学方向

"中国学生核心素养"发布，为教育实现立德树人架起了一座桥梁，也成为课改的"关键"、新课标的"源头"、评价的"风向标"。培养学生具备能够适应终身发展和社会发展需要的必备品格和关键能力成为了学校教育的中心任务，课堂育人模式必须随之改变，将核心素养的具体内容转化为课堂教学实践可用的，教育工作者易于理解操作的具体要求。

3. 依据学校育人目标确定课堂教学方向

集团化的发展深化了"责任教育"主题，"责任情怀与意识、责任能力与规格、责任策略与方法、责任实践与视野、责任规划与意志"成为课程培养目标，"温暖的心，坚韧的根，聪明的脑"成为核心素养在学校落地。课堂教学不只是知识的传递、能力的培养，更有自信、合作、善良、责任感等足以滋养一生的品质的形成，是对一颗颗心灵的唤醒，对一个个生命的擦亮。

基于对课程改革、国家教育要求、学校育人目标的全面梳理和考量，学校对课堂教学的走向有了更深刻的理解和更清晰的定位，概括地说就是"让素养在课堂中生长"，让学科核心素养在课堂上落地，以"素养发展"为出发点确定课堂目标、设计课堂结构、开展教学实施、规定评价方式的具体内容。重塑教学形态、重建学习方式、重构学习内容、重组学习群体，使每名学生获得成功生活、适应个人终生发展和社会发展需要的、不可或缺的共同要素，并能在今后的生活中持续发展，不断完善。

二、以素养为核心再建课堂教学

在"让素养在课堂中生长"目标引领下，学校再次撬动课堂教学改革，以学科教学作为发展学生素养的主渠道，从"师本"到"生本"，从"生本"到"自本"，重塑教学形态，寻求学生共性提升与个体发展的最佳契合；重建学习方式，寻求课堂教学与学生自我学习的最佳结合，成为我校课堂改革的新焦点。以统领性问题＋学科基本方法＋稳定学习步骤，系统建构学习过程，摒弃琐碎性设问、模糊路径的低效无序的学习状态，努力达成以系统建构为特征的深度学习。具体体现以下几个标志：

一个核心：发展学科素养。

两个学会：自主学习和合作学习。（学会倾听与对话）

三个转变：课堂变学堂；教材变学案；讲授变探究。

四个标准：动起来；学进去；讲明白；有兴趣。

五个还给：把学习时间还给学生；把主动权还给学生；把体验权还给学生；把话语权还给学生；把评价权还给学生。

六个关注：从六个角度关注学生自主学习的过程和效益。（见表5-4）

表5-4

角度	关注点具体解读
参与度	关注学生是否全员参与 、是否全程参与、是否有效参与?
亲和度	师生之间是否有愉悦的情感沟通? 师生，生生之间是否有智慧的交锋与交流? 有哪些互动合作行为? 有哪些行为直接针对目标的达成? 互动合作习惯怎样? 出现了怎样的情感行为?
自由度	自主学习的时间有多少? 学困生的参与情况怎样? 自学学习形式?（探究、记笔记、阅读、思考、练习）有哪些? 各有多少人? 自主学习有序吗? 学优生、学困生情况怎样?
整合度	能否从构建学科知识体系的大视角来备课? 能否从系统的角度来思考，整体来把握一个知识块的前生今世及后延?

角度	关注点具体解读
延展度	学科知识能否与生活实践相关联？课堂教学与社会生活相延展？
练习度	能复述或用自己的话表达同学的发言吗？练习时，学生有哪些辅助行为？课后抽测有多少人达成目标？发现了哪些问题？

三、"素养生长"的课堂教学具体实施

1. 重构素养层级的教学目标体系

素养是由训练和实践而获得的一种道德修养，学生核心素养是以知识获得为基础，知识应用为核心，自我管理能力发展为最高层次。发展核心素养形成的主渠道是学科核心素养，而学科核心素养的形成离不开课堂教学，因此，重构课堂目标体系，把学科素养内容落实在每一堂课中，是唯一的途径。基于此，学校以提炼各个学科的学科素养为起点，从"关键能力"和"必备品格"两方面细化梳理了9个学科的学科素养内容，理出每个学科每一册书、每一单元、每一节课的学科素养落实点，以此为依据构建学科教学素养层级目标。

以思维活动为核心，学校重构了课堂教学目标素养层级，包括三个不同要求的层级，即"知识层""能力层""品格层"。

第一层是知识目标，是记忆与理解应知应会的学科知识的目标。

第二层是能力目标，是学科技能，即学科知识的应用，用学科知识解释与解决实际问题，分为操作技能目标、心智发展目标、"心智＋技能"混合目标。是对学习过程与学习方法的具体要求。

第三层是品格目标，包括自我管理、情感态度、责任品格等目标。

2. 选择匹配素养层级的教学策略

每节课理清并制定不同层级的课堂目标，还要以此展开不同的教学方式，在遵循

"设计与目标相应的学习活动，在活动中发展学生"的原则下，完成各素养层级的目标达成。

知识目标的达成主要采取自主学习合作探究的方式。以核心问题为主轴，组织学生讨论，借助多元对话互动、反馈、导向性评价实现对知识的整体和多角度的探究，让学生经历有意义的学习过程；对于学生现有的认知范畴和思维水平内很难理解的知识，就要用解释的方法，深入浅出帮助学生理解。

能力目标的达成方式要根据不同学科的能力技能要求，采取不同方式展开，通过实践操作完成学科技能目标；借助思维导图，引导学生提出真问题，抽取内容主干，提取经验，让学生的思维过程"可见"，学习过程"可见"，成为让学生思维生长的有效载体，完成心智发展目标；通过综合性的实践活动问题提出、方案设计、活动实施、总结分享，实现"心智+技能"混合目标的达成。

品格目标的达成方式是渗透在教学的每一个环节中，让学生的自我监控和调整能力、态度与责任、品格等在潜移默化中形成和发展。特别是在基于学科和基于生活主题的统整的综合学科实践活动中，用具有挑战性的真实任务情境呈现学习内容和任务，让学生经历学科实践过程，体会品质、态度对完成知识学习、方法感悟、完成事情中的作用，形成相应的思维方式、实践能力和责任担当意识。

3.制定素养生长的教学评价方式

选择与目标一致的评价方式，从听课、评课的单向权威评判转向观课、议课、辩课。责任学堂的评价与研究将继续借助学情观察，借助现代化技术及科学的数据量表从观教走向察学。使用观课工具，观的重心向观察学生表现转移，借助数据，以学评教；议的重点是以此为案例解剖发现可能性，旨在诊断与发展，从而开始科学的课堂观察与诊断，使课堂研究实现从定性评价到定量评价的结合。

具体在操作方法上，观课教师首先要改变原来自由观课、自选座位的做法，变成由教研组长分配观课教师以学情观察员身份到各个小组，并详细说明学情观察与记录规则及参与、指导小组学习活动注意事项。要完成三步。1.课前：上课教师课前说课（包括公开教情、学情）；学情观察员要整体感知教材，准确把握做课教师意图，了解学生小组分工基本情况。2.课中：学情观察员如实记录教师问题的有效性、组员学习状态及偶发事件；要以课程资源、教师助教身份协助、指导、督查小组合作学习，使其学习效益最大化；要以"上课教师第三只眼睛"的角色，随时发现问题，适当提示教师。3.课后：学后的分享，包括上课教师自我反思；学情观察记录员如实汇报观察记录并提出自己的思考；教研人员对共性问题进行专业引领；所有人员对这一课再设计提出建议。

对于学生的素养发展评价，不同层级的课堂素养目标需要不同的评价方式。知识目标达成通过纸笔测试，了解学生对知识的理解和掌握程度；心智发展目标可以用观察、口试和执笔测试；行为操作目标采用实践操作的测试；"心智＋技能"混合目标的评价是通过综合性的实践活动中的表现评定。

学科核心素养生长的课堂实现了"三个转变"。第一个转变：从传授知识、培养能力转向"改变思维、启迪心智、点化生命"的核心素养的高度，让学生经历真实的探究、创造、协作与问题解决，在师生的对话互动中完成学生核心素养生成的过程；在教中学、做中学基础上践行创中学，让课堂成为学习生长的共同体。第二个转变：从学习方式整齐划一转向以生为本的个性化选择。通过数字媒体、小组合作等多种形式，建立一种学生自主学习的新模式，设计学生学习的多样化和个性化。第三个转变：从固有教与学的模式转向多元开放的课堂组织方式，让学生更愉悦、更投入、更有成效地进行学习。通过基于项目的主动学习，面向真实的深度学习，基于材料的智慧学习，突破课堂的无边界学习。

第二节　以学生为中心的责任学堂

课堂教学是学生素养提升的主渠道，是课程目标落实的主阵地。如果没有课堂教学中的实施落地，课程目标将成为一纸空谈。因此学校对照责任课程的建构，在传承的基础上再次进行课堂教学改革，突出责任育人的目标，从课堂的主体"学生"出发，向课堂的目标"素养生长"前行，把"学生"和"学习"放在课堂主位，从"师本"

跨越到"生本",从"生本"跨越到"自本",引导每个孩子达成负责任而高效地学习，促使每个孩子身心都有所成长，以此作为打造责任学堂的创新目标。

一、责任学堂的内涵

学校重新梳理了课堂教学改革的发展历程，将这些年"自主探究、合作学习"取得的成果加以固化，结合新时期提升学生核心素养的教育目标，再次明晰了责任学堂的基本内涵。

（一）基本思想

责任意识是人终身健康发展必不可少的重要内在驱动力。要在丰富多样的课堂实践活动中，培养学生把学习当作一种责任，养成对自己负责、对学习负责的态度。并把对自己、对父母、对老师、对祖国的责任感内化成学习的动力，形成责任感，为终生发展奠基。

（二）基本内涵

责任课堂包含"责任""高效""生本"三个层面。"责任"既是一种态度，又是对教学方法的理念指导。让学生的"尽责行为"通过在课堂上调整"与他""与我""与群"的关系中发展。"高效"是指教学资源的利用率高，教学目标达成度高，学生参与度高。轻负担、高质量；低耗时、高效益。每一名学生都能在原有基础上获得新的收获和较充分的发展，体验到学习的快乐！"生本"指促进每一名学生的发展为本，高度尊重学生，充分相信学生，成就学生，为学生提供最大的发展时空和发展可能。"责任学堂"以"疑—议—悟—用"为基本要素，形成"体验生疑、合作展评、思悟延伸"为基本环节的课堂结构，明确各环节的学习责任，呈现的是主动、履责、合作的学习样态。（见表5-5）

表5-5　责任学堂基本环节的责任要求

教学环节	体验生疑	合作展评	思悟延伸
学生责任	主动学习之责。学会思考，发现问题。	分享完善之责。互学，展学。表达思辨之责，学会质疑。	拓展实践之责。梳理知识，盘点收获，形成思维导图，学以致用。
教师责任	了解学情之责。巡视学情，发现问题，梳理归类，确定重点，思考教学策略。	展开深入学习之责。关注探究过程，调整教学策略。择要精讲或点评内容。	总结提升之责。巩固提高，兼顾分层需求。反思感悟。

以每一个学生自己为本，重心更加下移的责任学堂，从以学为中心、以教为辅助进入教中有学、学中有教、不分彼此的二元关系统一样态的"新学习时代"，是师生共学、共生、共进的课堂。

（三）基本特点

1. 合作学习—基本学习形式

合作学习有助于发展认知能力，提高记忆，改善情绪智力状态和调节自尊。在打造责任学堂中，继续让小组成为基本学习组织，合作学习仍然是重要学习方式，但是与以往的流于形式的合作学习不同，我们在遵照"组内异质，组间同质"的原则划分合作小组的基础上，指导小组的成员共同制定小组规则、建立小组文化，并设计仪式、引发向心力。结合教学实践，总结了三种合作学习形式：成果交流式、焦点讨论式、互帮互助式，并对师生进行了相应的培训指导。

不同形式的合作学习为学生提供了一个享受学习交流，加工他们所需内容的机会，使学生更专注于自己的学习，变得有归属感，更主动参与、倾听、坚持。

2. 深度学习—基本学习过程

"学贵有疑，小疑小进，大疑大进，不疑则不进"。"深度学习"指向学习过程中的思维发展和思维品质。我们要求教师把学习内容转化为学习任务，让学生高度参与，深度卷入，经历解决过程，获得丰富的学习体验。教师通过精准有效的问题、递进式的追问推进思维的深度，使学生原有看法和思想得到挑战，从而创造出新范例，并最终形成独有的思考问题模式。深度问题具有挑战性，能调动学生的兴趣和积极性，激活学生的思维。通过思考"是什么""为什么""应该怎么做"等问题，深化学生思维、培养学生能力，从而得到举一反三的效果。

二、责任学堂的实施

（一）重构课堂模式

学校在对原有课堂实践进行概括和总结的基础上，提炼出了以"疑—议—悟—用"为基本要素，优化教学流程，形成"体验生疑、合作展评、思悟延伸"为基本环节的责任学堂基本模式，并出台了操作细则，规范师生的责任行为，将教与学有机融合，拉长、拉深学习过程。具体教学要素及教学动态流程如下：

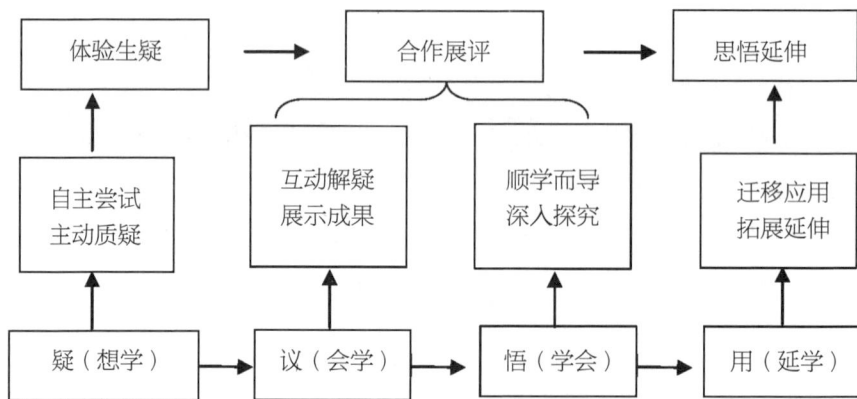

图5-11　责任学堂教学动态流程图

以上要素和流程的具体实施需要教师根据具体的教学内容和真实的教学情境加以整合与创造。

根据"基础＋多元"的原则，学校以此为依据结合各学科属性构建了多学科范式：如语文"多元对话式"、英语"任务驱动式"、科学"自主探究式"、美术"直观自主式欣赏"、思品"实践体验型"、音乐"激趣探究式"、数学"导学式小组合作学习"等。

（二）制定思维标准

信息化时代，教学的核心是培养学生的学习力，会的知识再多，如果不能转变成为一种思维方式，就不会生成学习力。所以，我们把发展学生的思维力作为课堂核心标准。对学生各阶段的思维发展进行了细化，作为指导教学的依据。教师根据教学目标预先确定学生学习某一问题要达到哪个层级，然后据此设计学习活动，引导学生提出真问题，进行有效学习。（见表 5-6）

表5-6　学生思维的各个层次水平要求

年段	思维层次	问题特点	思维发展
低年段	单点结构	提出常规问题，表达基本清楚	简单思维到复杂思维
中年段	多点结构 关联结构	能提出与主题相关联的问题，问题有一定的逻辑，形成问题串；能提出质疑，表达清楚	结果思维到过程思维
高年段	关联结构 拓展抽象	形成问题串，逻辑清楚，并能适当提出开放、发散、批判性问题	借鉴思维到批判思维，传承思维到创新思维

（三）运行两个载体

以可视化导图和学习活动单为抓手，促使学生在解决问题中进行多维度、深层次的思考，达成深度学习。

1. 可视化思维图，让思维看得见

思维是大脑的内部活动，是隐性的，难以把控。研究中，我们受到学习力课题研究的启发，将"可视化学习"引入责任学堂，把看不见的思维的过程和方法，清晰地用图示呈现出来，作为发展学生思维的策略工具。

首先，从语文阅读教学中切入，运用思维导图法表达文章内容特点、篇章结构、写作手法；从教师的板书设计到学生学习时的个性化使用。提炼文本中的要素，理清行文思路及篇章结构、遣词造句特点，就是关注学生思维发生。思维导图的绘制，让每个孩子运用总结概括，梳理结构的方法，其过程就是思维发展。可视化学习体现了"知识可视"和"思维可视"，在互学中和同伴对比，解释自己的表达，读懂他人的表达。在绘图、讲图、读图、补图的过程中，通过思维碰撞，完善认知，发展思维。

语文教学中可视化学习的成功使用，给了我们前行的动力，并开始进行面的推广，现在，各个学科都引入了可视化学习策略，促进学生思维的发展。

实践中我们把可视化技术进行扩展，不仅仅局限于思维导图，把示意图、概念图、线段图、点阵、动图纳入其中，由于文字是学生个性化思维的一种体现，也是对知识的一种重新建构，继而把文字表达、个性表演、视频等作为学生思考表达的有效工具。

可视化学习将原本不可见的思维路径、思维方法、思维规律，用图示或图示组合的方式表示出来，让孩子的学习经历了探索的过程，发现信息、理性分析，让孩子对知识进行重新的建构，思维在知识的建构中得以生长，走向有序和深刻。

2. 合作学习单

合作学习是责任学堂重要形式，为了使小组合作学习真发生，让学生的合作学习有载体，学校要求各学科教师要针对每节课教学内容设计"学科合作学习单"，包括"学习任务、合作学习要求、学习过程、学习结论"。让学生以此为抓手开展有实效的合作学习。表5-7为一节五年数学课的合作学习单：

表5-7

科目内容	五年数学《包装的学问》合作学习单
学习任务	1. 包装一个长6厘米，宽9厘米，高2厘米的扑克盒，至少多少平方厘米？ 列式计算： 2. 包装两个这样的扑克盒有（　　）种方法。 　包装三个这样的扑克盒有（　　）种方法。 结论： 3. 包装四个这样的扑克盒有（　　）种方法。

续表

科目内容	五年数学《包装的学问》合作学习单
学习方法	请先自己思考，然后在组内交流想法。 组长要先分工、再组织交流。 方法 / 草图 / 长 / 宽 / 高 / 表面积 / 重合图
学习结论	

方法	草图	长	宽	高	表面积	重合图

（四）提供一个辅助——线上学习

信息化深度融入生活的今天，教育信息化也飞速发展，我们把一对一数字化学习方式引入教学，作为辅助方式，提高课堂效率。作为一种新兴的线上学习方式，有着线下学习无法比拟的优势：时间更灵活、学习更方便，可以反复看，选择看，适合个性化学习。所以，我们把线上学习作为责任学堂的补充与延展，除了为孩子们推送优质学习资源平台，免费开放的名师课堂等内容，学校还录制各学科的微课视频，讲解知识点，并提供《在线学习单》辅助学生学习。（见表5-8）

表5-8　线上学习——学生自主学习单

学习时间		姓名		资源选择	
学习科目		学习内容（课题）			
在线学习	自学收获	知识整理： 方法收获：			
	自学疑问	问题1. 问题2.			

在疫情期间，云课学习更是发挥了不可取代的作用。线上线下学习的结合，互相融合互相促进，更好地服务于学生的学习，满足学生个性学习。

（五）规范操作要求

1.教师变成学习设计者

上课之前，教师先了解学生的认知水平、知识经验、生活经验等，参照学生多方面信息，制定出基于学情分析的学习活动设计单用于引导学生进行学习活动，其中包括学习目标、学习重难点、核心问题，学习方式、自评五个方面。

2.对学生从知识评价到素养评估

为了更准确评价学生的学习进步和结果，学校改变传统的单一知识评价方式，探索由教师自主构建的、指向学生综合素养的专业评估，更多关注学生的学习态度、学习能力、进步幅度、解决问题的策略、需要克服的问题，使学生综合能力得到提升。

（六）调整课堂评价

在"责任学堂"中，教学评价以学生的发展为本，以学生的"学"评价课堂的价值和意义。我们通过定量和定性相结合的"科学测量—分析评价"的方法，从"学习目标和任务、学习内容安排、学习方法策略、学生活动效果"四个指标做了主体参与的评价标准。（见表5-9）

表5-9

评价指标	评价标准
理念	学生是学习的主人。适应学生的发展需要。以发展学生思维为主旨。
目标	目标设定能从学生认知基础、心理发展水平和思维水平出发，唤起学生自身的经验和知识，以此激活学生的思维。
内容	正确理解并能创造性使用教材，能根据目标的需要删减、重组、整合、延展。学习内容充实有梯度，体现基础性、实践性、发展性，学生能够主动参与知识形成的全过程。
策略	情境创设新颖，能激发学生的学习动机，以问题为中心，引导学生积极思考，主动探求。 教师能根据课堂教学进展情况与课堂生成的问题采取有效措施，调整课堂预设，满足学生思维发展的需要，培植生成新问题，新知识。 教学结构合理，教学过程逻辑有序，能围绕重点目标留出学生充分思维、充分想象、充分质疑和充分求异的时空。 突出学科思维方法，培养学生自主、探究、合作、体验的学习能力。给每个学生提供活动、表现和成功的机会。 尊重学生的自尊心、自信心、自爱心，鼓励学生在师生、生生平等交往中展示自己的能力。
效果	学生乐于动脑、动口、动手，学生精神饱满，思维活跃，情感愉悦。 学生做到独立思考学习与合作交流学习相结合，学生能力得到提高。 学生对教师提出的问题积极思考，对问题善于发表自己的独到见解。 师生分享彼此的思考、经验和知识，交流彼此的情感、体验与观念，达到共识、共享、共进，实现教学相长和共同发展。

三、责任学堂的实践成果

（一）高增值

责任学堂关注的不仅仅是知识技能，究其本质而言，是思维发展和情感价值观的生成。责任学堂是学习增值的课堂。增强动力值，让学生更想学；增强方法值，让学生更会学；增强心智值，让学生心智在自主合作、探究体验中得到持续的发展；增强学习的意义值，让学生善应用，提高解决策略。

（二）真成长

责任学堂的真学习让学习成为学生生命完整的自我建构，自我完善的成长历程，基于真实问题、真想的问题充分展开时，学生的主动性得到激发，思维情感都得到充分调动，学生在主动求知、相互合作中逐步形成表达能力、交往能力，价值影响和心理满足。

（三）提素养

结合责任学堂的要求，我们以"聚焦核心素养，关注学习品质，增强学习兴趣"为宗旨，以"兴趣比知识重要，过程比结果重要，信心比分数重要"为评价理念，以"口试为主，操作为辅，部分笔试"的操作办法，改变评价方式。一年级上下学期末分别采用"智勇闯关夺宝争章""智慧大富翁伙伴快乐行"的情景闯关测评方式；二年级采取"课程闯关达人"的形式；三至六年级"争做最美少年"的全员全学科测试+考评形式，对学生个人的学科知识、生活技能、习惯养成及团队成员间的沟通合作能力进行评价，让每个孩子都爱上学习，用智慧与勇气、真情与笑容走出一串串成长脚印。

第三节　促进个性化学习的课堂评价

教学的根本目的在于促进每一个学生的个性得到健康而尽可能最大的发展。众所周知，教师课堂教学的评价，是从教学思想、教学观念到教学行为的一种导向。有什么样的教学观，有什么样的教学标准，直接影响着学生的个性发展。不求个性化发展的课堂教学，难以培养创造型的人才。

一直以来，文艺二校就有相对比较系统和全面的针对教师课堂教学行为的评价。在这个传统常态评价里面，对学生个性化学习的指导有考核点有涉猎但不够深刻全面。随着近年来我们基于新技术的学生个性化学习实验的纵深推进，我们认识到，在提升学生个性化学习的过程当中，教师教学方法的引导非常关键，尤其是教师服务于学生个性化学习的专项指导亟待提升。于是，服务于学生个性化学习的教师课堂行为评价应运而生。

一、评价指标维度的选取

在对指导学生个性化学习这方面的探索中，我们注重学生的独立性和自主性，引导学生质疑、调查、探究，在实践中学习。尊重学生人格、关注个体差异、满足不同需求，创设能引导学生主动参与的学习活动，使学生学会在教师指导下主动地、富有个性地学习。

正是有了这种认识，我们在评价指标维度上从以下五个维度选取：制定差异目标、引领学生自主学习、关注学生个体差异、实施差异评价、布置弹性作业。这五个维度的提出，作为评价的一种新范式，是对原有评价方式的一种反思和革新，它更全面地体现了对教学设计全过程的评价。

（一）制定差异目标

现代课堂既强调共性教育，又强调个性张扬。对那些确实暂时有学习困难或学有余力的学生，体现学习目标差异性，为学生的个性化发展提供有利条件。为此，我们在制定教学目标达成上要求有弹性，其指向是让每一个孩子有学习的目标和动力。（见表5–10）

表5–10　教师指导学生个性化学习评价指标

评价类别	评价标准	评价指标	评价工具
制定差异目标权重10%（10分）	变单一为多元变统一为有差异（10分）	能分层次设计教学目标,体现差异性（5分）	课堂观察查看教案
		鼓励学生自主确定学习目标（5分）	

（二）引领学生自主学习

如何体现教师为主导，学生为主体原则，怎样为不同类型的学生创设自我表现、自我发展的空间？《评价指标》有了明确的指向。因为学生的个性化发展，首要的前提条件是教师精化自己的教学时间，把更多的时间和空间让给学生，尽可能地让学生动起来，尽可能地加大学生独立学习的活动时间，尽可能地让学生参与的质量高一些。（见表5-11）

表5-11

		教与学时间安排合理，教师面向全体的讲解不超过 15 分钟（5 分）	
引领学生自主学习权重 15%（15 分）	教师为主导学生为主体（15 分）	教师问题设计有层次，体现开放性，启发学生创造性思维（5 分）	课堂观察
		给学生充分的自主学习时间，恰当地组织分组教学和合作学习（5 分）	

（三）关注学生个体差异

在个性化教学过程中，既要照顾学生的个体差异性，又要尊重学生的差异，关注到每一个学生的观点，开发每一个学生的潜能，为每一个学生的成长提供机会。为此，《评价指标》提出了"教师能根据学生学习情况随时调整教学节奏及方式，以学定教"。这样，既能让教师们在平时的教学中，根据每个学生水平的不同，调整自己的教育教学行为，把课上到位，把基础打扎实，又能让孩子们保持对学习的热情。（见表5-12）

表5-12

		学生自主学习时教师能提供方法指导，关注每一名学生的学习状态（5 分）	
关注学生个体差异权重 10%（10 分）	教师个性指导和集体指导分配合理（10 分）	教师能根据学生学习情况随时调整教学节奏及方式，以学定教（5 分）	课堂观察

（四）实施差异评价

对不同层面的学生给予有效的指导性评价。发挥差异评价的激励功能——让学生不因评价而丧失进取的信心。发挥差异评价的发展性功能——学生把每一次评价作为

前进的新的起点，不断地实现可持续发展，使课堂真正成为学生个性化发展的学习空间。（见表5-13）

表5-13

实施差异评价权重15%（15分）	对学生引导性评价（15分）	鼓励并指导学生更多地表达自己的看法和想法（5分）	课堂观察
		悦纳学生不同见解，引导学生有理有据地表达，发展批判性思维（5分）	
		给学生明确的指导性评价，让每名学生都有收获、成长（5分）	

（五）布置弹性作业

个性化的课堂教学不是少部分优等生发展的教学，而是体现面向全体学生，让每一个学生的个性得到充分自由的发展。因此，《评价指标》针对不同层面的学生，在作业的布置上体现弹性化。把尊重带进课堂，让每一个孩子有完成任务的目标，激励孩子投入学习，参与学习的全过程。（见表5-14）

表5-14

布置弹性作业权重10%（10分）	发现和发展学生的潜能（10分）	分层次布置任务，提供可选择的弹性作业（5分）	课堂观察查看教案
		布置开放性作业，让不同层面的学生都有发展空间（5分）	

《评价指标》中五个维度的选取，指向明确，评价全面，是以评价观念、评价手段的更新来推动开展个性化教学的有效尝试。为下一步精准测评教师指导学生个性化学习的行为，改善课堂教学，打下坚实的基础。

二、随堂数据采集的策略

随堂数据采集是评价者通过对被评价教师课堂教学的直接观察，获取有关该教师的教学目标、过程、评价以及作业布置等第一手信息，从而能够有效地进行课堂教学数据采集，并相应地提出建设性的意见，以此提高教师随堂指导学生个性化学习效果的方法。

如何提高随堂数据采集的有效性，发挥其应有的价值？通过实践研究，我校总结出以下几点策略：

（一）随堂数据采集常态化

我校听课有四种形式，二校教研人把它叫作四课管理，即"朴实的推门课，深入的研讨课，专业的诊断课，创新的优质课"。我们的评价模式就是以这"四类课"的指导和管理为主线，构建教学教研全过程评价模式，即：依托推门课"一对一评价"守住常态教学底线；通过研讨课，"群对一评价"加强团队教研管理；借助教学主任诊断培训活动，引进"专业力量评价"，助力教师成长；每学年以"学思创知悟行"为主线，"以赛促评"，研修一体。这样一般算下来，一位教师一个月可被听课四至五次，总评课人数能够达到三十至四十几人之多。有人听课即产生评价并留有数据入库成为听课常态。

（二）随堂数据采集精准化

教学评价的目的在于给学生的学和教师的教以客观的价值判断，因此在进行教学评价时我们必须遵循客观性原则。为摒弃评价的随意性和主观性，我校成立了由主管教学工作的校长、教学主任、教研组长和学科骨干教师组成的随堂评价小组，并对评价小组成员从评价的标准和方法到评价者所持有的态度进行了前期培训。例如：在培训中，评价小组成员对"实施差异评价"这一观察点的内涵存在争议，通过对评价标准和指标的补充，最终明确了教师要对学生进行引导性评价，鼓励并指导学生更多地表达自己的看法和想法；悦纳不同见解，引导学生有理有据地表达，发展批判性思维；给学生指导性评价，让每名学生都有收获、成长。

可见，评价的过程也是培养听课梯队的过程，这就推动了管理层和群研共评团队评课水平的提升。大家对评价的尺度把握越来越准了，评价的数据也就越趋于精准化。

（三）随堂数据采集精细化

精细化是指观察点细致、分析呈现细致。评价者的观察点需要涵盖查看教案、课堂观察、作业布置等和教学相关的全过程；评价后要从课堂的教学目标、实施过程、教学效果等方面呈现评价结果的动态数据画像，以便对教师指导学生个性化学习进行细致分析，诊断出教师在教学方法和教学组织中的某些不足，从而为改进教学提供依据。

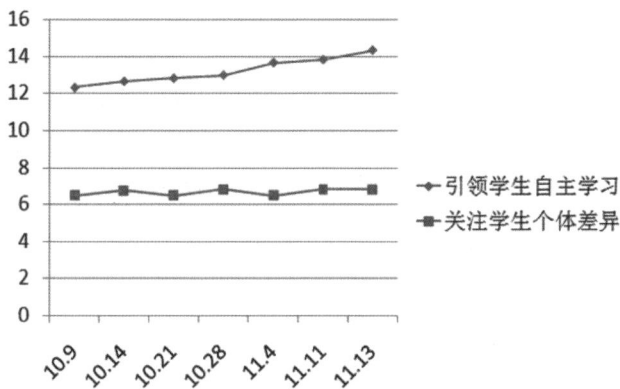

图5-12

张老师是我校"九〇后"的青年教师，有干劲、理念新。为促进青年教师的专业成长，近两个月我们对其进行了7次随堂评价数据采集。从数据统计中清晰地看到张老师"引导学生自主学习"的指标有明显的提高，而在"关注学生个体差异"类别的得分相对偏低。评价小组在鼓励张老师总结、梳理、分享自己指导学生小组合作学习方法的同时，帮助其找到了"关注学生个体差异"不足的症结所在，即三级指标中的"根据学生学习情况随时调整教学节奏及方式"这一点落实不到位。经过认真剖析，归纳小结，评价小组指导张老师制订了"合理分配个性指导和集体指导的时间，有重点地巡视，有针对地指导，关注每一名学生的学习状态，以学定教"的整改方案。正是因为积累的材料多，听课的痕迹多，评课后直指教师的问题和优点多，实现了评价的精细化。

随堂数据采集的常态化保证了数据充分、精准化保证了评价的准确度、精细化保证了结果的科学呈现。为提升教师教学，优化学生学习路径提供数据支撑，为每个学生的个性化学习服务！

三、评价结果的应用

随堂指导学生个性化学习的评价不但强化了传统评价的判断、预测、选择和导向等功能，而且延伸出分析、指导、改进、提升等功能。不仅导引了教师的教学行为的优化，还丰富了团队的教研内容，更改善了学校的教研管理。

（一）导引教师的教学行为

学校组织听课团队，聚焦教师课堂的指导个性化学习的行为评价。二年数学教研组长凌丽丽成为本次教研首批 20 位实验教师之一。入职不到 10 年的她，要接受连续6 天的跟踪听课，其压力可想而知。当首份由六位评委赋分的评价单呈现在凌老师面前时，评委赋予的分数远远不及她的预期，凌老师的低落情绪陡增，但通过听课评委团队的解读环节，直观有效的数据让授课教师清晰地看到自己课堂教学在指导学生个性化学习方面急需改进的项目，明晰的表格且有价值的数据呈现，让教师修改教学设计不再迷茫，凌老师及时加以纠正，顺利地完成了教案的再设计，坦然等待第二天数据的诞生。

6 天的教研活动暂告一段，我们利用随堂逐项为授课者的实时赋分，形成直观的一组有效数据，再通过整理、筛选与归总，用最终一目了然的数据与授课教师进行及时反馈，授课教师根据相关数据的呈现，直接找到课堂个性化呈现的优势与不足，为后续课堂教学个性化评价提供有力支撑。

凌老师既是我们本次研究的课堂实践者，又是学校数学教研团队的组长，身兼双重角色的她，积极参与实验的同时，更是把自己的反思与收获及时地传递给学年组的每一位成员，真正起到了"以点带面"的折射作用。

（二）丰富团队的教研内容

学校深入学科教研，深化对个性化评价指标内涵的理解。六项个性化核心指标贯穿教师备课、上课的全过程。学校教研团队对学科集备内容及环节进行了针对性的调整，即如何使用"六把"个性化尺子，听诊把脉、修整提升、传经送宝，以推动课堂

表5-15　教师指导学生个性化学习评价指标

学科：数学	教师：凌丽丽							时间：10.29	
评价类别	评价标准	评价指标	评委1	评委2	评委3	评委4	评委5	评委6	评价工具
制定差异目标权重10%（10分）	变单一为多元变统一为有差异（10分）	能分层次设计教学目标，体现差异性（5分）	4	4	4	5	5	5	课堂观察查看教案
		鼓励学生自主确定学习目标（5分）	5	5	5	5	5	4	
引领学生自主学习权重15%（15分）	教师为主导学生为主体（15分）	教与学时间安排合理，教师面向全体的讲解不超过15分钟（5分）	5	5	4	4	4	4	课堂观察
		教师问题设计有层次，体现开放性，启发学生创造性思维（5分）	5	5	5	4	5	3	
		给学生充分的自主学习时间，恰当的组织分组教学和合作学习（5分）	5	5	4	5	5	4	
关注学生个体差异权重35%（10分）	教师个性指导和集体指导分配合理（10分）	学生自主学习时教师能有重点的巡视，有针对的指导，关注每一名学生的学习状态（5分）	5	5	4	5	5	4	课堂观察
		教师根据学生学习情况随时调整教学节奏及方式，以学定教（5分）	5	5	5	5	5	4	
实施差异评价权重30%（15分）	对学生引导性评价（15分）	教励并指导学生自信表达自己的想法（5分）	3	4	4	5	4	4	课堂观察
		悦纳不同见解，引导学生说得有理有据，发展批判性思维（5分）	3	4	4	4	4	4	
		给学生有针对性的评价，让每名学生都有收获、成长（5分）	4	4	3	4	4	4	
布置弹性作业权重10%（10分）	发现和发展学生的潜能（10分）	分层次布置任务，提供可选择的弹性作业（5分）	4	4	4	5	4	4	课堂观察查看教案
		布置开放性作业，让不同程度的学生有发展空间（5分）	4	4	4	4	5	4	
满分60分		总分：	50	54	50	55	51	46	51

表5-16　数据量表的呈现

个性化变革。

表5-17　"个化"集备教研流程

本周课例分析				下周课例修整			
视频案例	案例内容分析	评价数据分析	整理归总	文本课例提供	评价试赋分	文本案再设计	案例视频

"个化"集备的高效运行，使授课教师备课有了标准，上课有了抓手，教师们不再迷茫，研课诊课的能力大幅提升。我们利用信息技术、课堂观察评价量表、课堂行为视频案例等，丰富了团队的教研行为，从教学现象的观察与描述，从课后集备数据的分析整理，深究课堂个性化教学的规律。真正做到了在课堂上把每一个学生都看成具体的人，具体的人都具有丰富性，这种丰富性带来了个体的差异，更带来了教师授课行为的深度转变。

（三）改善学校的教研管理

"服务于个性化学习的教师评价"项目推动以来，学校定期召开"思·享"会，参与的人员是各校部中层以上教学管理人员，反思改进教研管理行为，我们的教研管理团队达成了这样的共识：评价即管理，我们要用科学的评价激活教研管理的生态。

1. 更注重发展教师个性

管理者要做的就是不断激发和释放教师固有的潜能，以创造更多的价值。对于不同个性、教学风格迥异的教师，管理者做到因人而异，要注意挖掘每位教师的个性，并合理慎重安排工作，让教师优势得到充分发挥。例如，全雪梅老师年过半百，教学经验极其丰富，班级成绩年组最为突出，原因是全老师善于因材施教地布置富有个性化弹性作业，促成了学生事半功倍的教学成绩回报率。于是，校部主任安排全老师在每周的集体环节与组内所有成员分享她的"弹性作业周设计"。"个性化指标"指向性的安排既让兄弟班级获取有针对性高质量的共享内容，又使个性教师与教研管理达到最佳配置，让设计者从高效认可的工作中找到乐趣、满足与成就感。

教研管理人员，在推行"教师随堂指导学生个性化学习"的实验进程中，关注管理科学化、流程规范化的同时，更关注教师的个性差异，分"小项"安排优秀教师利用优质思维推行高质设计，并给予这些教师较高的量化评分，用可视的评价机制充分调动学科骨干的工作积极性，时刻保持教研管理的活力。

表5–18　教师随堂指导学生个性化学习类别教学设计

【二年组：语文】

制定差异目标	引领学生自主学习	关注学生个体差异	实施差异评价	布置弹性作业
张颖	王嘉琪	佟育泽	邵霞	全雪梅

2. 提升精准评价意识

"服务于个性化学习的教师评价"的运行过程中，我们教研管理团队不断修正评价指标，使之更具科学性、可操作性及指导性。指标得到教师及教改团队一致认可后，我们便用修订后的"评价单"走进一线教师课堂，及时为其量化赋分，教师们根据不同评委数据集采的动态数据结果，直观找到课堂精彩之处和需要改进的内容。数据是评价的基础和依据，数据越充分，评价越客观，越接近真实，越能让我们的教师愿意用这"五把"尺子衡量自己的课堂行为，使之成为高效应用的"工具"，极大增强了课堂变革中教师们的热情和实干作风，更增强了教研管理团队"推变"的信心！

路虽远，行必至！学校个性化的根本性变革，将"教—研—管"真正从"普及知识为中心"转向"个性化学习为中心"，从建立在经验—感知基础之上转变为建立在数据—分析基础之上，其策略更加精准化、链条化、个性化、普及化。

第三章　技术创新

　　科学技术日新月异的信息化社会需要的是有独立思考能力、有创新精神的综合型人才。《国家中长期教育改革和发展规划纲要（2010—2020年）》明确指出，把教育的目标定位在培养全面而有个性的学生上，要尊重教育规律和学生身心发展规律，为每个学生提供适合的教育。"个性化教学"越来越成为我国基础教育改革和研究的热点问题。个性化教学的具体要求是尊重学生个性的教学，根据每个学生的个性、兴趣、特长，进行"多对一"的施教，即多个优秀教师对一个学生，根据学生个性发展需要，学生完全是一种自主性的学习。

　　针对大班额而导致的"粗放式，经验式"教学、传统观念下形成的"重全体，轻个体"教学、技术条件下的"缺手段，难精准"教学以及针对教学的"标准件，抽象式"评价等弊端，我校自2012年开始探索基于新技术的小学个性化教学，思考如何通过现代教育技术与教学变革的深度融合与创新，为个性化教学插上现代教育技术的翅膀，探索应用现代教育技术——开展个性化教学——促进个性化学习的实践逻辑与实施路径。学校依托辽宁省规划办课题"基于数字化环境下的小学个性化学习研究"，一方面借助企业技术，发挥集团化办学的师资优势，创建能够服务于师生个性化教与学的"文艺二校教学云平台"；另一方面抓好教师团队，通过新技术与教学的深度融合应用，构建了个性化教学的具体实施和评价体系，通过"资源推送、自主选择、数据采集、学情分析、数字画像、精准指导"，真正实现技术与教学改革的深度融合，走向因材施教，精准施教、精致育人，满足学生个性成长的需求，提高教学质量。此项探索与实践，大体经历了三个阶段。

第一节　平台建设：
信息技术与学校理念高位嫁接

为了实现学生相对泛在的学习，实现多向互动的学习，实现凸显满足个性学习方式的需求，在新技术发展背景下，我校大胆突破传统教学空间与形式，2012—2013年间将教学模式研究与实施的重点落在了个性化教学平台的建设上。

本项目开始时，国内已有诸多教学平台。经过初步研判，我们认为现有产品很难满足学校理念下的教学需求，需要进行针对学校的"个性化改造"；另一方面，与其让教师被动地接受制式的技术培训，不如让大家在参与升级改造的过程中实现技能提升。学校确定了"基于自身需求走向开发主体，发挥师资优势优化资源配置，充分发挥学生主体地位，借助企业力量完成技术支持"的平台建设策略。围绕为自主学习资源供给、个性化精细服务、智能化精准导学等研究主题，由学校领导、教学名师、技术骨干组成了"云课堂研究团队"，展开了持续性的实践探索。通过深度研究学生学习实际需求、多学科一线教学实际追踪、横向对比吸收其他平台优势，在驻校企业技术人员的帮助下，自主设计、自架模块，进行三次迭代升级，利用近两年时间完成了"文艺二校个性化教学云平台"的建设。（见表5-19）

表5-19　文艺二校个性化教学云平台功能模块

教师端	备课管理	资源中心	我的课堂	作业批改	在线答疑	在线组卷	数据统计	班级空间
学生端	我的预习	资源中心	互动分组	我的错题本	在线讨论	在线测评	学习分析	班级空间
家长端	学生动态		学生学业分析		家教新闻		家校交流	
技术支持	MySQL 数据库、Python 语言、浏览器 / 客户端 +web socket 应用服务器 + 数据库服务器							

平台详细地划分教学环节中的不同功能模块，设置三个端口：教师端、学生端和家长端。比如，教师端"我的课堂"由实时监控、答题统计、选择对比、抢答、随机提问、单人推送等多个功能组成，平铺式按键让教师在教学操作时方便、快捷；学生端"我的错题本"功能可以记录学生课堂学习、平时练习和"在线测评"中出现的错误，运用人工智能分析技术，定时形成巩固内容，再定向发送给学生以便查缺补漏；家长端"学生学业分析"以"点对点"的方式，从学业水平、学习能力、学习态度、学习品质等方面，按时给出学生个人统计图表和报告，既便于家长随时掌握孩子的学习动态，也很好地保护了孩子的自尊心和个人隐私，消除了班级排名给孩子带来的心理压力。

为了满足学生自主学习的需要，给学生提供图文音像并茂的学习资源，平台资源中心链接了国家、省、市电教馆资源库，整合、共享市区教育云平台的微课库，还植入了大量精品阅读。学校还建立了统一的数字化教学资源制作标准，简化了制作、上传、下载、在线观看等流程，在完善了校本资源库的同时，破解了各类资源无法系统整合的难题。考虑到实际教学中，从海量资源中选取适合的学习资源费时费力的问题，学校利用名师、骨干的引领作用，带动全校教师梳理、归纳了与课程、学科、年级、教材相匹配的校本资源，制作了数百节高质量、自主版权的微课，达到全学科覆盖。学生可以根据年级、学科、学习主题，结合自身学习情况在"我的预习"模块选取课前预习资源，包括文字介绍、图片、相关音视频和微课等；课上学习资源主要集中在"资源中心"，一般由教师根据课程需要随机选取；"在线测评"里含有各学科的题库，课后学生可以将其内容作为巩固资源利用。

第二节 融合应用：探索个性化学习策略

以学习平台的基本功能为起点，2013—2018年间，全校师生不断探索，让学习方式与平台功能相互牵动、轮番升级，积量变为质变，实现了学校学习生态的整体优化。

1. 第一层优化：从"配给制"到"大超市"

"我要学"不仅仅是指一般性的学习态度，更是指主动选择的学习过程。学校教学云平台将优质的教学资源按学科、年级进行系统分类和呈现，形成一定意义上的课程"超市"，从而有利于学生学习过程中的自主发起、持续维持和不断进阶，学生何时看、何地看、看什么、重复看、何时停等等都由自己依据学习需要与个人感受来独立掌控。自选的"按自己的步骤学习"的方式彻底改变了传统教学中学什么、何时学、怎样学、学多深、学多快、学多少都由教师掌控的局面，让因材施教成为了现实，在学习可以被学生自己掌控时，自主学习就真实地发生了，大大满足了学生个性化学习的需求。

学校依托云平台，将人、技术、实体空间、虚拟空间合为一体，融入教学各环节，集教学辅助、教育评价、质量监控、个性化提升等多视角共同切入，让大数据为教学服务，让学习空间更加开放，让学习过程更加有效和富有个性化。在立体的学习空间和时间里，课堂的边界渐渐模糊，取而代之的是基于兴趣目标与能力基础的真正学习。

这种教学结构要求教师秉持"学习者中心""定制化学习""翻转式流程""成果导向"等原则，通过云平台的定制化资源学习——针对性反馈——团队合作式研讨——陪伴式交流——混合式指导等一系列路径，助推学生的个性化学习进程。

2. 第二层优化：从"小流程"到"大流程"

在教学改革一路走来的过程中，我们已经有了很多局部的个性化学习过程，但不能满足于这种零零碎碎的"小流程"。在教学云平台的支持下，大数据分析、人工智能等新技术拉长了个性化学习的时间与空间，融入了课前与课后等更多微观领域，让个性化教学的流程走向了深度。

课前，教师完成好两项设计。一是对学生预习内容的设计。基于学习内容，教师对学生的动机、兴趣、能力、水平等进行分析和研判，为学生基于平台资源的个性化自学提供方向，对目标、任务、重点和难点、学习方式和学习活动时间等内容进行引导性提示，指导线上资源的利用。学生基于教师导学目标的提示，利用资源进行自主学习和翻转学习，查找资料、关联生活实际、发起话题讨论、上传搜集的信息、观看微课讲解等，带着问题与任务走进课堂。二是对课堂教学"教"的设计。基于对教学班学习大数据，对能力分层的个案取样和学习进度进行分析，对教学内容进行结构化、情境化的设计，确定教学时在目标任务呈现、提问与互动、资源与技术提供、学习方式支持等个性化学习的重点需求与帮扶对象。同时，基于预想个性化学习可能出现的普遍性问题，提前设想解决策略。

课中，学生基于课前的学习情况，进入自主过程，并渐次进入合作学习、互动学习。教师将教学平台、各种软件及人工智能系统与教学内容与过程进行有效衔接，在引导学生活用在线学习资源，应用知识解决问题时，适时利用智能辅助系统展开课堂学习活动。教学过程中，教师高度关注利用生成的数据来即时性地监控学生的学习，进行实时的反馈指导。

课后，教师基于课上学习、课下在线的互动答疑、学习行为、学习进度、测试成绩等数据进行深度学情分析，对于不同学习能力的学生进行相关评价，精准把握学生知识掌握、能力提升和情绪态度等方面的深层次信息，给予学生个性化的精准指导，推送相关学习资源，帮助学生个性化问题解决和个性化成长发展。（见图 5–13）

3. 第三层优化：从"优秀课"到"每节课"

本项目的全面、全员参与，让我们从打造"优秀课"的定点思维中走出来，在语文、数学、英语等学科的常规性课堂教学中进行大面积推广。其特点是依托平台丰富的课堂教学资源、扩展资源和网络资源，在数字化环境下，通过有效的师生互动，完

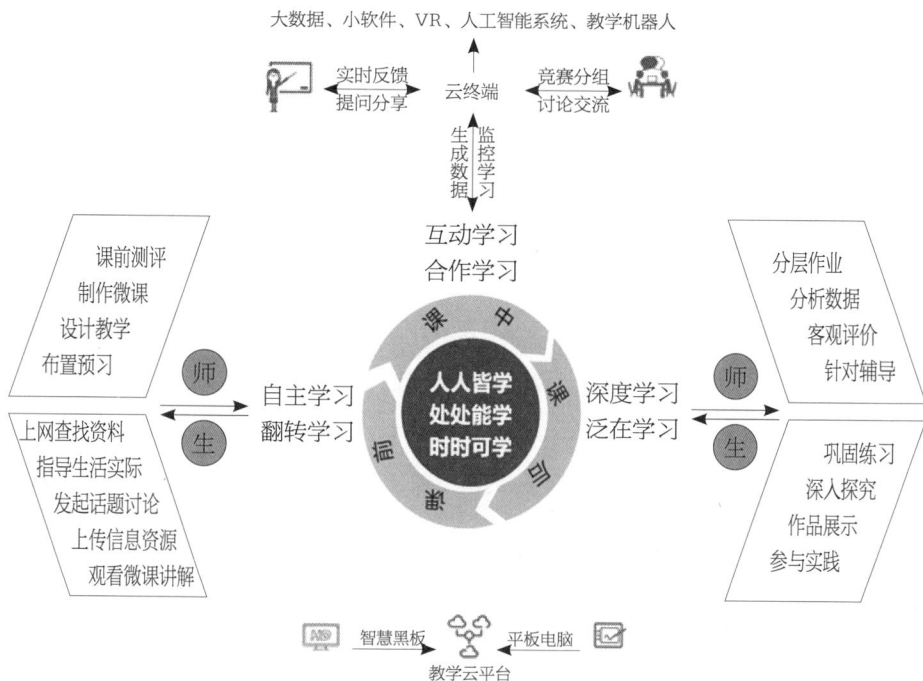

大数据、小软件、VR、人工智能系统、教学机器人

实时反馈 提问分享 | 云终端 | 竞赛分组 讨论交流

生成数据 监控学习

互动学习 合作学习

课前测评 制作微课 设计教学 布置预习

师 生

自主学习 翻转学习

人人皆学 处处能学 时时可学

课中 课后 课前

深度学习 泛在学习

师 生

分层作业 分析数据 客观评价 针对辅导

上网查找资料 指导生活实际 发起话题讨论 上传信息资源 观看微课讲解

巩固练习 深入探究 作品展示 参与实践

智慧黑板 平板电脑

教学云平台

图5-13 基于新技术的小学个性化教与学模式

成教师的个性化教学与学生的自主性学习。

成熟的学习过程分为五个步骤。第一步"对应目标，个性疑问"。学生课前利用平台提供的丰富教学资源展开自学，对应学习目标找出个人学习中存在的疑问，进入课上学习过程。第二步"确定主题，小组协作"。在教师的启发下，学生对问题的性质进一步清晰化，依据问题解决的实际需求形成学习小组。第三步"充分互动，合作共识"。小组内部展开充分的学习与交流活动，形成共识。第四步"交流展示，掌握应用"。呈现本组扩大个人的学习成果，运用新知解决新问题。第五步"总结反思，补漏提升"。总结学习中知识、方法层面的收获与其他方面的综合性进步，发现学习过程中存在的问题与需要进一步强化和改进的地方。

教师的教以学生的学为中心，对应学生的个性化自主学习步骤，利用教育平台展开相应的教学与调节工作。第一步"激趣设疑，聚焦问题"。创设问题情境，形成学习氛围，激发学生思维的活跃度与参与的主动性。第二步"主题分类，科学分组"。将学生在学习过程中产生的问题进行梳理和分类。通过科学分组，引领学生进入合作学习状态。分组分为同质、异质、随机、归类等多种形式，借助于教学平台可以很短时间内完成分组，学生可以在位置不动的情况下完成在小组内的协同性学习。第三步"个别指导，答疑解惑"。依据学生在互动过程中出现的具体问题进行有针对性的即时指导，回答学生的疑问。第四步"分析点评，拓展运用"。针对学生在交流过程中的情况进行优点与不足的点评与讲解，提出拓展性问题，运用和巩固所学知识。第五步"反馈调整，知识凝练"。针对整节课的教学情况进行全面的反馈与总结，对所学知识进行高度概括与凝练。

利用现代教育技术，加之相应产生的新型教学模式。（见图5-14）

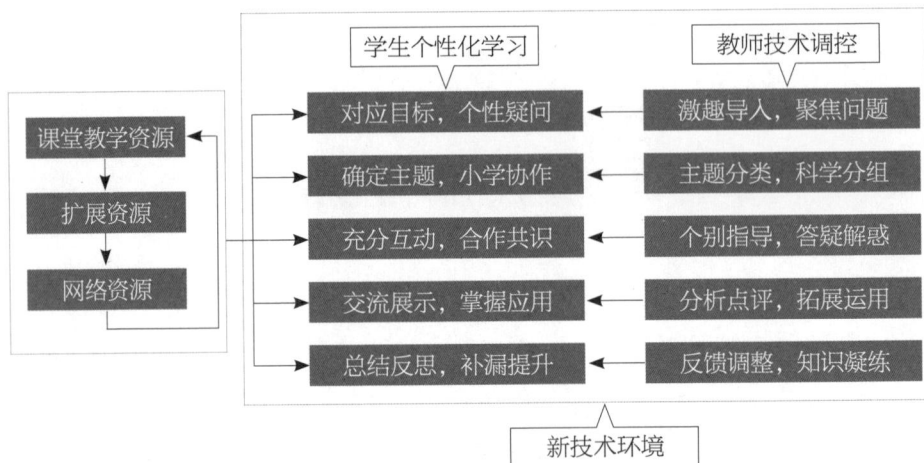

图5-14　基于新技术的个性化常态课堂教学模式

4.第四层优化：从"总体上"到"细节处"

个性化学习是放手而不撒手，课堂重要关口、重要点位上的学习需要教师备足资源、备足手段，让教学过程更具丰富性与多样化，以丰富学生的学习体验与满足个性化成长的需求。

（1）多种课型的资源呈现。丰富的呈现方式有利于促进学生的积极参与，进而促进学生个性化成长。主要有三种形式。一是直观演示式：教师利用数字化环境向学生推送各种教学信息，这些信息具有知识准确、内容生动、形象直观，便于理解的特点，有效促进了学生掌握重点和突破难点。二是互动交流式：借助互动平台，学生可以看到文字、声音、图像的组合呈现。利用平台，教师可以准确把握每个学生对知识的理解消化过程，充分增强互动的针对性与合理把握教学节奏，实现了师生双边的深度互动交流。新的教学形态改变了传统教学中师生之间的结构关系，师生互相视对方为更亲密的合作伙伴。三是小组合作式：在同一要求下，4—6 人的合作学习，借助"数字化环境"，围绕研究的主题和解决的问题，借助资源信息，快速给出办法，可以用文字、图片、音视频等形式呈现。

（2）成熟软件的整合应用。学校自主开发平台，主体上是对市场上通行产品的二次开发。将通行的成熟软件与自制软件整合使用，以更便捷和更好地实现利用交互式人机界面，通过符合思维与记忆特点的、超文本的丰富知识与信息，激发学生的学习兴趣，实现探究式学习，让学生实现自己获取知识、自我更新甚至创造新知识的理想目标。比如：在语文课上，教师利用"腾讯地图"和"印象笔记"带着学生体验山河的壮丽、自然神奇的"身临其境"之感；在英语课上，学生对"SHOU ME""小影"等英语剧制作软件爱不释手；科学课的模拟实验软件让教材上的反应、公式变成了可视、可听、可虚拟感知的真实场景。

这种教学结构要求教师秉持"学习者中心""定制化学习""翻转式流程""成果导向"等原则，通过云平台的定制化资源学习——针对性反馈——团队合作式研讨——陪伴式交流——混合式指导等一系列路径，助推学生的个性化学习进程。

第三节　精准育人：推进个性化评价

学生在个性化学习过程中认识客观世界不难，难的是客观地认识自己。为了推动个性化教学的精准实施，学校在 2018—2020 年以"评价"为突破口，创新评价工具，利用人工智能、大数据等现代信息技术，探索了"随科·随堂学生个性表现画像"的评价方法。即基于学科课程标准制定评价指标，以课堂观察为基础，对学生学习过程中的知识技能、学习能力、情感态度、学习行为等方面的个体表现进行实时性评价。数据记录，智能化分析，数据图谱反馈。

"随科·随堂学生个性表现画像"的评价方法指向的是学生课堂学习全过程中一种个性化的针对性学习诊断形式，为学生的学业发展找到更多过程性、个性化因素，进而提供个性化的针对性服务和指导。

1.评价系统：指向五个方面的系统评价

学校以中共中央、国务院印发的《深化新时代教育评价改革总体方案》为指导，以义务教育阶段的学科课程标准为基础，初步构建了文艺二校"'随科·随堂'学生个性表现画像"评价方法的"内容框架"和"指标框架"，并提炼为"五个系统"的评价模型。五个系统即智育发展系统、品德养成系统、体育健康系统、素养提升系统、劳动实践系统，其目标不是甄别，而是分析诊断学生学习过程中的特点，从而为学生个性化学习提供更加优质的教育。把教师育人和家庭教育引领到学生全面发展的轨道上来。

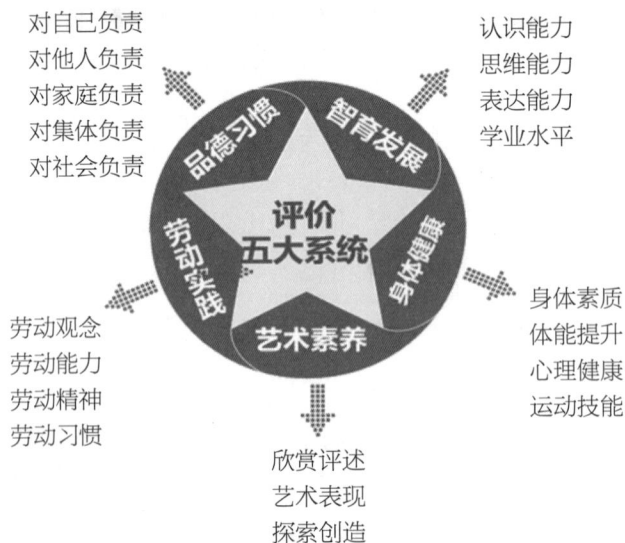

对自己负责
对他人负责
对家庭负责
对集体负责
对社会负责

认识能力
思维能力
表达能力
学业水平

品德习惯 智育发展
劳动实践 评价五大系统 身体健康
艺术素养

劳动观念
劳动能力
劳动精神
劳动习惯

身体素质
体能提升
心理健康
运动技能

欣赏评述
艺术表现
探索创造

图5-15

2.评价工具：四类11套评价工具的系统研发

结合沈阳市每年四年级开展的测评经验，编制校级评价工具：随科随堂评价工具7套，表现性评价工具2套，德育养成评价工具1套，学生、教师、家长调查问卷各1套。评价实施组以班级为单位，各学科授课教师和家长记录学生学习中的表现。数据画像组通过人工智能对收集的数据从自身发展角度和横向对比角度两方面形成不同方面的五育发展图谱。

表5-20 小学美术随科随堂学习表现评价记录单

日期：		10月		教师：	郭楠			班级：	6.9
序号	姓名	造型表现		设计应用		欣赏评述		综合探索	
		表现技能	交流表达能力	操作技能	交流合作能力	资料整合能力	欣赏评述能力	学习活动程度	综合运用能力
1	刘宇轩	5	10	10	5	8	6	8	8
2	刘星震	5	10	10	5	6	8	10	8
3	刘梓奕	10	10	15	15	10	8	10	10
4	刘沛鑫	10	15	15	15	10	8	10	10
5	刘美含	15	15	15	15	10	10	10	10
6	刘迦南	5	5	10	5	8	6	6	8
7	刘馨灿	5	10	10	5	10	10	10	10
8	周昊玉	10	5	10	5	10	8	6	8
9	周禹含	10	10	15	15	10	10	10	10
10	唐梓航	10	15	15	15	10	10	10	10
11	姜采君	10	10	15	15	8	10	8	8
12	孔令甲	10	15	15	15	10	10	10	10
13	孙海艺	5	10	10	5	8	10	10	8

3.评价内容：多科并行的全面评价

本着"德育为先，能力为重，全面发展，知行合一"的原则，学校选取了五个系统多个学科开展随堂评价活动。各学科以课程标准和课程内容为依据，研发评价工具，科学设置评价维度，每个维度设置两级评价指标，每个二级指标涵盖多个观察点，各

表5-21 小学六年级英语学科"随科·随堂学生个性表现画像"评价指标量表

评价类别	一级指标	二级指标	观察点
学科知识权重75%（75分）	知识技能权重80%（60分）	听权重25%（15分）	●能在图片、手势的帮助下，听懂语速较慢但语调自然的话语或录音材料。 ●能听懂简单的配图小故事。 ●能听懂课堂活动中简单的提问。 ●能听懂常用的指令和要求并做出适当的反应。
		说权重25%（15分）	●能在口头表达中做到发音清楚、重音正确、语调达意。 ●能就所熟悉的个人和家庭情况进行简短对话。 ●能恰当适用一些最常用的日常套语,如问候、告别、致谢、致歉等。 ●能在教师的帮助下讲述小故事。
		读权重25%（15分）	●能认读所学词语。 ●能根据拼读规律读出简单的单词。 ●能读懂教材中简要求或指令。 ●能读懂问候卡等中的简单信息。 ●能借助图片读懂简单的故事或小短文，养成按意群阅读的习惯。 ●能正确朗读所学故事或短文。
		写权重25%（15分）	●能根据要求为图片、实物等写出简标题或描述。 ●能模仿范例写句子。 ●能写出简单的问候语。 ●写句子时能正确使用大小写字母和标点符号。
	文化意识权重20%（15分）	文化了解权重60%（9分）	●乐于了解外国文化和习俗。 ●知道主要英语国家的首都和国旗，了解英语国家中重要的节假日等。
		跨文化交际权重40%（6分）	●在学习中日常交际中，能初步注意到中外文化异同。 ●能够在日常与来自英语国家的人的交往中注意差异，避免文化冲突，做到适应与通融。
学习品质权重25%（25分）	情感态度权重20%（5分）	学习兴趣权重60%（3分）	●有浓厚的英语学习兴趣。 ●积极主动地参与课内外英语活动。
		抗挫能力权重40%（2分）	●敢于开口，表达中不怕出错误。 ●乐于感知并积极尝试使用英语。

续表

评价类别	一级指标	二级指标	观察点
	学习行动 权重40% （10分）	自主学习 权重50% （5分）	●遇到问题能独立思考，有自己的理解、观点。 ●能在学习中自主探究，发现问题、解决问题。
		合作学习 权重50% （5分）	●在学习中乐于参与、积极合作。 ●遇到问题主动向同学请教。
	学习状态 权重40% （10分）	善于倾听 权重50% （5分）	●在学习中集中注意力。 ●在课堂交流中，注意倾听，积极思考。
		敢于表达 权重50% （5分）	●能大胆、清楚适用英语交流与表达。

学科形成了具有学科特色的"随科·随堂学生个性表现画像"评价量表。

4. 评价策略：分散评价 + 数据画像

面对每学科多个评价指标、多个观察要点，学校采取了分散采分的评价方法，即把评价维度的各项指标对应到相应的教学内容中。这样增强了评价的针对性，同时减轻了教师的评价负担，提高了评价的效能。教师每节课有目的设计评价点及对应的教学环节，在学生参与活动的过程中观察、考查学生的行为表现。通过一个阶段（通常以月为单位）完成所有维度的评价数据采集后，通过人工智能技术手段对采集的数据进行统计、分析、描述，为每一个学生绘制学习表现的个性图谱。

数据画像报告单包括学科画像和综合画像两部分。学科画像从"个体情况"和"对比情况"两方面呈现学生的数据图谱。其中，"个体情况"采用"表格"的形式呈现学生每个指标的等级、具体表现、综合评语。学生可以清晰看到自己个人指标达到程度和需要努力的方向。（见表 5-22）

"对比情况"的数据图谱，通过条形图，呈现学生个体表现与班级平均率的对比。学生可以清晰看到自己每个评价指标在班级所处的位置。（见图 5-17、图 5-18）

综合画像报告单，用雷达图呈现学生个体每个学科的总水平与班级每个学科的平

左图中仪表盘各段区间对应表示 A、B、C、D 四个成绩等级，指针所在的位置不仅表示出你的成绩等级，也表示出你在该等级中所处的位置。

你的能力水平已经达到了良好，要继续加油啊！

图5-16

了解你的表现：

表5-22　六年级某学生英语"随科·随堂学生个性表现画像"（个体情况）

评价类别	一级指标	二级指标	等级	具体表现评价
学科知识	知识技能	听	A	能听懂语速较慢但语调自然的话语或录音材料。
		说	A	能就听熟悉的个人和家庭情况进行简短对话，发音清楚，语调达意。
		读	C	能认读所学词语、句子、短文，但错误率较多，朗读不流畅。
		写	C	能模仿范例写句子，但拼写及语法错误较多。
	文化意识	文化了解	A	乐于了解外国文化和习俗，知道主要英语国家的重要的节假日及习俗等。
		跨文化交际	A	能够在日常交往中注意文化差异，避免文化冲突。
学习品质	情感态度	学习兴趣	A	积极举手发言，愿意参与英语活动，经常体验到学习的乐趣。
		抗挫能力	B	在他人鼓励和引导下，能克服一些困难，努力学好英语。
	学习行为	自主学习	B	在他人引导下，能找到适合自己的学习方法。
		合作学习	B	能参与小组活动，能与同学合作。
	学习态度	善于倾听	C	倾听他人发言不认真。
		敢于表达	D	缺少表达的勇气，课上不表达。

教师评语：

　　你有较好的英语知识基础，能力发展较为均衡并达到良好水平。你能听懂语速适当，语调自然的话语，能较为流畅介绍自己的熟悉的话题，能在图片的帮助下读懂短文及小故事，并能进行正确和较为流畅的朗读，书写中会有一些语法错误。你喜欢并主动阅读和了解不同的文化，基本能在互动中注意文化的不同。

平均得分率　个人得分率

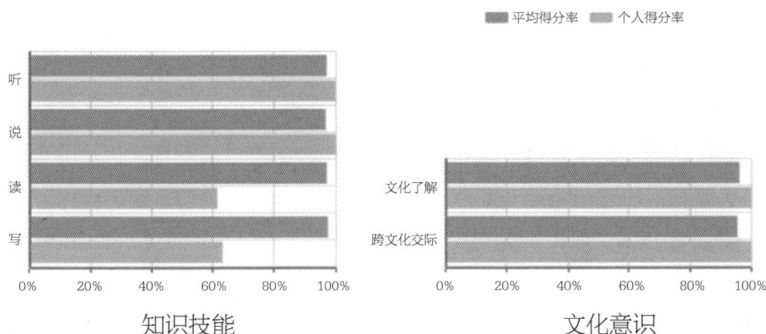

知识技能　　　　　　　　　　　　　　文化意识

从英语学科能力的角度看，重点考察了听、说、读、写、文化了解、跨文化交际6个方面。每项学科素养的绿柱代表全班平均得分率，橙柱代表你的得分率，从对比结果看，你在读、写方面要加强哦。

图5-17　六年级某学生英语"随科·随堂学生个性表现画像"（学科知识对比情况）

平均得分率　个人得分率

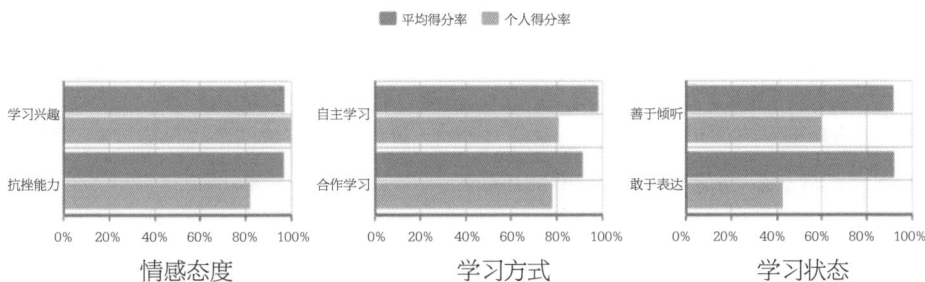

情感态度　　　　　　　　学习方式　　　　　　　　学习状态

从英语学科能力的角度看，重点考察了学习兴趣、抗挫能力、自主学习、合作学习、善于倾听、敢于表达6个方面。

每项学科素养的绿柱代表全班平均得分率，橙柱代表你的得分率，从对比结果看，你在抗挫能力、自主学习、合作学习、善于倾听、敢于表达方面要加强哦。

图5-18　六年级某学生英语"随科·随堂学生个性表现画像"（学习品质对比情况）

均率进行比较，既可以发现自身优势，找出薄弱点，也可以反映出学生是否均衡发展。（见图5-19）

5.结果应用：应用评价，精准育人

学生的课堂表现数据画像将为教师的教学行动研究提供最真实、最直接的参考资源，也是对学生开展个性化学习的前测诊断，在"改善学生学习，提高教师教学水平"

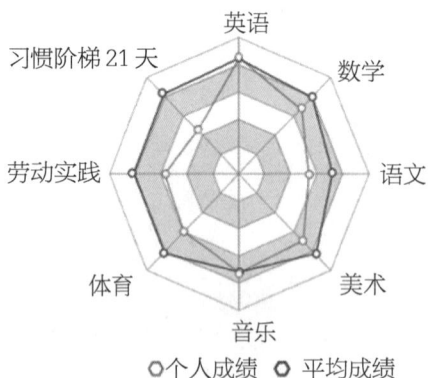

图5-19　六年级某学生英语"随科·随堂学生个性表现画像"（综合情况）

两方面都起到重要作用。

改善学生的学：学生和家长可通过报告单中的图像和语言描述发现学生自身优势、建立学习自信，克服自身不足，明确努力方向，制订切实有效的个性发展计划，发展强项，弥补弱项，在全面发展的基础上学有所长，实现个性发展。

改善教师的教：教师在教育教学过程及日常生活中，可以进行多个孩子的同类指标的对比，从而寻找问题，调整自己的教学，改进自己的教学方法，实现教学质量和教学效果的同步提升。这种基于过程性发展性的评价，让教师在实施教学的过程中，做到"心中有标准，心中有学生"。

第四节　成果的效能与辐射

八年的技术创新历经了"平台建设：信息技术与学校理念高位嫁接；融合应用：探索个性化学习策略；精准育人：推进个性化评价"三个阶段，三个层面的实践让技术为学习服务，实现了个性化的学习空间搭设、个性化的学习方式转变、个性化的评价推进。在学生、教师、学校层面产生了积极的效能。

（一）学生层面

1. 个性化学习对主体性的强化

基于新技术的个性化学习让学生打破了以往只能"同步学习"的束缚，自主、自立学习能力得到加强，个体的学习愿望得到最大化的满足。

2. 个性化学习对主动性的促进

教学平台实现了学生在课前、课中、课后三个时段的即时交流学习资源、交流学习感受、互相评价作业，实现了学习过程中全员、全程与全时空的一体化互动。互动是主动的最有效形态。

3. 个性化学习对多元化学习的牵动

学生通过对资源的查找、汇集、对比、借鉴，提高了收集处理和运用信息的能力。通过信息量的扩大，更加促进学生发现问题、提出问题、寻求帮助，直至解决问题，在原有的知识面上实现个性化的突破和发展。

（二）教师层面

1. 新技术促变教师"三观"

一段时间以来，我们所说的"观念超前"既是一种改革创新的追求，也是一种现实的无奈：因为实践抓手不够，造成观念在前、实践滞后的窘境，观念不落地就会渐渐褪色。新技术的到来，学生观、学习观、评价观有了催化剂和试金石，极大地推进了教师的教学研究向学生的个性需求无限接近。

2. 新技术促进教师"三能"

云平台的开发、建设与使用，促进了教师的信息化应用能力、面向个性需求的资源开发能力、基于新生态的教科研能力。学校形成了具有较强能力的数字内容制作团队和新媒体传播推广团队，学校的名师IP、课程IP、项目IP等核心教育资源，形成了不断的增长与裂变，激发出更多教师的积极性和创造力。

3. 新技术促成教师"三通"

学校云平台不仅提供了丰富的学习功能，还高效地实现了工作"三通"：研学通，平台本身就是一个快捷便利相互学习、共同切磋、携手提高的终身学习的平台；校区通，集团不同校区的教师不因区域而有距离感；家校通，教师可以和家长全天候地进行交流。

（三）学校层面

1. 集团品牌特色发展

新技术的应用，极大推动了学校集团化的效率与效益，让学校"现代、智能、高效"的品牌特色更加鲜明。学校文化构成中的现代化成分凸显了学校的创新能力。集团化的协同办公系统和集中管控系统建设，形成了集团信息化的智能"驾驶舱"，推进了管理模式转型、团队能力转型，使得学校集团化品牌含金量不断增值，影响力日益扩大。

2. 做实高位均衡发展

集团化的初衷是实现教育的均衡发展，但均衡不会因为校牌的变化而自动到来，基于新技术的个性化学习可以将教师差异、校园差异、资源差异的影响降到最低，消除集团内各校区间的不均衡。

八年时间里，学校教学改革项目每年接待来自全国、省市区学校参观调研千余人次；116 名教师因参与本项实践探索获得了国家、部省级优秀课；十余个省市级相关科研课题立项结题；多篇文章相继发表于《中国电化教育》《中国教育报》《基础教育论坛》等报纸杂志；学校完成了此项成果著作《基于新技术的小学个性化学习探索与实践》。2013—2015 年，本项目研究成果以课例形式相继多次在"全国新媒体新技术教学现场会"开幕式以及"全国学习力现场会"上展示；2016 年，教育部首批信息化试点校验收时该成果获得专家一致好评；2017 年，多位教师在"全国数字化教学大会"上进行成果展示；2018 年，本项目成果被评为"教育部基础教育信息化典型应用案例"，是目前基础教育信息化改革中的最高奖项，全省至今仅两例。

"技术的小学个性化学习探索与实践"成果是开放的，系统的，可持续的，还未终结的。随着社会迈入智能时代，教育将更加泛在化、智慧化和个性化。下一步，我们将牢牢把握前沿新技术发展趋势，化挑战为机遇，继续实行领跑战术，围绕知识服务、大数据、人工智能等方向，通过核心平台带动，重点项目承载，进一步将教育与技术相融合，继续聚集和培养复合型教师队伍，推进一批科研项目再有新突破，全面提升集团教育品质，从有形与无形两个方面丰富集团的教育资产，特别是要进一步推动教学链全面向智能化、数字化、信息化转型，更好地构建新时代教育的新形态。

第四章 项目创新

集团的发展与融合，不仅催生出属于集团层面的品牌优势项目，更为教师提供了个性化的创新土壤。教育教学研究和教育方法的创新蕴含着改变和发展教师的积极力量，丰盈教育智慧的同时带给教师们职业快乐和幸福。

学校发展和团队成长的理想状态是引导全体教师的积极卷入。在集团融合的过程中，我们面对着来自合并校不同观念与思想的交融与碰撞，来自教师融合后重新面对新校部、新环境的适应与思考，来自于时代迅猛发展后对学生教育的新理解和新主张，快车道计划等一系列教师培养工程激发了新老教师的专业发展热情，集团教师的研究氛围变得空前开放，研究主题也更加多元。

学校鼓励教师们基于学生的需求和自己的最近发展区设计班本育人项目，引导教师们将自己想的做出来，把自己做的梳理出来，成为自己的经验和主张，更成为集团的资源和财富。于是，教师创新项目因"势"而生。学科领域，有黄丹丹老师的语文项目《思维剑客》、刘鹏老师的体育项目《居家云课》；班级建设领域，有关明老师读书项目《阅读社区的打造》，有张洪梅和孙宏宇两位老师相互承接的课间项目《律动的童年——班本长绳》、有班主任田菲老师的《小豆包的微信群》；在阅读素养提升领域，有田耕老师的诗词项目《风雅颂》、于欢老师的实践项目《小脚丫走世界》、黄海龙老师表达训练班本项目《少年演说家》等等，一个个贴着教师个性标签，具有创新意识的教师项目不断涌现，并以其多样的形式赢得了学生的喜爱，家长和社会的认可。

第一节　田耕老师的"风雅颂"古诗文班本课程

我的班本课程从入职的第一年所教的第一块实验田起步，已经探索六个年头了。这门课程以诗经的内容为题，命名为《风雅颂》。以下，我也将用风、雅、颂三个部分来介绍这门课程的立意、实施及成果。

第一部分　风——课程立意

两千多年前的孔子提出了"诗教"，他说："诗三百，一言以蔽之，思无邪。"《诗经》中的这种真善美可以让孩子受到各个方面的教导与影响。如今，我们的诗教不局限于《诗经》本身，而是扩大到广义的、所有优秀古诗文身上。孔子老早就说诗"可以兴，可以观，可以怨，可以群"。所以，让诗教重新回归我们现代的课堂是十分必要的。

正是基于这种理念，也基于自己对诗歌的喜爱，在带班之初，我萌发了用学习古典诗歌来教育孩子的想法。

经过一段时间的诗歌教学之后，我发现不应该把这门诗歌课程局限成语文课。它更该被定义成一门可以让学生提高核心素养，尤其是提升人文底蕴的综合类人文学科课程。我也以此为课程立意，开始了实践探索。

用官方的口吻说，让孩子学习优秀的古诗文是传承优秀的传统文化。家长们对孩子学习优秀的文化有强烈的需求，孩子也在一点一滴的学习中爱上了古诗文甚至爱上了文学，从最初的教师想教，变成了如今的孩子们想学。而对我自己来说，教孩子学习古诗文，是一个教学相长的过程。在这门课程的开发实践过程中，孩子收获到实打实的知识，而我也让自己的爱好和特长得到发展，体会到教育教学的乐趣。

第二部分　雅——课程实施

刚才，我们说到了《风雅颂》这门课程在提升学生人文底蕴上起到重要作用。那在这门课程的实施过程中，又要通过怎样的路径让学生真正学有所获呢？

首先，在讲授形式与内容上，我认真钻研教学，不断打磨古诗文的常态课程，努力创新，不仅在正常的语文课上进行教学，还利用自习课、专门的班本课，甚至在数学课上也会交叉渗透古诗文、传统文化的教学，潜移默化、润物无声地提高学生的文化底蕴。诗歌中的诗意、写作手法、诗人、历史背景、相关典故、诗词基础常识等等，都会成为学生们信手拈来的话题。

另外，在一二学段，孩子正需要打下良好学习基础的时候，为了能让孩子们在寒暑假也能不间断地沉浸在诗歌学习的环境中，我放弃个人休息时间，每天为孩子录制古诗微课音频，风雨无阻，细心讲解。这样的举动不仅打动了家长，更是让孩子能真正受益。

其次，在诗歌选材上，我亲自挑选的古诗文篇目，不再局限于常见的《小学生必背古诗75首》等书籍，而是通过我自己对本班学生学情的真实把控，反复钻研，按照不同年段、不同时节等特点为孩子们精心挑选历代名家名作。从先秦至近现代，一篇篇脍炙人口的诗文串成一条脉络清晰的线，把诗歌中的真善美带给学生。

最后，我十分注重孩子对古诗文的学习体验和感受。

为了提高学生的学习兴趣，大雪弥漫的时候，我会带着学生到操场踩脚印，堆雪人，一起背"人生到处知何似，应似飞鸿踏雪泥"；雨水淋漓之时，和学生一起轻唱"帘外雨潺潺，春意阑珊"。哪怕是在寒暑假，我看见盛开的荷花、旅游所见的名胜古迹、人家门口贴的有趣对联，都会随时拍照录像发给学生，结合古诗文及时进行讲解。

面对这群活泼的"00后"孩子，我更是想方设法研究了几套独门攻略将其和诗歌教学融合在一起。

比如和孩子一起观看电影《刘三姐》，孩子此后就沉迷于唱诗，自发自觉地把诗歌变成歌曲，融入到体育游戏之中。另外，面对孩子沉迷网络游戏，我变堵为疏，将游戏中的历史人物和古诗文教学进行了有机结合进行主题教学，借此背诵了很多游戏中的人物如李白、曹操等人的诗歌。这样和学生打成一片的、贴近生活的古诗文教学方法吸引了一些媒体的注意，为此我接受了杂志《看天下 vista》的采访，这种教学理念得到了诸多家长和同行的认可。

我相信，每一个我努力创造的、与诗有关的场景，都会给孩子留下美好的、深刻的印象，让他们真正体会，诗歌是真、是善、是美，学习诗歌是一种乐趣，而不是负担。

当然，有些问题也在这几年的课程实践中慢慢显露，这个时候就要"兵来将挡，水来土掩"。比如在三年级时连续讲授南唐后主李煜的诗词时，部分家长认为学习内容太难，并且对应试没有帮助。但经过一段时间的精心教学，学生可以把诗人颠沛的生平娓娓道来，可以用初步的唯物史观讲述王朝更迭，可以用稚嫩的歌喉缓缓吟唱"春花秋月何时了"，家长的意外与惊喜已不需多言。在这个过程中，家长们自己也爱上了诗，跟着孩子一起学甚至一起写诗，这也是无心插柳、意料之外的成果。

也就是说，在这门课程实施的过程中，孩子收获到实打实的知识，而我也让自己的爱好和特长得到发展，体会到教育教学的乐趣。

第三部分　颂——课程成果

《诗经》说："靡不有初，鲜克有终。"这是在说，没有最初咬牙坚持的开始，就不可能有未来丰硕的成果。这句诗，也经常被我用来告诫学生，做事情要善始善终。这门《风雅颂》的课程亦是如此。从开始构建，到现在初具体系，再到以后长久地运行，一切都源于"坚持"这两个字。

同时，学校给孩子们提供了大量机会与平台展示风采，家长们也从最初我接班时的质疑变成了现在的感谢与支持。在领导的帮助下，我的古诗文工作室挂牌成立，执教多节古诗文课程也获评优秀课。

但是，最大的成果还是在孩子身上。

几年来，我们一共学习诵读诗歌几百首，每一首我都能用心用情去讲解，孩子最大的收获，可能不是他们背诵的诗歌数目，而是他们能够诗意地生活。

这是同一个学生一至四年级不同时期的作品：

一年级："吾思父，父思吾，父在远方护国苦。"

这个孩子的父亲是一位可敬的军人，孩子在爸爸一次临时任务出差的前夜写下了这首小诗。

二年级："空霜没白云，孤独寒风里。白银倚窗前，何时消融去？"

我们能明显地看出孩子的笔触比一年级时成熟了不少，也更有诗意了。

三年级："风又飘飘，雪又潇潇，何时复苏了？回梦一时朦胧，一晃春来到。"

这是他在三年级春天的语文课上随笔写下的，当时我们刚刚学习了蒋捷的《一剪梅》，这是一小段仿写。这个时期，孩子们接触了大量的宋词，故此对长短句的创作很有兴趣。虽然没有格律，不成曲调，但我能从诗句中感受到孩子对春天到来的强烈的喜悦之情。

四年级："书僵笔冻亦穷阴，山萧水静是玄英。有风刺骨寒江迹，路面无人做酒魂。"

这是孩子在微信上发给我的一首藏头诗。再对比之前的作品，我们也能看出来，孩子从最初的有感而发、随口吟诵，变成了现在的认真琢磨、充满巧思。

而到了五六年级，这位同学不再止步于诗词创作，开始写起了小说，还拥有了一个颇有古意的笔名"商隐水"。

这只是众多热爱创作的同学中的一员。更多的同学也在拿起笔，用诗文来记录着他们的校园生活和天马行空的幻想。

固然，他们还不能掌握稍微复杂的诗词格律，但是一颗颗炽热的诗心，就是我最大的收获。从孩子们琳琅满目的诗句里，我能看到，孩子们不仅爱读诗、爱写诗，更是通过诗教的影响让他们成为了一个个爱思考、爱自然、爱家爱国的好孩子。

如今再回头来看，古诗文教学已经成为了自己一层最基底颜色。这六年来的班本课程实践也从单纯的古诗文教学转化成了"泛在化"的语文教育。

除了古诗文，通识学科被我穿插进语文和日常的教育中，历史、社会、民俗、地理、文化研究，这些都涵盖在内。

一首古诗引发对历史的认知，一篇课文引发的联想思考，一条新闻引发的辩论与头脑风暴都包含在我的"泛在化"的班本教学之中。而这样的"泛在化"学习不仅是单纯的教学，更是包含"化育"的能量，这样的一套课程体系可能不是一个单纯的语文老师能完成的，必须坚守在班主任岗位上才能从一而终地实践。我也会继续在教育实践中探索，惠及更多学生！

第二节　田菲创设的"小豆包的微信群"

学校倡导"家教共育"，田冬校长常对我们班主任说："你们不是一个人在战斗，要带好学生班，有智慧的教师更要带好家长这个班！"作为一名已经工作了20余年的中年教师，我对学校的治学理念非常赞同，并积极付诸实践。

随着信息化时代的到来，当今科学技术飞速发展，智能手机的普及，让越来越多的人开始选择使用微信作为交流、沟通、获取信息的工具。"微信"让学校和家庭有了密切联系，它在家长和老师，社会、学校和家庭之间架起一座全新的信息沟通桥梁。而班级微信群这一新的沟通平台也应运而生。我们可以推断绝大多数家长都是在孩子幼儿园时期就已经接触班级微信群，但我们也遗憾地看到有相当一部分家长却对微信群的使用和管理有微词。归其原因，主要集中在班级微信群依附功能过多过杂，群内人员发言秩序混乱等。那么，到底该不该建立班级微信群？建群后如何才能将其正向作用发挥得更好呢？带着这些问题，我把创新的点打在通过分类建群，优化微信平台的功能上。面对一年"小豆包"家长的期待，我们班不但要建立班级的微信群，而且要建不止一个微信群。

小豆包的微信群之一：静待花开

曾几何时，家长们在看到比自己孩子优秀的孩子时，都喜欢用"那是传说中别人家的孩子"来自嘲。但这部分家长往往忽略了一个问题，这种自嘲的声音在孩子听起来却是那样的难受，对孩子尚未成熟的心灵也会带来一种别样的伤害。在我看来，每个孩子都是一朵花，只是花期不同而已。有的开在夏季、有的开在秋季；也有铁树不开花、开花惊四方的例子。老师和家长，需要做的是给孩子提供足够肥沃的土地，静静观察花的种类，再选择耕耘的方式，适度引导。这样一来，可以避免过度拔高或抹杀孩子的兴趣爱好。于是，我就建立了班级的第一个微信群："静待花开"。顾名思义：时光不语，静待花开。这个群是我们班级的家校联系群，也是我们班的家教课堂。我会通过这个群发布学校的相关通知、反馈孩子在校期间的活动，不定期更新孩子的成长视频、获奖感言等等。因为这个微信群中发布的多数内容都是与家校共建、家教课堂有关的东西。为了避免遗漏，我在开学第一天的家长会上，就要求家长们不需要在这个微信群中进行回复点赞，以免大家的回复将通知内容覆盖。家长们只需要在看到老师发布的内容后，积极参与到孩子的成长中来，配合老师做好相关工作，然后和老师一起静待花开。

小豆包的微信群之二：小小蜗牛

还记得多年以前，我偶然读过的一个故事《牵一只蜗牛去散步》。故事讲述的是：上帝让人类牵着蜗牛去散步，当蜗牛走慢的时候，人类开始焦躁，对蜗牛责骂、催促，但是蜗牛仍然没有提快速度，反而心怀抱歉地告诉人类，"我尽力了"。人类再也无法容忍，暴躁地放开了牵着蜗牛的绳子。可是此时的蜗牛仍在徐徐前行，人类在蜗牛身后走着，感受到清风徐来、鸟语花香。原来这些美好，都被人类以前的焦急与暴躁给掩盖了。而在现实生活中，我们教育孩子的过程不就像"牵着一只蜗牛散步"吗？我觉得，在教育孩子的过程中，我们应该放下身段，应该和孩子一起，走过孩子们人生中经历的每一个第一次，让孩子们感受本应美好的童年时光。即便有被孩子气到发疯的时候，即便有失去耐心的时候，但这也正是孩子向你展现生命之初最纯真、最美好一面的时候。我觉得，在教育孩子的路上，无论老师还是家长，所采用的教育方式，都应该是随着孩子的成长特点做出相应改变，这样的教育方式才易于接受。在家长会上，我要求家长们在教育孩子的过程中能够与我一起放慢脚步，把自己的主观想法放在一边，陪着孩子慢慢体会生活的滋味，倾听孩子内心的声音在俗世中回响。就这样，我们班的第二个微信群"小小蜗牛"诞生了。在这个微信群中，孩子们可以在家长的帮助下发发自己在家里学习过程中的视频，展示一下自己的特长，互相参观学习。通过这个微信群为孩子们搭建一个平台，让孩子们可以谱写自己的快乐童年，让牵着蜗牛的家长欣赏孩子绽放的瞬间。

小豆包的微信群之三：畅所欲言

人是群居动物，沟通与倾诉都是人的本性使然。作为一名班主任，我也是一位母亲、一位学生家长。所以，我非常了解家长们在"牵蜗牛散步"时所遇到的焦虑和困惑，而家长本身也需要一个互通的平台。所以，在给家长们开的第一个家长会上，我开诚布公地提出了自己的想法，鼓励家长们建立了这个可以沟通交流、各抒己见的空间。于是，班级的第三个微信群就这样应运而生了。而为了让家长真的能畅所欲言，我自己也真的没有参与其中。通过家长群主带领大家的自管，增强了民主管理的效能，用家长影响家长，提升了班级家长群体的思想境界。

随着功能细化的"微信群"在众多学生家长中口口相传，并迅速走红，我们班的家长对我说：他们的朋友、同事在听说这个事之后，纷纷表示要建议自己孩子所在的班级也这样建立"微信群"。

小豆包的微信群之四：翻转课堂

通过不断地实践，不断将当初设定的预期目标与取得的实际结果进行对比，我又发现了一些新的问题：班级里有很多同学基本上处于即学即忘的状态。解释起来就是放学回家后，根本没记住学校课堂上讲过什么。家长想帮忙复习一下，也都无从下手。当然，这也完全符合他们现在这个年龄段的一切特征。但班级里却还有一部分可以听懂、能够记住课堂知识点的同学。这样一来，听不懂、没记住的那部分同学经常地表现出自信心缺失、上课不敢发言、提问不知如何回答等各方面问题。为了有效解决这一问题，我通过开学之初建立的家长委员会里边的几位成员，对班级其他家长进行了一项有关家庭教育的摸底调查。结果显示，有近三成的孩子平时由隔辈老人负责接送和管理，而无论是谁负责孩子的家庭教育，都因为孩子无法记住白天的知识点进而无法控制复习重点。调查反馈显示，近乎百分百的家长希望可以通过特定渠道获知老师白天课堂上的讲课重点，以方便日常监督、辅导孩子学习，但家长们又怕给老师增加工作量而羞于启齿。就这样，我们班级的第四个微信群"翻转课堂"应运而生。这个群的主要功能就是由我以视频的形式录课，然后家长用手机或电脑给孩子播放。这个视频的录制成了家长们获知老师讲课知识点的特定渠道，是家长们，尤其是隔辈亲的老人们在辅导孩子时的重要途径。"翻转课堂"群改变传统课堂以教师教为主，采用课下学生自学，课上学生解决问题的教学模式；拓宽了知识传递的方向、方式和方法；促进了学生学习能力的提高和知识内化的效率。而我设计的这个"翻转课堂"也要求孩子不一定要课前自学，而是在遇到问题无法解决时自学。这也极大满足了家长们的需求，提高了学生对认知资源的利用效率，获得了更好的学习效果。用家长的话来说："那个视频特别特别好，讲得特别透彻，解决了我们无从辅导的问题。孩子在家里有病没有听着课，只要听一遍知识点就能学会。过一段时间，我们还可以反复也再回去看一遍，加深印象，然后哪不明白哪薄弱了再回去听一遍，真赶上网课老师了。"

这几个微信群的建立，改变了以往教师向家长单向的信息传递方式，搭建了一套家长、教师、家庭、学校在一定规则的基础上，可以实现双向交流的平台。

随着我们班级"微信群"在圈内人气的提升，这件事还引起了众多新闻媒体的重视。今日头条、沈阳网等媒体纷纷以"一年级'小豆包'的三个微信群"为题对这件事的来龙去脉进行了详细的报道。随即，新华网、人民网、网易新闻、全国党建信息平台等众多中央级媒体纷纷对这篇新闻报道进行转发。沈阳晚报更是拿出一个整版的篇幅对此事进行详细报道。目前，该文章在各个网站的累积阅读量早已突破一百万次。

多年的工作经历告诉我，身为教师，不可能从另一位成功的教师那里完全复制一套成功的教育方案，让自己的学生们成功。我没有高超的技巧，只是想尽己所能地给孩子们需要的，鼓励孩子们去成功、去创造，给孩子们学习的原动力，送孩子们走上人生的起点。三个微信群，既是创新，又是我的初心。就像田校长说的那样，赢得了家长的信任和配合，我的班主任工作事半功倍，倍感幸福！

第三节　居家云课——刘鹏老师带你在家玩篮球

项目立意

2020 年初，新型冠状病毒肺炎的肆虐对教育的冲击非常大。对于学生群体来说，疫情防控期间居家生活学习，活动空间受限，使用电子产品时间增多，久坐不动，容易出现肥胖、免疫力下降、视力不良及心理问题等。为阻断疫情向校园蔓延，国家教育部发出 2020 年春季学期延期开学的通知，并由教育部门提供优质网上教学资源，停课不停学。让孩子们在网络的诱惑下仍然保持对运动的兴趣，在足不出户的情况下达到锻炼的效果是每一名体育教师的责任！

市体育云课团队在前期共研的时候认识到：体育学科是唯一需要授课教师全程出镜的云课学科。我选择了学校的优势育人项目——小篮球做突破口，针对小学中年段学生来设计系列课程。但是，大多数的孩子很少具有居家锻炼的习惯，在家庭中，亲子活动更是少之又少。因此，在特殊时期，具有可操作和可持续性特点的以家庭环境为背景而进行的亲子互动游戏课堂是非常符合形势需要的。

项目实施

【课程定位】结构化教学助力孩子掌握更多实用型锻炼方法

结构化教学即：激发兴趣——明确目标——讲解示范——引领练习——延伸拓展。

根据居家环境以及家庭器材的实际情况，教学内容选用双手胸前传接球（内容详见小学体育水平二教材篮球运动章节）。以适合室内进行的传球游戏为主要训练手段，既能够学习双手胸前传接球的技术动作，又能够帮助孩子们掌握多种家庭室内玩篮球的方法，以学习方法、自主锻炼为主，以掌握技术为辅。同时，向学生介绍一些篮球运动的相关知识，使教学内容学以致用，延伸拓展。

【课程过程】

（一）准备部分

1. 器材准备：为学生提供球类器材的多种选择，可以用家居用品进行替代，例如报纸球、A4 纸等。

2. 内容引导：通过简洁的语言，让学生了解学习内容，明确学习目标，知晓学习重难点。

3. 温馨提示：居家室内活动，不宜打扰邻居，提示注意运动安全和物品安全。

4. 视频导入：让学生带着问题观看视频，引出教学内容，启发学生思考。

5. 热身活动：设计内容为适合不同空间热身活动的项目，为学生提供适合大空间的往返跑和适合小空间的转圈跑，配合原地各种关节操和组合动作，让学生的身体迅速热起来。

（二）主体部分

1. 篮球知识小讲堂：介绍中国篮协专门为8—12岁青少年创办的"中国小篮球联赛"，让学生们了解一些小篮球比赛的"缩小版"的场地器材以及赛事的发展情况。

2. 球性练习：利用简单易学的无声练习，帮助学生提高球性的熟练程度。

3. 主教材学习：通过讲解、画中画、小视窗视频示范、慢动作播放等方法，让学生对双手胸前传球的技术动作有直观理解，在家长的配合下进行训练，提高训练效果。

4. 篮球游戏：（1）坐姿传球；（2）滑梯传球；（3）跳圈投篮。游戏的选择由易到难，以学习方法为目的，以亲子游戏为手段，以传球技术为辅助，以投篮比赛为延展。

5. 篮球规则小讲堂：篮球比赛中"脚踢球"违例的规则介绍。

6. 课课练：（1）仰卧起坐传球；（2）俯撑传接球；（3）反背拉伸。通过发展身体核心力量的课课练内容，提高运动强度，提升合作意识，使课堂不仅具有趣味性和技术性，同样具有锻炼实效性。

（三）结尾部分

1. 课堂回顾：通过知识问答，使学生再次回顾课堂所学知识点，起到加深记忆的效果。

2. 放松舞蹈：引导学生怀着一颗感恩的心，为在疫情中最美逆行的白衣天使和每天陪伴着我们的家长献上简单易学的舞蹈《听我说谢谢你》，将亲子关系再度升华，让家庭运动再被期待。

3. 布置作业：为学生布置具有可持续性和可操作性的体育作业，并提出开放延展的建议，让课程在好的问题中，在新的问题中结束，为下次课做好伏笔。

项目成果

1. 创新授课方式，激发学生学习兴趣

篮球运动原本是对场地器材具有一定要求的运动项目，而云课堂的居家运动新模式，突破传统，发展创编出很多室内篮球活动，具有器械简单、便于操作；亲子互动、有趣有效；方便复制、易于推广等特点，充分激发孩子的体育学习兴趣，受到孩子们的欢迎和家长的认可。

2. 多维度思考，多角度设计，夯实教学内容

在制作云课的过程中，我始终秉承做角色大于做自己的原则，在设计教学活动时，以家长的角色思考在家里能够做什么，练习活动设计时，要从孩子的角度感受到底累或是不累，录制云课时，要以老师的身份，将毕生所学融入这20分钟，审定录课成果时，要从专家的视角挑毛病，找瑕疵。

3. 通过大量的课程实践，实现自我价值

我作为沈阳市名师，连续录制了6节沈阳体育云课，改制了3节云课和4节居家篮球锻炼视频上交辽宁省教育研究院播出，1节篮球课在学习强国慕课平台播出并上报国家教育部，同时还接受了《沈阳日报》等媒体的采访，社会评价良好。可以说，在居家云课的设计与录制过程中，从课程设计初的教师角色转换到居家运动新模式的实践探索，从云课录制过程中的反复研磨到修改视频呈现的精益求精，这一切的付出，

都是我实现自我成长、自我提升的过程。

【活动感言】

家长在留言板上这样说：刘鹏老师录制的体育云课，突破了场地与用具的局限性，为孩子们打开了篮球锻炼新方式与途径的大门，将篮球游戏运动与居家室内的情景相融合，既不拍，也不投，各种篮球亲子游戏，拿着"报纸球"，也能完成传接球的学习任务，孩子兴趣高涨，也增进了家长与孩子之间的互动，为刘鹏老师点赞。

孩子这样说：疫情在家里太无聊了，真没想到，老师居然能在家里给我们上篮球云课。不出声，不扰民，做着游戏就把传球和投篮都学会了，太神奇了！今天课上我玩了一身汗，真舒服呀！

项目价值

1. 增强锻炼效果：根据课后反馈及大数据统计，同一内容、同一课表、同一年级，全市数十万学生同时在线观看，孩子们能够在云课上了解篮球知识和比赛规则，学会篮球室内游戏的多种玩法，多数的男同学提升了球性熟练程度，增强身体核心力量，而更多的女同学则发展了身体的协调、灵敏、柔韧等素质。所有人在跟随老师保持持续运动身体出汗的同时，促进了血液循环、提升了心肺功能、拉伸了筋骨韧带，激发了身体活力。有效地达到了锻炼效果。

2. 增强亲子关系：通过模仿教师与家长进行亲子配合互动游戏，增进了亲子关系，促进了家庭和谐的氛围。

3. 创新家庭锻炼方式：克服居家球类游戏条件器材的不足，积极练习并能在家人的配合下顺利完成各种游戏任务，学到居家锻炼身体的多种方式方法，家校协同、共同促进孩子健康成长，培养家庭体育的理念。

4. 创新体育云课新模式：教育部体育卫生与艺术教育司司长王登峰在国新办新闻发布会上表示："将来体育课也必须布置作业，要把文化课的作业减下来，体育课作业加上去。"

疫情期间，我们用云课堂的模式为孩子们进行居家授课。在倡导布置体育家庭作业的背景下，我们将会在周末或是假期也通过云课的方式指导孩子们进行家庭体育锻炼，完成家庭体育作业，让体育教育，从操场上通过网络走入到孩子的家庭中。

第四节　关明老师的"班级阅读社区打造"

项目立意

从教三十二年，让我深切感受到阅读是学生与外部世界的触摸方式，是他们精神世界丰富成长的引擎，基于此把握好小学阶段这一成长的关键期，挖掘出有效的方式提升学生的阅读能力并借此培育学生终身学习的持续动力是我作为班主任的重要责任。近年来，协同教育的理念指引我摸索出了提升学生群体阅读成效的一条新路——打造班级阅读社区。通过建立系统之间的联系，实现了班级教育与家庭教育以及延伸到社会教育的有效协同，助推阅读成为学生童年生活的有机组成部分。

项目实施

我把班级视为一个阅读社区，所有学生都是社区成员，大家集思广益，共同策划教室阅读氛围、环境布置、阅读形式等方面的内容。班级大社区又根据每个学生的阅读需求、个人自发的兴趣和愿望、阅读水平将学生分成不同的小社区（三人行小组），为每个学生提供适合的阅读目标、阅读路径、阅读内容、阅读方法，促进了每个学生在学习上获得更丰富的阅读体验。

班级阅读社区建设的具体策略为打通"广读、思辨、积累、表达"四方面路径。

1.广泛阅读——建立班级流动图书馆，提倡积极借阅，每天定时阅读、周末海量阅读。根据新课程标准，高年级学生每学期 50 万字的阅读量，中年级 30 万字，低年级 10 万字，细分至每天每周每月，期望学生由日积月累到厚积薄发！

2.深度思考——突出"理解和辨析"。建立每天早自习 7：50"成长胜经"栏目。孩子们会按学号登台绘声绘色讲述读过的一个个精彩的故事，呈现孩子们独特的读书感受：有敦厚宽容的长者之风；有激情澎湃的爱国之情；有游子悠悠思乡之切……之后每周五早自习甄选出一周以来最具代表性的分享，再组织孩子们各抒己见，更深入地交流品读感受。通过品读思辨，让一个个古今中外的成才立志故事激发学生高涨的学习热情，开始新一天的学习！

3.专项积累——突出不同年级学生积累的不同内容，低年级借助拼音阅读，以口头识记为主，中高年级重读文有感，文字书面积累！既注重书面积累又注重交流积累。例如为学生"起学名"成为我带班的惯例。接班尽快了解学生后，我会根据每个孩子的性格特点及特长优势用褒义成语的形式给班上的每一个孩子起个名字。如班上的一位学生舞蹈跳得非常好，当我给她取名为"翩翩起舞"以后，由于舞蹈这项专长的信心，让她尝试在其他方面有所表现，并获得长足的进步。就这样"足智多谋""神机妙算""专心致志""妙趣横生"等学名在班上孩子们之间传开了，老师这种深情厚爱的滋润，必然使孩子们产生一种自尊、自爱、自信、自强的心理，在这种心理的推动下，孩子们的自主性、自觉性得以最大地发挥，朗朗上口的成语积累弘扬了中华传统文化精髓，口口相传，潜移默化，让积累与成长双向提升。

4.乐于表达——搭建五个表达的舞台

（1）合作表达——开展的"三人行"活动，灵感源于"三人行必有我师焉"。全班同学每3人组成一个"三人行"小组。无论课上课下，这一堆排练课本剧，那一伙准备小竞赛；三五成群相互合作，他们有激烈的争辩，也有和谐的研讨；团结合作中增进了友谊，促进了团队的提升。

（2）每日表达——每晚放学前开设"让赞美开花"栏目，先由主持人诵读一句有关赞美方面的名人名言，随后孩子们畅所欲言，将一天学习生活中，用自己发现的眼睛看到的小伙伴的闪光点，用美好的语言表达出来！并延伸到后来建议家长在晚餐或家人团聚时有意选择一些正能量话题与孩子分享，丰富孩子美好的内心世界。日积月累让学生们在日间分享时言之有物。

（3）书面表达——心情日记写我心。引导学生们每日用日记记录生活的点点滴滴，对班级的热点进行评说，成为自主管理及师生有效沟通的良好平台！每学期"心之味"

心情日记集都会如期出版，让孩子们爱不释手，圆了孩子们的作家梦！

（4）建群表达——朗读者沙龙·博阅七班群，每晚相约交流，欣赏美文，切磋朗读技巧。参与人数由最初二十多人发展到七十二人，形式上由少数人的朗读秀、范读、仿读，到后来的一家三口共读，还有外地来沈探亲的带着浓重的乡音参与其中。当群二维码在一次区级论坛上对外发布时，也不乏兄弟学校的同行饶有兴致地入群观摩学习。在由热爱朗读到提升朗读艺术的过渡中，我还聘请儿童中心叶子老师做艺术顾问，巧借外力求得对孩子们更好的指导！

（5）活动表达——尝试"微班会"模式，用于每周五班会时间，以三人行小组为单位，共同围绕主题开展交流活动，从撰稿背稿脱稿，足见表达非一日之功！

项目成果

班级阅读社区的精心打造，使我带的班级俨然成为了一个小小的学习型组织。几年的班级阅读实践有量的积累、质的提升、情的交融、团队的共进、家校的积极互动。借用经典表达：于智——循序而渐进，熟读而精思；于文——劳于读书，逸于作文；于言——学生们出口成章，词不穷竭；于我——作为教师锲而不舍，金石可镂，以师者影响家庭教育，带动社会文明。

第五节　于欢老师的"小脚丫走世界"班本课程

项目立意

说起旅游，如今已不再是什么新鲜事，凡是节假日，我们的朋友圈定会被一个个美景胜地刷屏，作为老师，我们也会感受到刚刚走出校园的小朋友们转眼间就你在天之涯，他在地之角了。我的"小脚丫走世界"的活动，就是从娃娃们的家庭旅游说起的。它结合班级学生家庭经常会利用节假日外出旅游的背景，构建"确定目标—游学探究—资料整合—汇报收获—拓展延伸"体系，把家庭旅游活动和德育教育、亲子教育、实践拓展教育、综合性研究教育等巧妙地融合在一起，很好地诠释了多样的、开放的、综合的大教育观的理念。

项目实施

【设计思路】

借用一个词"游学"，大家肯定听说过，其实游学是一种升级版的旅游方式，溯源于文圣孔子周游列国的治学精神。"读万卷书不如行万里路"，游学把读书行路都占了，一定是会给学生带来全新的思考和升华，它的起点和定位，必定高于被动地听介绍、拍照的单存旅游。而我的活动设计，是把握住了热门但又被忽视的教育资源，让家庭旅游提升为家庭游学，而这种格局一旦被放大，必定会在宽松新奇的环境中，激发起学生因应试教育埋藏在心底的内在的强大潜力，孩子们也会在探究的路上，不经意间变得自信、变得主动、变得有责任感，我想，无论是家长还是我们，都不得不承认，这正是孩子们所缺失的。

【活动过程】

构建"制定攻略—游学探究—资料整合—汇报收获—拓展延伸"体系

（一）制定策略：大人们在制定旅游攻略的时候，孩子们要确定其中的一个点为自己的目标，比如周诗颖家庭暑假去的内蒙古呼伦贝尔大草原旅游，小诗颖在家长作出决定后，就选取并确定了探究的点是蒙古包，目的是解密蒙古包，解密的手段是亲身体验、查找资料以及采访群众。

游学探究：

1. 制定了策略之后，小诗颖上网搜索了关于蒙古包的很多信息，如"为什么使用蒙古包""蒙古包的变革"，并且，她还查到了蒙古族的一些习俗，如摔跤、赛马等，大量资料的查找丰富了她的精神世界，也唤起她对那个草原上民族的向往之情。

2. 一路上，她不断地询问导游、拍摄照片、和当地居民聊天，通过实地考察探究，她发现了如今的蒙古包通上了水电，有水冲厕所，可以使用煤气罐、电磁炉，还能洗上热水澡，铺着羊皮的床铺跟住在宾馆里一样舒适，总之如今的蒙古包已经紧跟时代的步伐，说明少数民族的发展在与时俱进。

资料整合：旅游回来后，小诗颖认真整理了游学单，并把自己在探究蒙古包上的收获制作成 PPT，写了一份演讲稿。

汇报收获：早自习，是同学们最期待的时间，每天都有一位同学进行汇报展示。这一天，小诗颖还穿上了那身特意为了给同学们演说买回来的蒙古族服饰，还教同学们跳了蒙古族舞蹈的几个基本动作，效果特别好。

（二）拓展延伸：小诗颖的汇报结束了，同学们向她询问了很多感兴趣的问题，也有同学交流了他们在旅游中所见到的别的少数民族的风俗习惯。提问是深度探究，交流是心灵撞击，分享是强化主题，延伸是拓展广度，最终达到的目的是渗透，是落实民族团结、传统文化等教育。

项目成果

"小脚丫走世界"活动已在三届学生中开展五年了，每天一位从未间断，他们根据家庭情况不同等诸多因素，酌情选择了走家乡、走祖国、走世界三条主线中的一条，足迹共遍布三个大洲、13 个国家、38 座城市。

"一种策划""一个探究""一份总结""一次分享""一段感悟"这种螺旋式上升的模式，带动了学生核心素养的提升。走出去是实践，带回来是经验，交流时是分享。我们班的孩子是幸运的，在小小的一间教室里，每天的早自习却能跨过时间和空间，走向外面精彩的世界。同时，也带来了不一样的收获。

【班级整体层面】

孩子们格局发生了变化，用科任老师的话说就是积极、热情、理智、和谐。虽然班级内部实行的是学生自我管理，但是班级周周被评为行为示范班、卫生示范班、间操示范班，被老师们争相使用上各种公开课，班级被评为区市优秀班级，班长车佳宜被评为全校仅一名的沈阳市优秀少先队员。

【学生个体层面】

1.孩子们的资料收集与整理能力增强。以综合老师布置的社会调查实践学习单为例，我们班上交率达到 100%，优秀率 100%，远远优于年组其他 13 个平行班。

2.孩子们的观察能力和写作能力增强。2018 年上学期末，在学校组织参与的一个全市作文大赛中，我校获得了 2 个一等奖，3 个二等奖，其中只有一个二等奖是外班的，其余都是我班学生。

3.孩子们的思维能力和表达能力增强。由怕站在前面说变成了敢站在前面说，由站在前面背着说变成了站在前面即兴说，由被迫站在前面说变成了迫切站在前面说。

【活动感言】

1.学生：最快乐的事，就是背着属于我的相机去旅游。探究我想知道的秘密，解开心中的谜团。讲给同学听的时刻，是幸福的，有一种使命感，必须把自己知道的都告诉同学们，不然就白去了。

2.领导：于老师的这项活动的开展已经形成了一定的规模，摸索出了成功的经验，特别值得推广和普及。

3.家长：通过活动，孩子们知道旅游不再是走走停停，拍拍照片，而是学会了钻研和探索，简单的问题自己钻研，不懂的问题问导游、问当地居民。我的孩子把自己的旅游探究演讲发布在喜马拉雅的公众号里，短短几天就有上千条点击率。

凡事皆教育，作为教育者，要有一双善于发现的眼睛，要有一种无时无刻不在的教育意识，只要抓住契机，找准切入点，每一次经历，每一个挫折，都可以成为切入点，成为最好的教育契机。

世界，在一拨又一拨孩子的眼中，变得越来越小了；教育，在一代又一代的学生的身上，变得越来越新了。我的"小脚丫走世界"活动，已经从行知的五六年级，走到总校的三四年级，如今又要走到东校的一二年级了，但脚丫无论大小，我都会继续引领他们走下去，送他们去追寻诗与远方，探究更为精彩的世界。欢迎你，和你的孩子们，我们一起走！

第六节　黄丹丹老师的"思维建课"项目

项目立意

我在从事国家课题《中小学生学习力培养研究》的过程中，始终致力于全脑母语心智发展课程的研究与开发。在教学过程中，我深深体会到了这门学科的魅力——学生在日积月累的学习和训练中愈发彰显出惊人的学习能力，以及良好的思维模式对学习能力的促进作用。就这样，在学校"学习力"大项目的带动影响下，开始了我们班独有的小项目。我把孩子们感兴趣的"记忆训练""思维训练""绘制思维导图"等带到了课堂，重新建构、立体打造，并赋予它更有意义的名称——"思维建课"，即"用思想建立模式，以思维剑走天下"。力求助推学生拥有更美好的未来。

项目实施

让记忆力训练融入学习

记忆力是识记、保持、再认识和重现等能力的综合体现，在小学学习阶段，记忆力起着决定性的作用。然而，记忆能力的强弱并非天生，是可以通过训练来弥补的。我深知这一特点的重要性，于是先把"谐音定位记忆"带到了语文课堂。记得三年级的一个百花园中要求背诵并掌握带"春"字的成语，学生用谐音定位记忆，把谐音定位词和要求识记的词语结合在一起编故事、搞串联、一一对应、两两挂钩。这样记忆，既全面又牢固，数量远远超过书中所给的九个词语，每人积累记忆二十个以上。我们还用联想记忆法、图表记忆法、特征记忆法、感官记忆法等记忆了二十四节气、三十六计、五十六个民族，甚至是 π 的小数点后面的 200 位数。这些记忆积累，学生并没有"死记硬背"，却得到了事半功倍的记忆准确度和长效性。

让思维可视化融入学习

记忆带来的乐趣是直观的。当然，思维模式的培养才是我们的落脚点。语文课的板书，不再是稀稀拉拉的几个词语，取而代之的是五颜六色的清晰明了的思维导图。我们边讲边画，教会孩子们梳理脉络，提炼关键词，更深刻地去理解课文，鼓励孩子有自己的见解和想法。同时，我也把思维导图引入到作文的讲解中，和孩子们一起为各类作文归纳、总结、建模，降低写作难度，积累写作技巧，从而提高写作水平。从会写"一个文"到会写"一类文"。我认为，这不仅仅是一种形式的改变，更是一种思维的成长和变化。在潜移默化中，帮助孩子形成多元、多线条、多线索的思维习惯。数学复习课上，也有我们的"建课"行动。在单元复习课上，我们利用思维导图把各个知识点形成知识网，再将知识网结构化。这样，每个孩子都会根据自己的整理，形成一个独一无二的专属知识网络和思维体系。这无疑也有效提升了学生的数学思维和数学素养。

课型探索升级语文单元学习效率

随着项目的深入研究，我班首次将原有的科学阅读与常规语文课巧妙结合形成了高配版的全脑课程3.0单元导学课。在教学中，我把导学课前置，帮助学生了解单元全貌，总览单元主题，这也使学生省去大量的预习时间，更是对后续的语文课堂学习打下了一个良好的基础，同时，也极大地激发了学生学习的好奇心。可谓一举多得！

项目成果

多年来的坚持，学生的能力在滚雪球般壮大。单元导学课里，学生学会了知识的整合与吸纳；思维导图中，学生掌握了逻辑思维和辨析的方法；记忆训练里，学生收获了大量的新信息。在这"一课、一图、一特色"里，学生的学习力大幅攀升，并在学习中能够良好地建立清晰、完整、形象的知识架构，不断产生新的想法和灵感，其创造力也得到了发展。

班级特色文化的融入，也让我在班级管理中事半功倍。良好的思维模式像产生了化学效应一般，正在转变着孩子们的习惯和心灵。理性的思考让孩子们更加有章法，也让淘气包们摒弃了许多不良的负面情绪和冲动行为。现在，"淘气包"犯了错误，会在自我反思中用上思维导图分析利弊、解决问题。这些，都让整个班级焕然一新，有了质的飞越。

授人以鱼不如授人以渔。作为基础教育者，我们虽不能决定孩子的未来，但却能影响孩子的未来。在这个知识大爆炸、快节奏的世界里，我们要留给孩子的应该是持续发展的动力和终身学习的能力。"剑客"能力之记忆力、逻辑辨析能力和思考力，无疑是学习新知识和认识未来世界的工具。我们班的孩子，显然比别人多了一件"利器"！

让我们一起，陪着孩子，做"思维的剑客（建课）"，仗剑走天涯！

第七节　律动的童年
——两位班主任承接的跳绳项目

我是班主任教师张洪梅，我班这个小微项目既普通又不凡。说它普通，因为项目就是晨练跳大绳；说它不凡，是因为坚持了整整 6 年。

从传承中走来

每接一个新班，校部领导都会鼓励我们班主任老师选择一项适合本班的育人项目。2016 年 9 月，接班初，我了解到三班低年级班主任孙宏宇老师一直重视孩子们的体育锻炼，每天早上带领学生坚持跳长绳。孙老师三年如一日的坚持让我敬佩。接过班级，我下定决心一定要把这个好的育人项目传承下去。在校领导的指导建议下，我给此项目取了一个很有动感的名字：律动的童年。在速度和花样这两个技术指标的基础上，我还想通过这个项目，用我们师生的坚守，换来三班良好的精神面貌，团队意识，坚韧不拔和乐观向上的心态。

在沟通中推进

想把这么好的运动坚持下去，这就需要家长的支持和配合，小微平台的使用就使我们师生和家长紧密联系起来了。通过晒照片、视频，让家长看到我们每天都在进步；统计晨练按时到校的学生，提示家长督促孩子按时到校晨练；当然这里也有温馨提示：关于天气情况啦，运动不要穿凉鞋了，哪个孩子生病家长也会及时请假，让老师及时了解情况。一开始有的家长不理解，觉得孩子起得太早，又要参加体育锻炼，担心孩子上课没精神。但是后来发现，孩子锻炼后心情愉快，专注力反而增强了，学习效率更高了。于是，家长们每天早早地把孩子送到学校。每天清晨7:25，操场上都会出现一道亮丽的风景线，上演着属于我们三班的速度与激情。每天跳大绳30分钟，算下来，这样一周就是150分钟，1个月就是600分钟，一学年大约就是5000分钟。有了量的积累，我相信一定会有质的改变。

迷茫中寻求突破

随着年级的升高，学业负担逐渐加重，在我们坚持跳绳的同时，看着其他班的班主任充分利用早自习时间带着学生操练各种习题，有些家长提出停止跳绳活动。是选择半途而废还是坚持呢？与其困惑郁闷，不如想出应对的办法。根据出现的问题我是这样做的：一是与家长多沟通，扭转他们的观念，孩子的身体是第一位，什么也没有健康重要。二是课前精心备课，认真上课，向课堂40分钟要质量，精讲精练，减少作业量。不加重孩子课业负担成绩又提高上来了，事实让家长更加信服。三是关注后进生，这部分孩子家长也是最累的，多关爱这部分孩子，在学习上多帮帮他们，让这部分孩子更好地参与进来，这样我们的育人项目开展得才更加有意义。

在坚守中蜕变

我的做法得到了校领导的支持关注，安排了专业跳绳的刘宇老师，每天早上陪练与指导。得到专业指导后，孩子的进步突飞猛进，六年来不间断地练习，不但有速度的提升还有花样上的创新，我们取得了一些令人惊喜的成果：花样上从两个人拉手齐跳练到了五人拉手齐跳。速度上也在不断刷新纪录：2017年11月举办的沈阳市中小学生"十百千万"强身健体团队计时跳绳赛中获沈河区第一名，3分钟跳340下；12月份代表沈河区参加沈阳市的比赛，再创新高，3分钟跳出390下，取得了沈阳市第一名的好成绩。2018年11月举办的沈阳市中小学生"十百千万"强身健体团队计时跳绳赛中再获沈河区第一名，并刷新了去年市里比赛的纪录，3分钟跳出428下；令人更加惊喜与振奋人心的也是在2018年，11月17日辽宁省体育总会主办的跳绳锦标赛中，孩子们力战群雄，脱颖而出，以绝对优势喜获小学甲组 10 人长绳 8 字跳第一名，为沈阳市、沈河区和二校争得了荣誉。

竞赛成绩的取得是振奋人心的，透过成绩我更看重的是孩子的健康、体能的提升：每学期体检，我们班的近视率是最低的，肥胖率也是最低的，即使有一两个稍胖些的孩子也被称为灵活的胖子；体测全部达标，达到优秀的孩子占 85%，春、冬两季感冒、发烧的孩子少之又少。同时，运动让孩子们的头脑更加灵活、学习更加专注。孩子们的记忆力超常，经常为前来参观的领导老师做展示，会场上他们落落大方，获得了与会嘉宾的一致好评；校内外老师做公开课，我们班也是首选。运动也使孩子更加具有集体意识、团结意识，孩子们守规矩、懂礼仪，班级周周被评为纪律和卫生示范班。小小的一根长绳，成为了三班不断向上成长蜕变的引擎。

实践中的思索

让一个孩子天天跳绳，他学会了坚持；让两个孩子一起跳绳，他们懂得了合作；让三个孩子一起跳绳，他们理解了迁就；让四五个孩子一起跳绳，他们领悟了什么叫集体！让一个班的孩子跳绳不难，难的是天天跳。在 2018 年 12 月区班主任经验交流会上，主持人问了一个这样的问题："是什么支撑你们班的项目一直坚持了五年？"我思索片刻，坚定地说："任何一项事业的成功，背后必然有不懈地坚持，这就是我要给孩子们的人生态度。如果说未来初中三年拼的是体力，高中拼的是定力，大学拼的是心力，终身留下的是成长的智力，那么我希望这根长绳培养出的是孩子们受用一生的好的身体素质、好的生活习惯、优秀的品质、远大的人生追求。"

有人说"教孩子六年，要想孩子六十年"，为师者，我们应担起为孩子一生的健康奠基的"责任"。作为小学教师，我们带给孩子们的不仅仅是知识、健康，还应有坚持不懈的信念，积极向上的人生态度。只要心怀教育的理想，哪怕是一根再普通不过的长绳，也能摇出多彩的童年！

如今我这个班的孩子已升入初中，我会继续追踪下去，看看孩子们未来的三年、六年、十年甚至二十年的成长变化……我也会带领新的班级继续跳下去，我憧憬多年以后，当学生逐渐将书本知识淡忘，留下的是我今天播下的种子，它饱含了一个教师的信念，一种长年累月的坚持。

我是文艺二校集团大家庭中 560 名成员中的一员，我们中的每一员，都在坚持把一件小事做好，一件，一件件，我们用坚守之笔，让"责任"二字，越发遒劲、闪亮。

我是文艺二校集团大家庭中 560 名成员中的一员，我们中的每一员，都在坚持把"育人微项目"做好。一项，一项项，我们俯下身去，于小处发力，于一点扎根，以小求实，以小求精。一根长绳，让我们的孩子们，自信幸福地站在了校园的中央。

我是文艺二校集团大家庭中 560 名成员中的一员，我们中的每一员，都在坚持把一个教育行为做好，质朴深沉的坚守，迸发出智慧教育的磅礴力量。

第八节　徐海龙老师的"少年演说家"班本项目

叶圣陶先生认为：语文就是语言，就是平常说的话，嘴里说的话就叫口头语言。所以作为语文教师，我在全面抓字词句篇章学习的同时，还以课前三分钟演讲的形式对学生进行口语训练，演讲能有效调动学生运用语言表情达意的兴趣和热情。

项目立意

1. 课前缓冲　进入情景

很多学生往往在课下期间，爱与同学打闹玩耍。因此，在刚开始上课的时候，学生很难立即收拾好心情进入语文学习的状态。然而，语文课堂的课前三分钟演讲，有利于迅速集中学生的注意力，给予学生一定的时间去平复亢奋的心情，教师也更加容易引领学生进入接下来的课内学习。

2. 滴水成河　开阔视野

学生会在准备过程中选取自己想要的材料，这个过程无疑增加了学生的课外阅读量。而其他同学在倾听的过程中，也会通过演讲者的传达接收一定的信息。滴水汇成江河，小小的课前三分钟聚少成多，一个个精彩的瞬间，一次次用心的表达，一个个动人的作品，开阔着每一名学生的视野。

3. 提升能力　历练勇气

在当今社会，良好的语言表达能力与当众说话的勇气是人们从激烈竞争中脱颖而出的必备技能。课前三分钟演讲就是一个很好的契机，学生需要在三分钟之内将自己所准备的内容能够完整地表述出来，并且克服自己紧张的心情。从中锻炼了自己当众说话的勇气，提升了自己的语言表达能力。

项目实施

1. 个人赛——以点带面

全班 45 人，分 9 组进行，每组 5 人，每周进行一组，每天语文课 1 人进行演讲，每周评选出周冠军。万事预则立，不预则废。学生要想在演讲中出彩就必须做好演讲准备工作。考虑到孩子缺少经验，又怕很多家长会越俎代庖，因此在《少年演说家》个人赛初期，我没有给每名同学设置固定的主题。这样，学生相对来说就可以选择自己擅长的内容进行撰稿、修改、背诵、演讲，也可以向同伴请教，向百度求援，利用书籍、网络搜集素材，组合资源。全班参与个性化的演讲既调动了全体学生学习的积极性与注意力，又丰富了学生的课外知识，促使学生的语文能力在潜移默化中得到提高。

2. 总决赛——以优促优

个人赛决出 9 个周冠军后，我再设置相同的主题，规定演讲的用时，学生准备三天后进行演讲，最后由全体学生投票评选出前三名及优秀奖。总决赛的设置，在锻炼学生语言表达能力的同时，也训练了学生的语言思维能力及对表达文本的辨识能力。总决赛中，学生需要思考在限定的时间内如何把自己所准备的演讲内容精练地表述出来，这中间，学生需要明确文本的主旨，选择有用的信息，并有逻辑地复述呈现出来，让其他同学理解自己所传达的内容。这看似简单的活动，实则不易。而学生在台下聆听的过程中，内心会对同学的演讲做一个评判，并从此次演讲中认识到同学演讲的优点和不足之处，学习他人如何遣词造句。通过长时间的聆听，同时也就锻炼了学生对表达文本的辨识能力从而达到以优促优的目的。这样的演讲才能真正让学生涌动生命的活力。同时，在学与用中交相辉映，相得益彰。

3.巧评价——把薪助火

（1）少"越位"——学生畅言点评

学生演讲后，我并不是用一言堂方式给学生定性评价，而是做到不越位，有效发动其他学生对演讲进行多角度、多维度的点评。具体是这样实施的，第一组学生在演讲时，第二组的5位同学针对第一组演讲同学的演讲内容、语言、感情、论据、表现力五个方面进行打分，每项20分，共100分，去掉一个最高分和一个最低分，取平均分，决出周冠军，并颁发证书。对于总决赛，我采取了全班民主投票的形式，这样他们就可以畅谈收获或提出意见，同伴既栽花又摘刺的评价能促进演讲者发现不足，明确方向。

（2）重"补位"——教师权威评价

相对于同伴评价，学生更重视教师的权威评价。因此，综合所有学生的建议后，我再发挥评价中的首席导向功能，进行言简意赅的总结，引导演讲者更好地认识自己，帮助学生快速提高驾驭语言文字的能力，增进对语言文字的热爱和民族文化的自信。

（3）不"缺位"——演讲者自我评价

现在的学生大多都是家里的独生子女，性格上大多以自我为中心，认识能力不够全面。多数人都能够评价他人，但对自己却很难有一个比较客观清晰的评价。因此，认识自身的不足是非常重要的。这随时要求学生保持谦虚的态度，还要求学生能对自己的课前三分钟演讲的过程进行自我反思与判断，能清晰地认识到自身的不足。当然，如果课前三分钟演讲的环节让学生进行自我点评的话可能会影响接下来的语文教学时间。因此，在学生演讲中，我会借助录像设备记录学生演讲的过程，并在回放视频片段中给予演讲者个性化的指导，引导学生意识到自己的优点与不足，并将自我点评加入到学生的家庭作业中或是写进日记、周记之中。在课后的时间，学生有更多时间反思自己演讲过程中的不足，还可以向其他同学寻求反馈意见，综合多人的信息，学生对自己就能有一个比较全面的认识，提高学生的自我评价能力。学生有自我评价的能力也能促使自己在其他学科或事物上更好地学习。与此同时，有力带动了全班学生演讲水平的提升，最终实现以点带面的目标。

项目成果

篇篇俱是云烟满，句句皆取锦绣裁。《少年演说家》微项目实施一年来，全班学生上台三轮，无一落下。学生由开始时的不敢上讲台到现在的争着要上讲台，由开始的无话可说到现在的滔滔不绝，由开始的忸怩拘谨到现在的声情并茂，由开始的不知所措到现在的潇洒自如。我真切地感到一个小小班本项目的坚持带给学生们的成长！

第六编　辐射促进品牌增值

　　"街街甜水井，满城桃李春"。这是文艺二校的校外辅导专家张鹏社长对二校集团化成果的评价。通过空间集合、管理复制、文化传导、成果输出，沈阳最好的基础教育资源，正在更广阔的地域、人群内传导着探索和创新的热量，营造着优美而亲民的教育景观。他们因地制宜，大胆实践，既充分理解各区域发展不平衡的现实，又极致发挥学校和师生的主动性、积极性、创造性，"一生二,二生三,三生万物"，精准高效地执行着上级政府的部署，从人民群众最关心的热点难点问题入手，着力破除各个层面的障碍，努力解决各类层级的矛盾，不断增强着自身改革发展的内在动力（二校管理的动车模式），把"办好人民满意的教育"大蓝图，一步步在沈河区、沈阳乃至更广阔的地域落到实处。

　　文艺二校的集团化办学自 2009 年起，至今已走过 11 年的发展历程。11 年来，到底发生了什么样的改变，可能正如一些家长所说的："上名校的梦想，照进了普通人家的现实。"在这期间，沈阳的基础教育也实现了从"基本均衡"向"优质均衡"的跨越发展。借助集团化的整体推进，优质教育资源被有效拓展，更广泛的家庭、更多的学生受益，这是赢得沈阳各界广泛认同和赞许的德政、善政。优质共生是集团化办学的核心特征，也是探索集团化办学的根本目标，文艺二校在"做好自己"擦亮责任教育品牌的同时，更是"兼济区域"，通过集团共同体建设、城乡共同体建设、跨区域委托办学等形式，极大促进了责任教育品牌的辐射增值，一所优质学校所担负的社会责任，实现了最大程度的延展。

时至今日，文艺二校的集团化办学已经从最初单一的"加入型"阶段走向"加入型""内生型""联盟型""委托管理型"并存的复合发展阶段。

"加入型"是基于资源整合的文艺二校分校（分部）模式，采用紧密型治理结构，实行集团校务委员会领导下的总校长负责制，实施"一套班子、统一管理、条块结合"的"一体化"管理。

"内生型"是基于合理控制集团规模的思考，以文艺二校分校模式，将集团内培优成熟的校区独立建制，逐步达到国家督导规定中的中小学标准规模。先合后分，确保了集团核心校优质基因在分校的高度融合与传承，并且成功地裂变与新生。

"联盟型"是基于共同体建设的集团成员校模式，采取"松散型"治理结构，实行集团管理委员会下的校长负责制，实施"多个法人、资源共享、自主管理"的运作方式。在集团长学校的引领下，成员学校间"理念共融、资源共享、管理互通、研训联动、质量同进、项目合作"，实现了以强扶弱，共同发展。

"委托管理型"是一种跨区域的合作办学模式，文艺二校采取契约方式，通过向委托管理学校委派管理团队，输出质量标准，进行全方位管理方式，来促进委托管理学校办学品质的整体提升，成为当地老百姓"家门口的好学校"，借此实现优质教育资源的复制和推广。

十年的集团化办学探索之路，文艺二校初步构建了自己的优质教育辐射体系，导热不耗能，扩容不降质，形、神、魂一体，力争让每一所学校都拥有持续向上生长的力量，让每个孩子都享有公平而有质量的教育。

第一章　集团发展共同体的共享增值

缘起：区域教育优质均衡发展的需求

2006 年，沈河区被沈阳市教育局确定为义务教育均衡发展综合实验区，探索建立学区化管理制度，利用"火车头"的原理，根据现有公办学校的分布情况，以优质学校为龙头划分"大学区"。"大学区"内的学校将打破原有的界限开展教育教学管理，不仅统一组织备课、统一组织教学，还要实现统一安排教学人员，在促进区域义务教育基本均衡上发挥了重要的作用。

2011 年，基于"大学区"管理的先期实践，以及教育强区创建的需要，乃至区划调整后东西部地区教育差距较大的现状，沈河区以公办优质学校为总校，一举成立了 10 个教育集团，将当时全区 54 所中小学、5.8 万学生一次性全员纳入，在全国率先启动区域性集团化办学，呈现全员纳入、覆盖全区，多型多路、不同模式，互补互充、兼容个性等三个特点，标志着区域义务教育从基本均衡迈向优质均衡的发展阶段。而此时的"先行者"——2009 年即开始了集团化办学探索的文艺二校教育集团，已经形成了"紧密型"（一校四部两园五址）与"松散型"（五所成员校）兼容的、比较成熟的集团化办学格局，其一步步稳健而坚实的品牌增值之路，也成为一定意义上的镜鉴和标尺。

集团发展共同体指的就是采取"松散型"治理模式的学校。文艺二校作为集团内核心学校承担集团总校角色，成员校包括原沈河区的文艺一校、大南一校、师校附小以及原东陵区的泉园小学、六一学校。集团内各成员校人、财、物独立支配，是平等合作的关系。在发展共同体中，核心校与成员校之间绝非"削峰填谷"的单向输出，而是深度融合的抱团发展。文艺二校作为核心学校，其责任和义务就是突破各种教育要素的固有边界，把优质均衡效应拓展至各校区，为集团内各成员学校的管理、师资、科研等的发展提供资源支持，使各成员校在注入核心学校优质基因的同时，又绝不丢掉原本的定位和特色，努力实现集团校内部的共享、互通、共荣，促进每一所学校尽可能地健康发展。

如果说企业的品牌辐射增值，本质上是一种排他性的竞争手段，是与其他企业进行零和博弈，那么文艺二校集团的品牌辐射增值，则追求的是最大程度的共赢，"赢得全社会各阶层广泛认可"是唯一的考评标准，其辐射延展的过程，绝对不能脱离母品牌的核心价值，要千方百计确保原有责任品牌的相似性、趋同性，拒绝任何程度的品牌稀释和标准折扣，也就是说要增体量、增质量，但是不增加社会的投入成本，要巨大产出，不要巨大投入，这样违反物理常识的"魔术"，要怎样完成呢？

每一所校园挂着"文艺二校"招牌，都要经得起最严苛的目光考量，这是压力，这是责任。每一所集团成员校，也都是答案的一部分。

破冰：三同三共一交流，形成共生共荣新生态

集团化办学的最终目标指向，是实现每所学校都优质。如果说"紧密型"是采取"增量推进"的方式"做大蛋糕"，那么"松散型"集团则是采取"存量盘活"的方式"做好蛋糕"。众所周知，在创建教育发展共同体的过程中，采取"松散型"参与的学

校仍然保持相对独立，这也是"松散型"模式的一个重要特征。而恰恰是这种相对独立的形态，容易使"名校带动"仅仅停留于形式融合的状态。要想真正做到"名实相符"，在松散型集团内构建起有效的"创优"机制至关重要。

文艺二校教育集团传承并创新曾经的优秀大学区管理经验，确定了"三同三共一交流"的策略，即共享前沿信息、共享教育资源、共享发展成果；共同科研、共同教研、共同研发课程；有计划交流教师，解决学科性缺编及师资均衡问题。随之，选择适合的实施路径让策略有效落地，使各学校在一个全新的教育公平联合体与教育质量共同体中，让更多的教师更为融合地实现专业成长，让更多的孩子享受更加优质的教育供给。

实施路径一："责任+"让文化互融共生

在沈阳市的集团化办学实践中，文艺二校教育集团走在了前头，成为区域的一个典范。究其成功的原因，无论是"紧密型"的五部三园，还是"松散型"的五所成员校，就是两个字：文化。集团作为一个生命体，内在的文化基因是走向办学成功的动力内核。校园文化是所有教职员工以及学生对学校共同的观点、情感和态度组合，既有社会性又有心理性，校园文化的形成是可引导、可操作的，并最终形成一个有社会意义的文化品牌形象。

作为教育资源主要输出方的核心校，学校文化是强势的一方。但同样应该看到，学校的特色往往需要多年累积，逐渐沉淀，慢慢形成文化基因。如果这些被外来文化所取代，特色被泯灭，学校的归属感会变得无所依托。学校原本的教育生态一旦被毁坏，极难复原。因而，成员校如何"受益而不受伤"，是集团化办学中实现共赢的基本出发点。

面对各成员校之间的文化冲突，集团总校长田冬始终秉持着"和而不同，各美其美，美美与共"的理念，承认并呵护各成员校间的差异性。因为，他深知：只有文化自信，才可能进行平等对话；只有坚守特色，才能实现持续良性发展。田校长与各成员校校长们共同研讨，从教育的使命和责任出发，寻求集团各成员校之间的"多样性统一"，形成了"办负责任的学校；教学生六年，想学生六十年"的集团办学追求，并确立了"责任 +"的集团文化建设理念。在"责任 +"这一理念下，各成员校间相统一的是基本价值观和文化形成机制，不同的是文化特质与优势，各成员校文化在对话与碰撞中互补与创新。寻找二校"意义"、讲好二校"故事"、打造二校"人设"，不忘教育初心，勇担社会责任，在"实事求是"与"追求卓越"间保持健康的平衡的进取状态，这是集团化后，所有成员所认可的文化"最大公约数"。

在集团理念的创新带动下，各成员校从自身办学历史中寻求文化根脉，梳理提炼出自己的"责任 +"理念。文艺二校作为核心校，在共同体的建设中，保持了自身的教育品质和办学特色，实现了集团化办学背景下"责任教育"的品牌延伸、全面升级；大南一校围绕"高尚德行、聪慧善学、良好习惯、健康体魄"确立了"责任 + 养正"的理念，用优秀的传统文化为学生的成长奠基；师校附小作为农民工子弟小学，挖掘橄榄球特色项目的文化内涵，确立了"责任 + 四 zuo"的理念，培养学生"能做、敢做、会作、合作"；泉园小学着力打造"泉文化"，在"责任 + 阅读"的引领下，办一所让师生从善如流、自主发展的灵动泉小；六一学校围绕"责任 + 出彩"的办学理念架构了"七色彩虹教育"课程体系，办多彩教育，育多彩人生。

集团内各学校紧紧围绕"责任"，完成了各自文化的重构与再生，共同形成了一个价值融合、逻辑自洽的共享理念群，也使得集团文化更为多元，更有层次和活力。

实施路径二："共研 +"促运行平稳有序

文艺二校教育集团的共同体建设模式采取"共研 +"的方式，集援教、助教、研教等于一体，既保持各成员校足够的自主性和能动性，又能最大化地对外部资源集约化利用，引导共同体内各主体间形成协作互助、主动交流的良性共生的"伙伴关系"，将共同体规范化制度与总体性目标和各个主体的具体诉求紧密联结，集团共同体建设由初期简单的抱团发展转变为多元主体参与共享联动和创生。

1. 共研 + 诊断：基于分层发展的智慧指导

集团化办学的关键是核心校，作为拥有较多资源的核心校要有强烈的社会责任感，充分的思想准备和足够的支撑实力，通过优秀供给，促进合作共赢。保持缩小差距，才是持续发展的教育均衡发展道路。因而，核心校校长成为推动集团发展的第一动力，也是最强动力。

作为多法人集团校负责人，田冬校长深知自己肩负的责任。他承担了沈阳市"名校长工作坊"的领航重担，首先将集团内各成员校校长纳入工作坊，毫无保留地将自己多年的学校管理智慧进行分享，同时邀请专家一同走进各成员校，为学校的发展全面诊断把脉。

这种诊断是立足于校情的"精准扶持、分类提升、提质创牌"。在诊断中，各成员校校长结合学校 SWOT 报告和发展情况进行汇报，田冬校长与诸位校长逐项分析梳理，在理念文化、学校治理、课程课堂、教师队伍、学生素养等方面进行整体构建。五所成员校准确定位，从品牌学校、高品质学校和新优质学校三个层次形成三年行动方案，做强做精学校发展支柱项目，激发学校内在办学活力，办好家门口每一所学校。

2. 共研 + 菜单：基于实践需求的教研服务

"菜单式教研"曾经是文艺二校大学区管理中的一项重要举措，集团化办学后，这项基于教育教学实践需求的研训服务被保留了下来，同时改变以往的核心校单向输出为全体参与的多向交互。

（1）根据需要"自主点菜"。"菜单式教研"坚持"问题导向、创新驱动"的原则，围绕质量核心，聚焦学校问题，凸显教育热点，注重教研创新。每学期初，各校列出可输出的优势项目及亟待解决的问题；集团办公室经过梳理整合，量身打造服务"菜单"；学校及教师根据自身发展及专业成长需要"自主点菜"。

（2）邀请名师"照单上菜"。研训服务"菜单"分类排列，并按照时间节点制订具体活动方案，根据学校诉求邀请集团内名师或相关专家，逐一"上菜"。具体培训服务形式有送教到校、观课议课、主题讲座、专题调研等。

"同学们听老师的分解语句，看动作演示：双手侧平举，左脚向左迈出一步，左手顺时针方向轮转，经体前至体侧，再体后逆转一圈……"这是沈阳市名师、文艺二校体育教师刘鹏接受邀请在集团成员校泉园小学送教课堂上的一幕。在课后的研讨交流中，泉园小学的一位老师深有感触："'菜单式教研'接地气，这样的活动很解渴，找到了自己与名师的差距，确定了努力的方向；开眼界，收获多。"的确，通过这样一次次的有针对性的教研，教学中存在的问题有了解决的方向，教师教学能力得到了有效的激发，使得课堂更加精彩。

跟踪反馈"餐后消化"。为确保研训的实效性，放大送培效果，集团十分注重跟踪信息反馈和动态管理。每一次活动结束之后，参训人员都要填写反馈单，以研究的眼光看待日常教育教学活动；每个学校派出的骨干教师回校后要对本校教师进行二次培训。在这样"反刍""复盘"的驱动下，每一次研训活动都是"连环跟进"，在一次、再次、不断滚动递进式的实践研究过程中，实现同伴互助，互相引领，优势互补，形成集团全员跟进研究的态势。

3.共研＋项目：基于专业成长的品牌带动

品牌是一个人对自己的清晰而准确的定位。在文艺二校教育集团，倡导凸显个体属性的品牌建设。田冬校长经常对老师们说的一句话是："老师要善于把自己想的做出来，做的说出来，说的写出来，写的传播出去，形成自己的教育主张。"

作为"名校长工作坊"的主持人，田冬校长聚焦三大重点研究和建设项目——学校管理项目"学校治理体系与治理能力现代化探索"；育人项目"基于核心素养的学校课程体系建构"；新技术融合项目"基于'一对一'数字化环境下的智慧课堂探究"，带动各成员校校长有效学习和实践先进教育理念，共享成果经验，开展实践创新，使工作坊成为专家型校长和未来学校领军人才的摇篮。

在田冬校长的影响下，集团内的各级骨干教师也积极行动起来。这些骨干教师具备一定的科研能力、拥有学术影响且已初步形成了专业成果。如，省特级教师江山的"数学思维训练"、省优课教师于欢的"小脚丫走世界"、市骨干教师陈闽的"一沙一世界"、青年教师田耕的"风·雅·颂"等等。集团为他们搭建项目推介平台，让他们带着自己的品牌项目走进各校，群体性地带动参与项目教师的专业提升，让品牌项目在各校"生根"，实现了项目的延伸与拓展、增值。

"名教师、名课题、名项目"，文艺二校教育集团推行的"三名工程"成为强化师资队伍建设的有力抓手。在项目共研、品牌共享的过程中，品牌项目拥有教师持续、创造性地做出价值判断和实践选择，深入省思自己的教育生活和专业发展进程，在实现个体专业发展螺旋上升的同时，也给成员校带去了新思潮、新课程、新教法，如一股正能量的流入，是一种为全体教师增能的行为，切实带动和提升了干部、教师两支队伍向高水平特色化方向不断迈进。得益于"三名工程"的良好运行，各成员校形成新的优势项目，实现对核心校的"反哺"与回流。

4. 共研 + 课程：基于资源整合的校本研发

在高质量实施国家课程的基础上，集聚集团内各成员学校以及社区等单位的课程资源，建设具有集团特点和地域特色的优质课程开发、共享、配送机制，丰富学生学习经历、培养学生基础素养。

2015 年暑假，酷暑难熬，在文艺二校的教研活动室里，却有这样一群人面对着一摞摞教材挥汗如雨。集团内地方课程、综合实践、心理、健康等 8 个学科的 30 余名教师正利用休假时间进行课程攻关，他们将所有学科、全部教材一页页翻阅，一课课核对，找到重复、陈旧的内容，找到有联系可整合的内容。这是集团共研课程的一次大胆尝试，它源于日常教学管理中面对综合实践课程、地方课程、学校活动三者摆位的迷茫，于是有了这样的思考——将综合实践课程、地方课程、校内外实践活动破壁整合增效，诞生了一门强调多样化、实践性学习的课程——《四叶草综合课程》（1.0版）。2017 年秋季，随着辽宁省义务教育课程改革，课程研发小组再次行动，通过分解——将地方课程中与国家课程重叠交叉的内容分解给了相应学科，作为学科教学内容的拓展与延伸；整合——将新版地方课程与综合实践活动、信息技术学科以及校内外活动进行整合，实现了国家课程的破与立、地方课程的增与减、校本课程的融与放。升级后的 2.0 版的"四叶草综合课程"以综合实践的研究性学习为主要学习方式，以地方课程教材为主要主题内容，以信息技术为主要技术支持，课堂学习与课外实践有机结合。当年，"四叶草综合课程"获得辽宁省基础教育改革成果奖项。评委们有如下评价："四叶草课程打破了国家、地方、学校三级课程的壁垒，融入了继承性学习与实践性学习的方式，冲破了学科课程与活动课程的界限，是学校落实地方课程的创新。"

同时，学校将东校区的体育馆、足球场以及顺通校区的乒乓球馆与优质课程结合起来，开发了羽毛球、篮球、乒乓球、足球、排球等多项体育特色课程；师校附小凭借师资优势开设了橄榄球课程；六一学校毗邻沈阳炮兵学院，开展了学军特色项目建设；文艺二校东校区与沈阳农业大学共建，成立了学农基地；大南一校因地制宜，确定并坚持了十余年的国学经典教育。这些特色课程丰富了集团的课程体系，通过好的课程培养孩子们，达到以课立人的目的。

课程是品牌的基石。一门好的课程极具生命力，2.0版的"四叶草综合课程"不仅将学科课程实践化，学校活动课程化，形成生活处处皆课程的教育佳境；而且有效解决了课时臃肿，内容重复，学生无趣，浪费师资的尴尬问题。该课程立时被普及到各成员校，成为集团课程的"芯片"。

实施路径三："交流"激活队伍 从"静水"到"活水"

人才是教育发展的核心资源，也是关乎集团化办学能否长期稳定实施的关键。针对集团发展过程中可能出现的"人才资源稀释"问题，文艺二校教育集团除了启动加速教师专业成长的"快车道计划"，还着力打通各校之间的人力资源壁垒，从"学校人"到"集团人"，人畅其流，教师实现充分交流，师资流动也被提速。

"'流水不腐，户枢不蠹'，流动对教师成长有促进作用，应该不是单方面的稀释，而是良性循环"。田冬校长认为，被稀释应该说是一种暂时现象，从长远看，只要坚持科学、规范、持之以恒的管理，是不会影响学校发展的。"如果将优秀的师资输入到其他成员学校，在带动其他教师的同时，也能增加教师个人的积极性，孩子也受益匪浅"。

骨干教师率先交流。按照"总量不变、结构合理、促进均衡、盘活优化"的原则，文艺二校教育集团探索建立了"骨干教师流动蓄水池"，每年按15%的比例，鼓励优秀教师在集团内柔性流动。激活教师专业成长内驱力的同时，更是彰显名优教师"风格"，促进骨干教师"升格"，引领年轻教师"入格"，让集团教师的综合素质及能力全面提升。

晋级教师必须交流。为解决集团内相对薄弱学校的师资缺口，以及个别学校学科教师结构性缺编的问题，文艺二校教育集团在《教师职称评聘工作方案》中不仅明确提出"在同等条件下，有交流经历的教师优先晋级"，更是在分数量化时将交流经历作为加分项，以此鼓励需晋升高级和一级的教师主动到最需要的学校去任教。

成长教师适位交流。教师交流机制，也让相当一部分教师跨越了自身的"临界点"，在集团内找到了"恰到好处"的发展点，成为有自我成长意识的人。这样的一批教师或是因为年龄，或是因为岗位，或是因为专业发展进入高原期，在原有学校处于停滞状态。集团领导在认识教师自身富矿的基础上，精准识别、度身定制，通过交流，为他们找到了适合的岗位，最终达到了校师互惠。从核心校科任岗到成员校担任班主任的于老师对此深有感触，热爱班主任工作的她在新的学校继续着自己的教育梦。

弱校教师单向交流。相较于目前同行的骨干教师进入流动轨道"传帮带"，我们还从减少组织交易成本视角，探索出集团内弱校教师单向流动机制，安排弱校教师到核心校联合备课，学习取经，教研共建；通过新晋优秀教师补给和原生教师提升双管齐下，使得弱效师资队伍素质快速提升，从外援式支持过渡到内生性发展，从而使集团学校走上内涵式发展的道路。

无论是哪一类的教师交流，为期都是两年，交流期满，教师可自主选择返回原校，抑或是继续在交流校留教。2017—2019 三年间，集团内教师交流总人数达到 150 人之多，切实缓解了各校师资结构性缺编的矛盾。名师反哺集团，集团催化名师，其间所有人的奋斗、提升，都在讲台上、平台上找到了释放自身价值的合适位置，因为二校的品牌增值，层级提升，"真正让教师成为令人羡慕的职业，使人温暖、令人振奋，教师的幸福感和获得感油然而生"。

以教师专业提升为指向的教师交流，由最开始的被教师不理解而抗拒，到之后的主动报名、欣然前往，教师流动的内在动力被激发，开通了一条通向优质教育深度共享的大道，实现了文艺二校教育集团师资力量的整体均衡，为更多孩子带来了优质教育！正如二校专家团队所评价："教育领域很多热点难点问题，如老百姓意见最多的择校，在很大程度上是因为教师水平不同，提高整个教师队伍水平才是办人民满意教育的最根本之道。可以说，加强教师队伍建设抓住了深化教育改革的'牛鼻子'，是整个教育改革发展的灵魂。"

成效：成员校各美其美，沈河孩子无差别就学

集团化办学是不是削峰填谷？优质资源会不会被稀释？集团名校是否被"复制、粘贴"同质化……这些质疑在集团共同体建设的实践中得到了答案。

核心校：格局放大，浴火重生，破茧成蝶

为了防止"浓茶变淡"，保证名校充分发挥辐射作用，文艺二校紧紧抓住教师和管理两条主线，让人尽其才，让学校各展其能。架构了"条块相辅，扁平布阵"的雁阵管理模式，将管理中心下移，充分授权给各校区执行校长；建立了更为合理的干部教师队伍培养机制，集团制定统一的教师上岗培训和考核评价制度，激发教师集体荣誉感和工作热情；颠覆传统的教师聘任模式，变学校单向聘任为学校与教师双向互选，先定岗再定人，岗位机制从"都有位"为"能者上"……一系列创新举措助推了文艺二校从传统名校向现代知名教育集团迈进。

如今，文艺二校的五部三园惠及全区 8800 余个家庭。面对每年招生占比全区 25% 以上的现状，田冬校长坦言："追求发展的内因被激活，优质资源这杯'牛奶'不仅没有被稀释，反而实现了教师成长的规模化，教学效益的最大化。"

薄弱校：改一所强一所，整合资源，质量提升

师校附小、六一学校师资力量相对薄弱，社会美誉度不高。集团化办学为这些学校的教师和孩子们带来红利，择校现象日渐减少，还出现回流现象。

师校附小加入文艺二校教育集团后，在核心校的指导下，针对农民工子弟开展"代理妈妈"党建项目；同时，结合自己学校的橄榄球文化，开发了有利于学生发展的"四 zuo 课程"体系。当从文艺二校交流到师校附小的赵恒新老师出现在阳光分班的现场时，新生家长难以抑制内心的惊喜："我们太幸运了，搭上了教育均衡优质发展这班快车。集团化办学让农民工的孩子也有机会摊上名校来的名师做班主任！"

六一学校在核心校的把脉诊断中，围绕"为学生幸福多彩人生奠基"的办学理念，构筑彩虹课程体系，培养自信儒雅、坚韧乐观的"多彩少年"，打造一支"多彩"教师团队。张校长自信地说："集团共同体建设让我们在给学生提供适合的、优质的教育上迈出了坚实的一步！"

城郊校：抓一点带一片，向城区学校看齐

文艺二校新宁小学地处原沈河与东陵的城乡接合部，受益于集团总校从师资到管理的全方位"传帮带"，实现了整体办学水平的跨越式发展，成为集团内前期"培优"成熟的校区独立建制，也成为城郊学校的新典范，形成了新的教育品牌。

近十年的集团发展共同体建设成果显著，但是二校集团的掌舵人田冬校长却依然充满紧迫感："没有高质量的公平不是真正的公平。步入集团化办学 2.0 时代，我们通过顶层设计，为集团共同体的建设架梁立柱，在品牌的内涵和优质上做足了文章，真正实现了集团内的孩子高品质、无差别就学。但是，向全国义务教育优质均衡发展去迈进的路，还很远，很长。"

展望：向全国义务教育优质均衡发展区迈进

在推进集团化办学过程中，文艺二校教育集团通过集团发展共同体建设，顶层设计、科研引领、精准扶持，使集团内每所学校都优质，实现了从 1.0 版到 2.0 版的实践进阶。

不忘初心，牢记使命，集团化办学的初心就是四个字"公平、质量"。2020 年的"两会"上，李克强总理在政府工作报告中提出，"推动教育公平发展和质量提升"，"让教育资源惠及所有家庭和孩子，让他们有更光明的未来"。不忘总理嘱托，让集团内更多学校成为优质教育资源，回应群众多层次、多样化的教育需求。"志无休者，虽难必易；行不止者，虽远必臻"。当前，沈河教育正朝着全国义务教育优质均衡发展区目标砥砺前行，文艺二校教育集团也在走向集团化办学 3.0 时代，努力实现"规模与质量双赢"的美好愿景。

第二章　跨区域共同体的联动增值

　　作为一所以"责任教育"享誉社会的品牌学校，文艺二校并没有止步于做优做强自身，也没有把促进教育均衡的责任仅仅局限在集团内的共同体建设，而是把名校的社会责任最大程度地进行延展，将优质资源辐射的触角伸向远方，实现教育的扶贫、扶弱。二校专家团队的郭黎言教授总爱讲一个案例：日本的琵琶湖中有个叫冲岛的小岛，居民也只有300人左右，唯一的冲岛小学所有年级加起来也只有11名学生。但是即使这么小的学校，其硬件设施同样非常完善。每间教室都配备着现代化多媒体教学设备，液晶大屏幕、投影仪应有尽有；有专门的科学实验室，配备高倍天文望远镜、显微镜等实验设备；食堂设置了料理制作室，学生可以在这里亲手制作美味的食物；还有图书馆、游戏室、体育馆、游泳池等日本公立小学的标配设置。最关键的是学校的教师配置上也按照日本国家标准来，除了齐备的各科老师，还有专门厨师、生活老师，算下来教职工比学生还要多！我们的孩子不管生活在城市的哪一个角落，也一样要被优秀教育者的光照耀到，一样要分享最好的教育资源！因此集团的每一位专家成员，都在想尽各种办法，让二校的优秀资源，扩散，再扩散，既有物理扩张，也要有精神涟漪的传播。

集团化办学背景下的跨区域共同体应运而生，它跨越了地域界限，让文艺二校的"责任教育"走出了所处的沈河区域，走向了省内外。

在跨区域共同体建设的实践探索中，文艺二校教育集团逐渐形成了自己的特色，即城乡学校发展共同体 + "国培计划"培养基地校共同体 + 校际联盟教育共同体（跨省）三种模式共存，扩大优质教育资源覆盖面的同时，也在全国城乡搭建起了文艺二校的办学网络。

城乡学校发展共同体建设

在我国传统城乡二元结构的背景下，城乡教育的发展水平呈现较大差异。文艺二校的城乡学校发展共同体建设最初就是源于一些想改变农村教育相对滞后状态的学校的一种自发的行为。

沈阳市郊区县以及周边乡镇的一些学校，对文艺二校慕名而来，他们主动联系文艺二校，通过组织领导、教师参观学习，参加名师讲堂和文体活动等联动方式，以共享文艺二校的优质资源，积极拓展自身的发展空间。所以最初的共同体是一种带有一定的"草根"性质的自然萌发。这种原始状态的共同体建设以"取经学习"为主要方式，靠"感情"作为维系纽带，缺失了共建平台和制度建设的发展根基，发展的时空极为有限，合作层次也不高。即使这样，客观上也对农村学校改进做出了很大的贡献，同时也为区域教育均衡发展做出了很多有益的探索。

进入"十三五"中期，为了推进市域义务教育优质均衡发展，沈阳市出台了《推进市域义务教育优质均衡发展实施方案》。《方案》明确提出"深化100对城乡学校共同体建设"，依托这一机制，沈河区与法库有缘成为城乡区域共同体，联动共建。彼时，文艺二校首先与法库东二台子小学牵手，开启了跨区域成立发展共同体、协同共进之路；之后，又先后与康平东关九年一贯制学校、本溪草河掌镇中心校、营口站前区红旗小学"联姻",并逐渐将省内的朝阳、辽阳等市县学校纳入共同体建设,不断丰富名校集团化办学的内涵。至此,文艺二校的城乡学校发展共同体建设由初时的"自发联动"步入"行政干预"阶段,对共同体内乡镇学校的教育管理、教育教学、文化建设、教师专业发展等方面开展广泛的结对帮扶活动,不仅实现了资源互享与合作共建,更重要的是创新了制度建设,一定程度上加速了城乡学校共同体发展的制度化进程。

在实际运作中,为切实发挥城区义务教育优质资源的辐射、引领和示范作用,推进城乡教育在管理制度、发展思路、重大活动等方面的相互开放,文艺二校积极搭建城乡教育合作交流平台,构建了城乡一体的优质教育资源"双互双共"机制,即"管理互融,教学互通;资源共享,研训共进",走出了一条促进城乡教育高质量协调发展之路。

管理互融——

作为城区优质学校,文艺二校硬件设施齐全,文化资源丰富,革新意识浓厚,有着良好的校园文化氛围。相比之下,共同体内的几所乡镇学校的管理相对粗放、发展定位不明晰、规章制度建设不够系统。城乡学校共同体建设的出发点是教育均衡发展战略,试图通过文艺二校对手拉手学校的全方位拉动,实现以强扶弱、均衡发展的宗旨和目标。

学校内部运行的制度体系很关键,它协调着教育各要素的发展过程。因而,在城乡手拉手学校的帮扶过程中,首要任务就是帮助他们建立健全适合本校发展的各项规章制度,从而实现教育各要素之间的规范化、合理化的运作。基于以上的思考,田冬校长带领他的管理团队,深入被帮扶学校,全面了解学校办学的历史进程。通过SWOT分析,从尊重学校发展历史及办学特色的角度出发,梳理提炼办学思想体系,为学校的办学架梁立柱,进行顶层设计。清晰了发展脉络之后,校长们纷纷表示,"田冬校长的团队让我们明确了自身发展的优势与劣势、机会与挑战,我们是站在了巨人肩膀上谋发展"。

为了真正让共同体学校实现管理理念共享,文艺二校建立了共同体学校管理互融平台，并将多年形成的《制度汇编》以及自主研发的"教育质量评价系统"毫无保留地在平台上公示，为共同体内各成员校的制度建设提供范例。

同时，建立了"城乡学校互助共同体组织制度"。在该项制度的保障下，每一学年，共同体学校领导定期或不定期参加文艺二校年度工作计划制订、教学业务研究、日常教育管理、教师评聘、教育评价考核等学校重要工作的研究与讨论；与此同时，文艺二校的管理团队也要保证每学期至少一次的下校指导，在深入调查研究的基础上，向共同体内其他学校提交一份有关学校管理、教育教学指导、文化建设、学校发展等方面富有针对性的意见或建议书。

共同体内学校间的管理互融，让文艺二校在助推其他学校全面提升的过程中，也在检验和凝练着自己的学校教育哲学，取长补短并不断缔造新的生长元素。而这些乡镇学校在"拿来"的同时，更多的是充分挖掘乡土文化资源和优势，积极改造自我，步入深度、多元合作的共同体发展的理想境地。

管理理念的探讨和共享，让共同体内各学校教育管理者迅速地从传统的管理思维中走出来，调整心态，重新定位，在引领教师的同时，为教师成长提供服务。教师们说："我们很幸运，遇到了一位好校长，他融入了文艺二校的先进管理理念，给老师极大的自主空间，尊重老师，让我们在自己的教学空间自由发挥。"

教学互通——

在文艺二校的数字录播教室里，一年级的张月俏老师正在执教《我是骄傲的中国娃》，与此同时，在朝阳北二十家子小学的录播教室里，孩子们正在同步听着张老师的课。课堂上，两地的孩子们与老师积极互动，了解了祖国的伟大成就和英雄人物，朝阳的孩子们更是积极踊跃地通过网络平台介绍自己美丽的家乡，最后通过"小小脚丫在路上"的分享活动，一起感受祖国的大好河山，让孩子们萌发了作为一名中国娃的骄傲。

在共同体建设中，类似的"双师课堂"活动已经成为常态。文艺二校拥有一支名师、骨干云集的教师队伍。学校由总校长牵头，从语文、数学、英语、科学、综合等学科挑选业务能力强、乐于创新的教师成立了"云课堂实验小组"，集中精力开展基于网络环境的教育模式研究和教学改革实践，探索和总结信息化教学、自主探究学习、数字化探究实验、"一对一"数字化学习、小组合作项目学习等新型学习模式。借助信息化手段，利用中国移动 5G 网络和低时延的特点采用高清画面及音频同步传输，建立了覆盖共同体学校的远程教学平台，以同步课堂形式向农村学生输入优秀教师授课资源，同时将文艺二校构建的"责任学堂"课堂教学模式在共同体学校中推广，从而推动城乡学校同步教学，让乡村孩子享受更有质量的课堂教学。

"我最喜欢的是美术课和音乐课"。乡村学校的孩子们期盼着每周一节的音美课，能去录播教室上课，也是孩子们最喜欢的。"一坐在这间教室里，我就觉得很兴奋，可以听沈阳学校的老师讲课，每一次我都会积极举手发言，我觉得我们不比城里的孩子差"。小杨同学在班里各方面表现都很好，互动环节中，她更是不甘示弱。

北二十家子小学的赵老师介绍，"走进录播教室感受的就是教学设施的先进，通过听评课活动学习到了文艺二校教师先进的教育教学理念，和良好的课堂教学的素质，以及创新的教育教学方法，使我认识到了自己的差距，打算回去以后认真地研读教育理论，学习新的教育教学方法，使自己能够在这次活动之后有一个比较大的提高。"

未来，通过 5G 网络和电子屏幕，共同体内各学校将可随时共享名师授课、同在一个课堂，实现"远程互动式教学"，做到名师远程教学、师生同步互动，实现异地师生零障碍互动学习，从而实现真正意义的教育精准帮扶。

"教学互通"不仅仅局限于课堂教学，从教学计划制订开始，共同体内的各学校教学校长、教学主任、教研组长便在文艺二校负责教学工作的姜颖校长的组织下，共同拟订计划、落实措施。

共同体内各成员学校还坚持每学期开展一次联合教学质量检测活动，做到统一时间、统一命题、统一阅卷、统一评价、统一分析，促进共同体内教育教学质量整体提升。

资源共享——

习近平同志指出，要"通过教育信息化，逐步缩小区域、城乡数字差距，大力促进教育公平，让亿万孩子同在蓝天下共享优质教育、通过知识改变命运"。文艺二校作为教育部首批信息化试点学校、辽宁省数字化校园示范校，拥有着先进的信息技术平台，早早就实现了全校无盘化管理、NAS 云存储、VPN 网络远程办公以及交互式电子白板全校覆盖。

当前，教育从"硬件促均衡"向"软件促均衡"提升的进程中，急需优质资源突破"围墙"，与相对薄弱学校充分对接。所以，在共同体的联动中，文艺二校首先做到了教育资源的同步。

学校构建了资源共享信息平台。除了在沈阳市公共教育服务资源平台设有自己的学校空间，为师生提供公共服务以外，文艺二校还在学校局域网的"迷你云"上存储了大量与教育教学相关的资料和素材，共同体内任何一所学校的教师都可以凭借自己的账号随时登录访问，也可以在云上存贮自己认为有价值的资源。为了丰富资源建设，学校与校外公司合作研发了文艺二校云平台。平台不仅与国家、省、市、区电教馆资源库相链接，还设置了学校资源，目前拥有教师自制微课百余节，与课程相配套的电子教材、教学课件、教学设计、图片、音像资源等上千个。随着应用的深入，参与人数的增加，微课资源随时更新，质量越来越精，形式越来越活，也像滚雪球一样越滚越多。

目前，文艺二校的云端资源平台已升级至 6.0 版，向共同体学校全面开放各类教育资源。教学资源共享，打造网络资源库，共同体内各学校学科课程资源、校本教研成果、教科研成果、学校特色发展项目等有形成果全部上传。共同体学校里的教师很便捷地获得管理、教学、科研、活动等方面优质资源，提高共同体学校领导和教师的管理、教学、科研能力。"云"的高频使用，使优质资源在校内不再成为稀缺品。

研训共进——

构建"教研员＋基地＋学校"的教研共同体。文艺二校作为教师培养的"孵化基地"，通过跟岗实践、加盟名师（名班主任）工作室、定期支教、结对帮扶等形式，积极承担起共同体学校中层、教师的培养任务，有效解决共同体学校教师成长缓慢的难题。

共同举办、参与大型教学研讨会、专家讲座、名师示范等活动，开展"学科疑难问题"主题教研活动、以问题解决为导向的小课题研究活动、提升育人水平的德育研讨活动、提升教材解读能力的集体备课活动等，切实解决共同体学校自身教育教学研究能力薄弱的问题。文艺二校江山、耿天娇等名师，利用远程视频系统"零距离"进行课堂教学观摩、教学反思研讨等活动，将文艺二校构建的"责任学堂"课堂教学模式在共同体学校中推广。截至目前，共同体累计开展教学教研活动百余次，组织短期送教、定量讲学、骨干教师示范课送教下乡数十节次。

创建网络研修平台，为教师提供相互学习、共同切磋、携手提高的最佳场所。作为日常教研方式的补充，每个月学校都会在网络研修平台推出不同的研修主题，如"做互联网＋时代的智慧型教师""一对一数字化课堂学习模式大家谈""身边的信息化"等等，指导乡村教师立足学科核心素养、高站位研读课标、全方位解读教材、接地气分析学情、立体式设计教学、践行疑思导学等，多样化展示教学全过程，不断提高乡村教师教学教研水平。在这种充满现代感的、友好的、平等的网络研修氛围中，乡村教师的"教""研""学""思"四位一体的意识得到增强，乡村学校教研氛围更加浓厚，课堂教学改革与教学水平有效提升，学科建设进一步加强，也为教育教学质量的提升奠定了基础。

不忘初心，筑梦未来。教育事关人民的福祉，文艺二校将不断助力市区政府对城乡义务教育一体化的改革，为实现教育现代化、办公平而有质量的教育尽绵薄之力，让法库、康平、本溪等乡镇学校的孩子能在家门口就享受到名校的优质教育资源。

"国培计划"培养基地校共同体

作为辽宁省"校长国培计划"工作基地校，文艺二校每一学期都要承担"校长助力工程小学校长培训"任务，为来自全国各地的参培校长打造兼顾理念与实践、教学与管理、研讨与互动的培训体系。表6-1呈现的即是2019年的一次培训安排。

表6-1　2019年国培班学员影子培训日程安排

时间		培训内容		负责人	地点
9月9日	上午	8:30—9:30	"责"之文化	参观校园,了解学校"责"文化	田冬	总校部校园
		9:30—9:50		观看学校宣传片	田冬	三楼接待室
		9:50—11:00	"责"之办学	《品牌学校建设》	田冬	三楼接待室
		11:00—11:30		与客人座谈交流	田冬	三楼接待室
	下午	13:40—14:20	"责"之课堂	走进名师课堂	吴迪	一楼阶梯教室
		14:40—16:00		马金鸣名师工作室活动	李静	一楼阶梯教室
		16:00—16:30		与客人座谈交流	李静	三楼接待室
9月10日	上午	9:00—9:50	"责"之校部特色走进文艺一校部	参观校园,了解校部文化,相互交流	汪艳	文艺一校部
		10:00—10:40		走进名师课堂	邱华	文艺一校部
		10:50—11:30		走进名师课堂	邱华	文艺一校部
	下午	13:30—14:30	"责"之校部特色	学生艺体展示	汪艳	文艺一校部
		14:30—15:30	"责"之教师队伍建设	《打造责任之师 铸就集团品牌》	曲徽	文艺一校部
		15:30—16:00		与客人座谈交流	曲徽	文艺一校部
9月11日	上午	9:00—9:50	"责"之校部特色走进行知校部	参观校园,了解校部文化,相互交流	刘登明	行知校部
		10:00—10:40		走进名师课堂	赵红	行知校部
		10:50—11:30		走进名师课堂	赵红	行知校部
	下午	13:30—14:10	"责"之育人	田菲《三个微信群》	赵红	行知校部
		14:10—15:20		低年多元考试评价	赵红	行知校部
		15:20—16:00		与客人座谈交流	刘登明	行知校部
9月12日	上午	9:00—9:30	"责"之课程	文化支撑 素养本位——责任课程的建构与实践	姜颖	三楼接待室
		9:30—10:00		艺体自助餐	程菲	三楼接待室
		10:00—10:30		数字化课程	盖楠楠	三楼接待室

续表

时间			培训内容	负责人	地点
9月12日	上午	10:30—11:00	始业课程	姚丹丹	三楼接待室
		11:00—11:30	责任德育	彭志红	三楼接待室
	下午	13:30—14:00 "责"之管理	集团展演	尹哲	三楼接待室
		14:00—14:30	刘玉霞《超脑麦斯》	李静	三楼接待室
		14:30—15:00	张红梅《一根长绳，多彩童年》	李静	三楼接待室
		15:00—15:30 "责"之教师	唐冰茹《小夫子诵读》	李静	三楼接待室
		15:30—16:00	宋薇《腹有诗书气自华》	李静	三楼接待室
		16:00—16:30	与客人座谈交流	姜颖	三楼接待室

时至今日，那一次的培训还历历在目。

传承与发展——二校文化引关注

9月9日清晨，朝阳映照下的文艺二校恬静美好，来自西藏、辽宁、陕西、广西、河北、甘肃、贵州的10位校长准时到达文艺二校参加影子培训。文艺二校田冬校长带领文艺二校领导班子热情接待了参培的校长们。学校首先为校长们介绍了全民阅读—朗读亭，这里是孩子们自由朗读的天地。然后在正厅田校长为来宾介绍了区位图、成长树、责任目标图谱，向来宾娓娓讲述学校的发展历程、文化的传承和变革、目前的规模与体量、体现"责任"内涵的课程设置，让来宾们感受到了文艺二校厚重的文化。随后，校长们又跟随田冬校长考察了各个专业教室。田冬校长为来宾介绍了每个专业教室通过教师创意与自己动手形成的特色装饰，客人们倍感新奇。当来到创客空间时，客人们更是为学校先进的理念、设备和创意无限的学生作品而感叹。

增值与优质——品牌建设显高度

参观结束后，校长们来到三楼接待室，在观看了学校专题片《成长的足迹》后，田冬校长以《集团化办学让品牌增值，优质均衡发展让百姓受益——文艺二校品牌建设的实践探索》为题做了专题讲座。文艺二校紧紧抓住"责任、融合、创新"三大基因，通过责任引领品牌定位，共治保障品牌品质，创新驱动品牌发展，辐射促进品牌增值的一系列举措，最终实现了文艺二校品牌建设新的发展、新的跨越。讲座以鲜活的事例给参培校长们带来了思考和启发。学校品牌的增值离不开教师队伍的锻造，文艺二校教育集团党委书记曲徽为参培校长们做了题为《用党建力量锻造责任之师》的专题讲座，讲述了如何发挥党组织的力量，将一支经历多次融合，受到多元文化冲击，又饱受家长质疑的教师队伍打造成一支将责任自觉担在肩上，积极向上，精通业务的教师队伍的过程。文艺二校总校部执行校长姜颖向校长们介绍了学校通过科学的绩效考核激发教师做好本职工作，自觉主动发展的评价制度和做法，显示出文艺二校集团化办学的高度。

梳理与重构——责任课程赢赞叹

课程是一所学校的产品，文艺二校更把自己的课程体系看作根植于学校责任文化的土壤中不断成长壮大的生命之树，每门课程仿佛累累的果实，是献给孩子们最好的成长礼物。集团化办学后，学校将各校原有优质教育项目进行梳理和重构，并逐步完善项目的内涵和执行路径，形成了培育师生发展的双十项目。在本次影子培训中，学校的主任分别介绍了《始业课程》《科技课程》《责任德育》等，这些基于责任文化的课程建构滋养了学生，丰盈了责任教育的内涵。学校还安排了学科基础课程＋校本特色课程课堂教学展示。英语课、数学实践活动课、书法课、全脑母语—科学识字课的公开展示有如缩影展现出文艺二校不同模块的课程在促进学生全脑思维协调发展，提升学生心智方面所做出的努力，赢得了参培校长们的赞叹。

思考与行动——项目研究展智慧

在纵览学校集团化办学与课程构建的基础上，参培校长们又聆听了文艺二校教师个体主动研究形成的项目。4位优秀教师参与了个人项目交流，分别交流了"超脑麦斯""一根长绳，多彩童年""腹有诗书气自华"和"小夫子诵读"，五年七班进行了古诗词现场诵读与吟唱展示。项目负责人们与校长们还进行了简短的交流，校长们反响热烈，都觉得不虚此行。

共同与不同——各美其美现美好

集团化办学，既要打造集团的共同愿景，还要打造所有教师认同的学校文化，既要在条上管理中构建统一的制度，又要在块上针对各校部学生年级特点开展特色建设。在本次培训中，参培校长们分别走进总校部、文艺一校部和行知校部，感受各美其美的校部文化。

在总校部，校长们观校园、听讲座、进课堂、看展示，与一线教师交流研讨，还参与了沈河区马金鸣名师工作室活动。在文艺一校部，校长们听党建、观升旗、看学生艺体展示、赏楼层文化，走进书法、数学实践活动课堂；在行知校部，校长们看校园、走进特色课堂——科学识字课，听《低年学生多元评价》，丰富的培训内容展现出文艺二校集团化办学的美好实践。

经过紧张、充实的4天，培训得以圆满地完成了预定的目标任务，参训校长非常满意。在培训结束后，参培校长们表达了对文艺二校的感谢，认为文艺二校在集团化办学过程中展现了兼容并蓄的智慧和厚积薄发的力量，这背后的治学思想和实践措施值得思考和借鉴。作为多次承接骨干校长培训任务的文艺二校，此次培训也加深了文艺二校与各地区教育思想的交流和碰撞，对促进文艺二校教育教学发展同样重要。

"影子培训"是当前国际上比较先进的培训方式，其特点是师徒结对、身临其境、经验借鉴、合作伙伴、自主学习。研修期间，影子校长们与我校师生"如影随形"，围绕素质教育、依法治教、和谐校园、仪表行为、教学常规、校园环境、校园文化建设等研修内容，通过听专题报告、实地调研、座谈交流、听课评课、现场观摩了解学校的精细化管理，感受、领悟文艺二校的办学思想、理念、制度、特色。

全国范围的代培、交流，让近千名校长、教师受益的同时，也让文艺二校的责任品牌影响区域、走向全国。

表6-2　"十三五"期间培训人次统计

序号	部　门	来访人员	人数
1	边远贫困地区农村校长助力工程影子培训	全国各地农村骨干校长	200余人
2	"十三五"乡村校长影子培训	全国各地乡村校长	100余人
3	教育部——中国移动中小学校长影子培训	全国各地骨干校长	100余人

序号	部　门	来访人员	人数
4	北师大亚太国际教育培训中心	全国各地校长、教师	100 余人
5	北师大亚太国际教育培训中心专家型校长教师培训	全国各地校长、教师	100 余人
6	中央教科院实验区骨干校长、教师挂职培训	全国各地骨干校长、教师	50 余人
7	辽宁省警备区承办辽宁省贫困地区青年教师培训	辽宁省内青年教师	30 余人
8	营口站前区校长、教师培训	营口站前区校长 教师	50 余人

第三章　托管办学的社会化增值

选择学区房是今天每个家庭都不能回避的问题。新时代的"孟母三迁"每时每刻都在城市中上演。教育基础设施建设以及教育水平的提高已经成为人民群众，特别是大型居住区、城市发展新区、城乡接合部以及远郊区县居民日益关心和迫切需要解决的一个重要问题。不管是区域政府，还是开发者、运营者，都把发展教育作为地区腾飞的重要抓手，将引进名校当作经济突围、促进教育均衡和社会公平的战略选择。目前看，这一抓手只要引进"真名校"，效果立竿见影。沈阳市同样如此，基于教育均衡发展所创造的巨大需求，优秀教育资源的集团化办学覆盖区域，已经不再局限在一区一街，甚至一城一市，教育联盟、教育帮扶、互助学校、手拉手学校、委托管理等多种办学形式四处开花。

其中，委托管理办学以其"干脆直接、平滑移植"的特色，成为名校教育集团在核心名校区域之外的教育发展较慢地区开办分校，所比较中意的管理方式。名校直接将自身先进教育和管理理念"异地移植"，直接助力当地快速孵化更多办学水平较高的学校，提高当地的教育发展水平。成员校所属的教育行政主管部门委托核心名校对成员校进行教育教学管理，成员校的行政法权依然在当地的教育行政主管部门，委派的校长承担法人责任。委托管理办学解决了学校的行政归属问题，在一定程度上带动了被托管学校的发展。

动态平衡：委托管理科学化输出

委托管理办学，本身是一种双向选择，是地区政府（产业园区运营机构）与名校之间达成的互相认可。随着文艺二校教育集团的集团化办学日趋成熟，学校的办学质量和管理质量深入人心，在社会建立起了良好的品牌形象，品牌不断增值的健康发展态势为学校赢得新的办学机会。二校集团也有这个社会担当，通过合作办学、委托管理，在优质品牌输出中，实现新设学校的有序运营，并让这些学校在起步之际就能实现较高的起点，实现沈阳市的教育高位均衡发展。

委托办学与前文的"紧密型和松散型"集合，本质上都是对原有核心资源的裂变和辐射，如同企业营销搭建直接渠道和间接渠道一样，委托管理办学也要达成集团扩张的管理均衡、资源充裕、文化一致、步调统一，集团必须全盘规划，精心组合，量入为出进行资源的组合和匹配，从长远的角度维持和增强品牌资产，逐步实现短期和长期的发展目标。必须达到一种饱和式的积极状态，而不能步子大了、松松垮垮，盲目输出。因此，对每个可能的合作渠道进行评估至关重要，不仅要评估每一种合作可能对品牌资产、核心教育资源的直接影响，而且要评估与其他渠道选择的相互作用的间接影响。

集团既要做好委托办学之后的托管校品牌独特性分析（USP），然后以足够强大的宣传声音在当地传播开来，向政府、机构、家长表达文艺二校的核心主张，这样的主张一定是选择其他集团所做不到或无法提供的，强调人无我有的唯一性。托管校必须阐述的是二校的理想，并最终能够生成被家长认同的核心品牌联想。合作方必须投入各类型资源，并且对于集团充分信赖，帮助委托校来实现"核心品牌承诺"。比如文艺二校一定要办的是让"人民满意的学校"，一定要符合国家对优秀公办资源的导向要求。绝对不是建一所奢华的、高高在上的、为特定人群服务的"贵族学校"，学校绝不允许炫富文化、盈利崇拜、脱离社会等价值观生成，我们要办的是万类霜天竞自由的森林，不是雕梁画栋小桥流水的园林。集团也要做好独具特色的校园发展SWOT分析，明确委托办学后托管校的优势（strength），找到新学校全面发展中所存在暂时性劣势（weakness），看到区域发展、社会发展为学校创造的各种机会（opportunity），以及面临的潜在威胁（threats），对新校区内外部条件各方面内容进行综合和概括，从而完成"品牌增值发展环境"内外部分析结果，去追求"人无我有；人有我优；人优我廉"。

2016年11月，为落实沈阳市人民政府办公厅《关于深化改革加快推进教育现代化的实施意见》中关于"创新教育体制，支持优质中小学和幼儿园向新城、新市镇覆盖"的政策，切实满足沈北新区人民群众对优质教育日益增长的需求，沈河区人民政府与沈北新区人民政府签署了教育合作办学协议，沈北新区人民政府投入7200余万元，建成了一所36班型的现代化学校——沈河区文艺二校沈北分校，同时兴建了12班型的附属幼儿园，并于2018年9月正式开学。

古人云，不患寡而患不均。名校来了，名师来了，沈北新区孩子在家门口就能上"名校"，享受在全省乃至全国都被首肯的优质教育资源。但是作为一所新建校，不是挂上了名校的牌子就可以高枕无忧了。新建校的办学要赢得当地老百姓的马上认可，硬件建设要先进，教师配置要优秀，学校管理要与名校一体化。因而，在沈北分校办学伊始，文艺二校就致力于通过管理输出、理念共享、品牌共建、课程衔接等为沈北新区打造区域优质品牌。

成果初现：一树红花城外芳

文艺二校沈北分校坐落在风景秀丽的辉山地区，毗邻沈北新区人民政府，隶属于沈北新区教育局，是一所集小学、学前教育为一体的公办学校。

沈北分校采取的是政府购买服务形式的联合办学模式。沈北新区政府提供教育教学场地，并提供一切的必要的硬件设施设备和资金投入；文艺二校负责具体的教育教学管理，根据协议，由沈北新区政府支付沈河区相应的管理费用并提供专项资金用于沈北分校的教师培训、支教津贴、设备购置、改善办学条件等。沈北新区教育局为该校引进优质管理团队，三名校级领导均由文艺二校教育集团总校委派，由沈北新区教育局任命，托管校校长承担该校及校办园的法人责任；同时，面向省内招聘优秀教师，在教师体制内入编入岗。有了这些保障，新的管理团队和教师团队誓在沈北地区实现名校基因复制工程，优势共享、发展共赢。

学校从初期建设到落成开学，始终受到两区政府、教育行政部门的高度重视和周边地区百姓的热切关注。

文艺二校沈北分校总占地面积 21297 平方米，总建筑面积 15540 平方米，包括小学教学楼、幼儿园教学楼、食堂及附属设施等。小学阶段设置一至六年级，共 36 个教学班；学前阶段配套托小中大四种班型，共 12 个教学班；可容纳近 1620 名学生及 360 名幼儿。

为了使学生拥有健康而快乐的校园生活，教学楼内设置了图书馆、校园电视台、多功能报告厅以及 12 间专用教室，包括：翰墨雅轩、造梦工场、艺术天地、七彩空间、天籁之音、舞动霓裳、阳光乐园、小叮当工坊、科学实验室、云计算机教室等，为满足学生的全面发展提供了优越的硬件保障。校办幼儿园也根据幼儿身心特点，设计了"六室十一区"，精心打造了富有园本特色、凸显幼儿操作性的区域环境及厅廊文化。

小学现有一至三年级 24 个教学班，学生 879 人。教师 56 名，硕士学历 9 人，本科学历 47 人。2019 年 3 月，经上级党委批准，学校党支部正式成立，现有党员 6 名。

幼儿园于 2018 年底正式开园。建筑面积约 3500 平方米，现有托小中大 12 个幼儿班，保教人员 42 名，幼儿 314 人。于 2020 年 3 月顺利晋升为五星级幼儿园。

文艺二校沈北分校的办学从前期筹备到正式开学，已经赢得了良好的口碑，实现零投诉。沈北新区教育局督导办对辖区内中小学教育教学质量进行了满意度问卷调查，在家长问卷这一项，满意率达100%。

（一）传承责任文化引领学校前行

文艺二校的责任文化历经几代人多年的强化、完善、实践，更具鲜活性和感染性，将管理团队、教师团队、学生与家长紧密连接在一起。分校在建设初期立足集团品牌和项目，在专家指导下对学校进行了定位，制定了学校发展的顶层设计和实施策略。这一时期学校的工作重点是"做好自己"，擦亮学校责任教育品牌。

文艺二校对沈北分校进行委托管理的过程中，第一步就是提出完整的教育理念，由理念指导具体的管理与改革，保障管理的成效。分校传承了总校的"责任教育"，将"责任"校训内化于心，外践于行；倡导"责任重于泰山，质量胜于生命"的二校精神，并让这种精神文化像细胞成长分裂一般，慢慢地在分校区衍生而开。

分校基于集团化办学的实践探索，因地制宜地提出了富有自身特色的办学目标，即把沈北分校打造成"学生成长的乐园，教师成长的家园，全面发展的学园，和谐共处的校园"。以此为指引，把"以习惯养成为基础，培养有责任担当的文明人；以阅读积累为阶梯，培养有深厚底蕴的文化人；以特长开发为突破，培养有竞争能力的社会人；以多元教学为桥梁，培养能适应发展的国际人"作为育人目标。在这里，教师们"敬业、爱生、博学、勤研"，彰显"重师德有情操，勤研究思进取，重团结讲奉献，肯务实谋创新"的教师文化；在这里，孩子们"明礼、乐学、和谐、创新"，涵养出"重养成有担当，勤积累有底蕴，重特长求发展，会英语善交流"的学生文化。

分校明确了"责任传承、文化融合、创新驱动、资源共享、项目联动、服务创生"六大实施路径，全面推进了"文化引领、规范治理、责任课程、自主学堂、云端学校、综合实践、师生双十发展、名师工作室"等精品支柱项目，推动学校办学和教育教学改革全面发力、多点突破、纵深推进。

沈北分校把"责任、传承、创新"这三个要素作为办学成功和引领学校走向品牌升级的核心要素。"责任"是思想基因，是立校与育人的初心；"传承"是文化基因，是管理与建设的土壤；"创新"是行动基因，是破解难题与领先发展的动力。从做好自己到兼济区域，赋予"责任文化"以"教育使命"和"社会担当"的新内涵，朝着"高品质、现代化、内涵式发展，多元启迪，筑梦童年"的美好愿景努力前行。

对沈北分校的委托管理取得良好的开端，学校在被托管之初就呈现良好的发展态势，原因就在于管理者将他们的教育理念灌输在管理的过程中，为管理实践提供了方向和指导。

（二）集团联动实现教师专业成长

培养成长型教师是新建校的发展现实要求和必然趋势，加强教师队伍建设也是提高学校教育教学质量的关键。分校招聘的教师均为沈阳市统招的应届师范毕业生及青年教师，截至目前，全校教师平均年龄 26 岁，新入职的这些年轻教师充满了青春活力，对教育满怀激情，但欠缺一定的教育教学经验。针对师资队伍的实际情况，集团借力"青蓝工程"，安排总校各学科骨干教师一对一地进行传帮带。半年的跟岗锻炼，从最基本的三字一话教学基本功开始，到教学仪态、教学设计、教具准备、课堂管理、作业批改……密集而有序的培训让这群年轻人甫一上岗便进入状态，胜任本职。

集团总校打破区域、校际壁垒，通过建立学科核心备课小组、实行联动教研、开放课堂教学、联合开展教学比赛及"一师一优课、一课一名师"活动等途径进行多元扶持，将先进的教育教学方法输送给分校。分校与总校实行同步的教学管理模式，统一教学计划，教学进度、教学内容、作业量、辅导内容和阶段测试基本保持一致。逐步推进同步课堂、互联课堂、微课堂和数字翻转课堂建设。

同时，借助文艺二校远程点对点项目，建立起分校与总校间的联系，聚焦学校治理、课程建设等项目，着力提升学校执行制度与规范的水平与力量，探索有效整合国家、地方、校本课程的课程建设之路，同时借助"互联网+"的跨界思维向新领域借力发展，以此来实现学校优质资源的向外辐射，促进区域间互助共赢。

短短不到 3 年，在教师队伍建设方面，已初步形成一种双赢态势：一方面，集团总校通过优质教育资源的输出，进一步辐射了教育影响力，提升了教师教学能力，扩大了干部锻炼空间，为探索教育均衡发展的成功之道积累了经验；另一方面，托管的分校通过引进教育资源，在保障了基本办学条件的同时，提升了师资队伍的教学管理水平，储备了团队人才。

（三）学校个性发展造就品牌双赢

办一所传递责任的学校，一所负责任的品牌学校，让更多的百姓子女可以享受优质的教育，实现规模与质量的双赢，将是集团化办学不懈的追求。对沈北分校的托管，我们采取实事求是的态度，是什么状况，就采用什么方法。匹配才能有效，有效才能改变，改变才能提高，提高才能发展。我们不是简单地把自己的教学方法和教学模式移植到被托管学校，而是选择被托管学校能够接受的方法进行改变。

"新校承接了责任的办学理念和管理思想，但不是简单复制。两所学校将通过资源共享、教育教学教研同步联动，创出学校特色，形成品牌影响力。"文艺二校教育集团总校长田冬说。

2019年，分校协办了沈阳市综合实践活动课程专题会议暨新教师素养大赛，同时加入了文艺二集团云课堂项目研究共同体。学校的"综合实践课程研究成果"和"云课堂泛在式学习研究成果"获得省市专家的肯定，已作为市级培植项目，以期通过两项实验研究，破解当下课程改革的难题。2022年，将携此朝着国家级基础教育教学成果奖发起冲击。

2019年，分校成为了辽宁省教育学会、辽宁省外国语学会、沈阳市教育学会理事单位。在科研课题研究的引领下，聚焦"学校课程建设、学校信息化建设、学校新教师专业发展"三个主题，深入推进办学进程。本年度，学校共申请省级课题三项，市级课题十项，上报教师论文50篇，多人次论文及案例获奖，2篇在国家级刊物发表。

回首文艺二校沈北分校近3年来的办学之路，能以"亮剑精神"直面各种问题，以"责任担当"应对各种挑战。"建"的层面，"校园靓丽工程"有市区各级各部门领导的多方扶持和学校自身倾力投入，目前斥资1000万元的体育馆正在建设之中。"管"的层面，"新教师锻造工程"将50名教师带上了一条专业发展的快车道。在"绩"的层面，一人连获语文学科部级、省市级优秀课；两人分获市素养大赛综合学科特等奖和语文学科一等奖；信息技术种子教师获市微课大赛一等奖；综合实践学科组所编写的《环保课程实施纲要》获市级大奖并被汇编成册；多人获评区优课并进行观摩展示，这一切，有力回应了"教师年轻论与经验论"。新建校的种子在沈北土壤中开花结果。

> **沁园春·启航**
>
> 北地沈阳，辉山葱郁，蒲河绵长。
>
> 谋义教发展，多方聚焦；两区合力，名校引航。
>
> 先进管理，资源共享，誓将品牌化质量。
>
> 转须史，秉内涵创新，百花齐放。
>
> 校园书声琅琅，引无数师生慕名往。
>
> 望前路漫漫，蓄势待发；活力团队，勇于担当。
>
> 科研兴教，全面育人，新生样态现曙光。
>
> 看未来，承责任之志，扶摇直上。

在办学的过程中，沈北分校既采取"拿来主义"，也依据校情创新管理。领导班子确立了"抓常规、促教研、重质量"的工作重点，规范课堂教学常规，提高课堂教学效率；深化课堂教学改革，推动校本课程建设；强化教师教研意识，提升师生核心素养。通过科学管理，扎扎实实落实好教学各项工作，促进学生学业质量提高和全面发展。

二校人有着更高远的教育理想，也有着以更好的教育兼济天下的情怀。托管办学的品牌输出，沈北新区政府得到了优质的教育，文艺二校拓展了办学空间，实现了品牌的增值、办学的双赢。

"你若盛开，蝴蝶自来"，有赖于沈北办学的成功尝试，2018年、2020年，沈抚新区与沈河区先后签订了文艺二校托管两所沈抚分校合作办学框架协议；2020年4月，沈北新区与沈河区又续签了合作办学协议，文艺二校沈北分校继续辐射优质资源，明确分校将成立集团，沈北分校东校区开工建设。文艺二校跨区托管办学，将名校集团化办学的触角再次伸向新的区域。

第四章　品牌成果的演进与传播增值

　　如果把二校集团的品牌想象成一个人，那会是什么样？如果我们自信一点，他应该是个三十岁出头，喜欢运动，身体健康，真诚热情，专注工作，富有魅力的人，而且他责任心强，能力突出，领导和同事都对他充满信任，未来光明，那么他的下一步怎么走？你会给出怎样的建议？每个人有每个人的答案。我的建议呢？希望他永远保持对进步的渴望，永远保有对学习的热情，永远燃烧着实干担当的勇气，永远秉承谦逊端方的风度，对，就是不忘初心，不忘记为什么出发，他还是那个少年！二校品牌也一样，永远都是"现在进行时"，苟日新，日日新，又日新，永不自满，一直在增值！

　　要进一步擦亮二校集团这一基础教育界的改革创新品牌！

　　过去经历证明，全面深化改革是集团持续发展的不竭动力，改革创新是集团与生俱来的组织基因。是历史的选择，让文艺二校站在了沈河区乃至沈阳基础教育改革发展的最前沿，才有了集团成立和创新，才为二校人搭建了一个广阔的人生和事业平台，形成了生龙活虎、快马加鞭的生动局面。

但成绩属于过去，当前，我们正处在新的关键期，推动品牌进一步增值，社会效益进一步放大，是我们肩上又一副重担。破解发展进程中面临的现实难题需要深化改革，化解前进道路中潜在的风险挑战也需要深化改革。我们要清醒地看到阳光下的阴影，我们的斗志是否懈怠，我们的脚步是否放慢，我们的管理是否凝重，我们的机制是否完美？是否有一点点自满、一点点自傲成为我们进一步前进的阻碍？政府、社会、家长、学生的美好追求和愿望我们是否全部满足？我们之前的"分权共治，权责明确，条块相辅，雁阵模式"等改革财富怎样继往开来，在新时期继续领航方向？课程、课堂、技术、项目四方面的创新驱动引擎，需不需要做进一步保养升级，以匹配集团新时期品牌增值的能量需求？

习近平总书记提出"改革只有进行时，改革没有完成时；改革没有终点，改革永远只在路上"。对于集团而言更是如此，今天集团的品牌，既有财富承继，也有创新发展，但对于二校的荣誉史，仍旧只是万里长征迈出了第一步，仍需要不断地深化和提升。改革是我们教育的方式，是我们发展的方式，是我们的压舱石。我们还在路上，要以更大的勇气和智慧，冲破思想观念的束缚，突破利益固化的藩篱，坚定不移地把全面深化改革引向深入，紧紧围绕影响二校集团品牌增值和发展的瓶颈、难题，抓住重点，聚焦关键，敢于突破；针对薄弱环节和管理短板，不遮掩、不回避，确定目标，逐层分解，有计划、有步骤优化资源配置、提升运行质量效率，促进集团管理升级；全体干部和教职员工要以"立足沈阳，辐射辽宁，站位全国，眼观世界"的大格局去研究增量，做大体量，敢争大资源，敢做大文章，敢于大合体。要将改革创新与责任文化紧密融合，形成"人人能改革、事事求改革"氛围，牢固树立进取意识、机遇意识和责任意识，始终站在改革的最前沿、干在改革的第一线，让智者尽其谋，能者竭其力，仁者播其惠，信者效其忠，当好二校集团下一阶段改革品牌的组织者、实践者和推动者。

要进一步增值集团教育融合品牌，打造出"云端"上"没有围墙"的互联网化教育集团！

先见者明。互联网与数字技术日新月异的飞速发展，为教育事业带来了层出不穷的机遇与挑战。二校集团敢为人先，一是让数字创新融入课堂、融入课程、融入管理、融入资源，成为教与学的底层支撑。二是搭建数据服务中心，完善了协同办公系统和集中管控系统，实现了财务平台与管理系统的全面集成、全面共享，形成集团信息化智能驾驶舱，为教育融合转型打好了坚实的管理基础。疫情为在线教育的兴盛铺平了道路，即使再固守传统的人也不得不直面在线教育新浪潮的冲击，我们虽然在打造开放式、智能型的学校新形态方面走在了前面，但依然有着强烈的危机感：上不了这趟时代的互联网教育巨轮，再优秀的校园品牌，也可能被甩下，甚至逐步被边缘化，集团必须推进转型，将由融合项目性思维向教育系统性思维转变，应时而变，推动管理模式转型、教育模式转型、团队能力转型，用我们的探索，带给基础教育更多的智慧与启迪。

集团要进一步放大集约、统筹的机制效应。建立能力更强的核心技术合作团队、教育内容创作团队、新媒体传播推广团队。建设技术先进的数字内容制作中心，包括数据加工中心以及视频直播室、录音室、动画剪辑工作室，满足生产当下流行的有声教材、视频讲解、直播等内容，开发、完善集团自有的核心教育知识平台，并积累一批可复用、可推广、具有独立知识产权的技术成果。

进一步放大名师 IP、课程 IP、项目 IP 的品牌效能，储备一批应对未来的教育转型发展核心内容资产。优质的教学内容是学校的根和魂，教育融合的本质之一就是在教学内容上做加法、做乘法，借助大数据来让内容的传播和增值更加精准。我们具有塑造名师的能力，更要有"经营"好名师的能力。我们的畅想也可更大胆一些，如建立签约制的名师工作室，与外部出版社、版权公司合作，发挥内容资源价值，跨界动漫视频、剧场演艺等需要深度经验和重投入的领域，开发好图书、有声书、新文具等文创产品，以 IP 开发为核心，打造融创意、制作、发行为一体的教育内容版权开发全链条，从而吸引、激发更多教师、专家委员的积极性和创造力，创作更为丰富、更加优秀的教学内容作品，形成相辅相成的教育融合进阶能力。

有了内容上的大 IP，大数据的积累才能快速形成规模；有了对数据的挖掘应用，大 IP 的推广和释放才能精准高效。我们要进一步雕琢、优化以内容服务为主的集团自媒体矩阵，升级内容传播能力、品牌塑造能力，来带动互联网教育品牌影响力的高速成长。甚至向集团数字作品的分发推广功能升级，建立庞大的渠道资源。

教育融合推进成功与否，自有人才是核心，这个人才必须是自己的队伍，是"公立教育子弟兵"。数字转型升级，绝不是某些技术人员的事情，一定是二校一贯以来倡导的全员参与、全员掌握、全员推动、全员落实。只有做到人人懂转型、人人想转型、人人会转型、人人融入转型，才能在集团内形成教育融合的生态和体系，作品和项目的创新才有土壤。

未来，二校集团将牢牢把握前沿新技术发展趋势，实行跟跑战术，围绕知识服务、大数据、人工智能等方向，力争通过核心平台带动，重点项目承载，聚集和培养复合型融合教育人才队伍，推进一批科研项目再有新突破，形成集团的教育内容资产，推动教学链全面向智能化、数字化、信息化转型，最终，将集团打造成"互联网化教育集团品牌"。

把地方性办学品牌转化为教育界的科研品牌，把小学办成一所具有广阔辐射力、影响力的"大学"！

集团既要做好空间上、人员上的大整合，更要做好教育改革、教育科研、教育管理、教学突破的大文章，依托特色性、先锋性项目，深挖平台内涵，把未来的二校集团打造成教育文创园区、教育品牌基地。

我们要深入思考"招牌"的意义，学校先后被命名为辽宁省课改基地校、辽宁省首批体卫艺综合基地校、辽宁省特色校、三个学科的国家级教师培训基地校、全国名校长名教师挂职研修基地、全国中小学外语教研工作示范学校、教育部首批信息技术试点校、中国教育学会中小学整改委实验基地、全国双语实验基地、省科研兴校百强校，招牌是荣誉，也是压力，要出成果、传经验，倒逼我们"重反思善提炼"，撰写出版学术专著，来深化品牌内涵，反哺招牌的含金量。近年，学校先后出版了《校本课程的实践》《责任教育》《集团化办学的实践与思考》3 本专著，其中《责任教育》入选省特色校丛书，《集团化办学的实践与思考》被评为辽宁省"十二五"科研成果出版类一等奖。但这远远不够，要进一步激励内部孵化，进一步拓展外部资源，既有团队创作，也有个人学术，推动集团的学术内容成系列、成规模。

以底层逻辑严密、成果说服力强的学术专著作为品牌工具、理念承载，我们才能更好地释放"传、帮、带"效益，才能借助好省、市、区"三级校长工作室"和远程点对点项目，发挥"城乡共同体""沈阳兄弟区共同体""省内学校研讨共同体"作用，让更多的兄弟学校、成员学校与文艺二校形成共建联盟，互助共赢。作为全国校长影子培训基地、农村骨干校长培训基地、中央教科院骨干校长及骨干教师挂职培训基地，近年来来自全国各地的千余名校长、老师走进学校，让责任教育走向全国。

才能更好地"走出去请进来"，利用各级部门搭建的交流平台分享自己的思考与实践。在中国教育学会第二十八届年会上，以《集团化办学背景下教师队伍的专业发展》为题进行了论坛发言；在北师大首届卓越校长论坛上，以《从管理走向治理》为题介绍了现代学校治理体系探索的知与行；在海峡两岸暨北师大第二届卓越校长论坛上，以《不忘核心 方显从容》为题分享了学校文化建设实践；在教育部第一期全国小学党组织书记高级研修班进行党建项目化管理经验交流；在全国"小学教育治理能力现代化研讨会"做专题发言《破立之间寻适合》，介绍学校制度建设创新的具体做法；在中国教育协会中小学整体改革专业委员会十六届年会上，以《志存高远再出发》为题，分享集团化办学实践。

学校受邀出访，与北京、天津、广州、西安、哈尔滨、重庆、济南等地教育同人进行学校管理、课程建设、队伍建设及集团化办学等内容的分享；接待来访，全国各地同行到校参观、交流，据不完全统计，仅 2018 年一年就接访近千人。千余次的交流，在"责任教育"品牌的传播和集团化办学经验的介绍中，取他山之石，谋发展之道，我们也在收获、积淀、提升。

才能更好地"做得到，说得出"，吸引主流媒体来为我们推动品牌传播。《民心》杂志以《拉平落差——期盼于教育资源的共享》为题，解消了集团化办学初期老百姓的种种疑虑；辽宁省政府网站及内刊发布《沈阳文艺二校为教育均衡化提供样本》，介绍文艺二校集团化办学经验；阶段研究成果《规模与质量双赢：集团化学校的平稳重组与品牌增值》在《中小学管理》发表；《基础教育参考》《中国教师报》先后介绍了学校研发的校本课程"全脑母语课程"的架构与实施；《教育文摘周报》报道了文艺二小学集团化建设特色实践探索。

讲好一堂课，干好一件事，写好一本书。教育人的追求，就是这么朴实无华。

要以"品牌杯"竞赛等创新举措释放鲶鱼效应，推动集团内品牌竞优，增强全集团聚焦品牌建设、打造优秀品牌的引导力和向心力，以"子品牌"充实集团大品牌，推动各美其美，百花齐放！

我们加大力度，激励分校、教研组等突击队、先锋连组织，进一步增进对品牌建设的深刻认识，进一步引导和启发特色子品牌发展的正确方向，进一步激发全员为品牌建设贡献智慧和力量的主人翁意识和行动自觉，为激发品牌内生活力、推动品牌创利创效提供思路、方法、路径，突出教学质量与办学特色双提升，为集团品牌打造更多亮点，形成文化更强、质量更优的多元品牌形态。

我们要深入分析社会热点和教育需求，提出适合打造成为品牌的、具有建设性和实操性的优秀项目发展方向。探索发挥自身优势，激活资源潜力，打造自有品牌的方法途径。梳理集团"子品牌"从无到有、从小到大、从弱到强的奋斗成长故事；反映"小组织"在品牌建设中的思想转变过程，经营品牌的认识提升过程，通过品牌建设实践获得的宝贵经验和思想感悟等，进一步激发全体教职员工改革创新、干事创业的激情，助力集团以崭新的姿态为"十四五"开好局，起好步！

"学如弓弩，才如箭镞；识以领之，方能中鹄。"

培养什么人，是教育的首要问题，更是我们必须明白的立身之本，就是把培养社会主义建设者和接班人作为根本任务，培养一代又一代拥护中国共产党领导和我国社会主义制度、立志为中国特色社会主义奋斗的有用人才。这是二校永远的追求方向和最大目标！从校园里走出的如星河般为党和国家所用、为人民所信任的人才，才是我们最大的品牌！

　　我们要千方百计做好思想教育和意识形态教育，带出忠诚担当的教师队伍，为学生系好人生"第一粒扣子"。习近平总书记说："一种价值观要真正发挥作用，必须融入社会生活，让人们在实践中感知它、领悟它。要注意把我们所提倡的与人们日常生活紧密联系起来，在落细、落小、落实上下功夫。"二校要进一步完善体系，"讲有根据，学有课程"，"主题教育系列化，系列活动实践化"，把思政教育鲜活地融进教材、融进课堂、融进社团活动，将新时代精神与传统艺术完美结合在一起，让中华民族优秀的传统文化根植于学生心中，将文化自信根植于学生心中。让二校学生，变成小宣讲员，把所学所悟讲给父母听，讲给伙伴听，化作行动，点点滴滴，久而久之，立心立德、铸魂塑人，打牢学生成长成才的思想基础。

　　名城有名校，名校助名城，在当前教育资源高度趋同、教育供求开始逆转的情况下，打造名校，建设品牌，并依据区域特点形成适合、规范、科学、可复制的落地路径和范本，对于推动区域教育改革，提升当地教育质量和人文素养，甚至打造城市品牌，至关重要。桃李无言，下自成蹊，办沈阳乃至辽宁、全国最好的集团小学品牌，让更多的百姓子女可以享受优质的教育，成为人民追求美好生活的教育文化支撑，实现规模与质量的双赢，就是我们追求的、甘甜的、高远的教育理想。

　　心中有了信仰，脚下更有力量。

第七编　面向未来——
寻找集团高位发展的增长点

在"十四五"开局的关口，我们的集团化改革迈向第三个五年，基于对本学校未来五年规划的思考，基于优质学校再出发的理性自觉，我们对面向未来——寻找集团高位发展的增长点做了新的思考。在这个时间节点上讨论这个话题，应明确以下基本前提。第一，义务教育已经做回了普惠、公平、均衡等应有的样子，一切倾向于优质（热点）学校的隐性政策和"潜规则"都被荡除。第二，为了扩大普惠地图，我们进入了集团化时代，十年来历经集团重组和品牌增值战略，实现了越大越强的基本目标，但重组所激发出的发展势能也趋于衰减，培育新的增长点迫在眉睫。第三，关注高位发展，不应在普遍原则的框架内泛泛强调"进一步加强"，而是追求教育现代化为特征的新时代背景下的学校创新。第四，高位发展的增长点是客观存在但非自然显现的，需要发现、培育，要经历一个从隐性到显性、从弱小到强大的过程。

一、制度创新：由工具导向到目标导向

在单体学校阶段，制度成熟且隐性，得益于优良传统和政策护卫，工作运转顺风顺水。集团化以后，势必经历一个制度的强化期，我们透过边界清晰的制度铺陈规则、解决问题、放大优势、化解矛盾。但由于集团化初期，我们对在千头万绪中生成哪些问题也不能足够预见，使得制度常常随用随建，难免针对性强普遍性弱、刚性强柔性弱。所以，"十四五"制度创新的基本目标是从快刀斩乱麻的工具导向迈向支撑可持续发展的目标导向，使集团通经络、明耳目、强免疫。

共治之治在于预前发力。我们所说的共治分两个层次，一是集团的内部循环，二是学校与社会力量内外交互。集团学校要行稳致远，必须做到"预则立"。对内来说，就是提高规划水平，避免大船频转向。对外来说，需要我们真正消除内心的围墙，面对家长共治委员会、顾问委员会、仲裁委员会等共治机构，改变传统的就事论事模式，让共治力量预前介入，从五年规划到学期计划，从硬件改造到学术建设，把共治力量的智慧嵌入学校高位发展的重要节点，让理想并轨、办法合一。

团队之治在于换位领航。现在集团校日常管理团队是典型的雁阵编队，基本达成了四方面效能：一是"条块相辅，扁平布阵"管理架构实现系统贯通、快速响应；二是总校长对横纵两个雁阵双轨领航，实现全面统筹；三是各校区（部）配备完整管理团队实现校部担责；四是各执行校长不仅是校部"块"上工作的负责人，还从"条"（六大业务中心）上分管集团工作，分中有合。但实践也显示，条块相加、分中有合的设计预期虽好，具体执行上却有收缩之势：重"块"轻"条"，重本位轻换位。这种收缩容易使集团功能退化，埋下各自为政的隐患。所以，我们把高位增长的因子寄希望于以管理者眼放开、手伸长、腿加快，心怀全局准确换位，在换位领航中边理解边构建，造就集团工作的横看成岭侧成峰。

学术之治在于化虚为实。与定大事、保运转的制度相比，学术制度天性偏软，容易落入要么虚化、要么僵化的境地。高位发展的核心特征不再是追逐硬件的高大上，而是教育思想和学术行为的现代化，学术制度必须化虚为实。一是以学术之手规划学

校未来，改变先实践探索后理论包装的模式，以定向有效的课题研究为轴心来结构"十四五"规划。二是以学术之手解决棘手问题，将诸如职称评定、教师评价等工作的核心环节交给学术委员会去做。三是督导学术研究质量，杜绝虚假繁荣，将证书有用、功能无用的所谓课题剔除掉。

二、课程供给：由统一配给到自主选择

集团化学校的出现可以理解为教育领域的供给侧改革。政府主导的教育集团化除了把优质学校推送给更多的受众，还有拉动城市改造等多方面动机，显得比较粗放。当政府搭建供给渠道的"三板斧"之后，留给集团校来做内涵的广大空间。能不能满足更大面积更多样化的需求，关键是我们把课程为中心的教育供给侧做优做实。

一是文武双全的课程产品系。学校的"双三阶责任课程体系"是经二十年课改实践不断完善的课程产品，是在动态开发中自我循环、更新的课程。集团化重整继承了各校区课程之后，课程本身的问题也被放大：培养听说读写、艺术表达等偏"文"的课程更强，培养科学素养、思维品质等偏"理"的课程较弱。这大概是与社会环境、课程资源、效果导向等多方面原因有关的共性问题。高位发展的课程供给既要面向需求，更要以教育的专业品质引导需求。"十四五"课程建设在保持原有优势的基础上将重点指向逻辑思维与创新能力训练、技术思维与操作能力训练、身体素质与抗病防病训练等等。这种"文武双全"的课程目标将带动集团的课程资源储备、开发、供给的全面升级。

二是因地制宜的课程生产链。我校的集团化并非是单一的从中心向四周辐射的布局，而是从西（母体校块区）向东（东校块区）跨越的布局。透过这种物理距离的表面，我们能看到老城区和新城区文化品质、城市样态、产业布局、居民结构等方方面面的区别，再加上教师、设备等校内资源的不同，使得我们东、西两个片区在课程开发方面会产生不同的优势。如果说前一个阶段我们更强调统一的话，那么"十四五"则会追求因地制宜、培育特色、集团共享。在不同校区，按立德修身、思维训练、生活技能、创客天地、艺术空间等主题形成特色课程群，定期安排学生集团内游学。

三是上下结合的课程选择窗。课程越是丰富，课程选择的难度和成本越大。从学校方面来说，不善于淘汰劣质课程，特别是早期的校本课程，总觉得越丰富越好，舍不得淘汰。还有就是有限的课程时空很容易造成课程运转不畅，令人放不开手脚。从学生的角度看，个人的学习节奏与学校开放的选择窗口并不一定合拍。这里所说的上下结合包括以下含义：课上学习与课下学习的意义会越来越不分伯仲，但内容与方式还是上下有别，选择有道；在某些领域高年级与低年级学生可以同选同学，相互启发，各取所需；信息技术支持下的线上选择与线下选择相结合，从容不迫；可以选择要，可以选择不要，不让课程成为负担。

四是精准画像的课程评价法。学校正在推进的在新技术条件下的个性学习项目，就是力求实现课程精准开发、精准实施、精准评价的良性循环。所谓精准画像，就是利用人工智能、大数据等现代信息技术，形成"随科·随堂＋学生个性表现画像"的评价方法。这种评价对学生学习过程中的知识技能、学习能力、情感态度、学习行为等方面的个体表现进行实时性评价。量化指标，多科并行；分散评价，数据记录；智能化分析，图谱画像。与传统评价注重鉴别学生相比，这更像是课程供给售后的"满意度调查"，是透过学生画课程，为课程系统"三阶循环"中的优胜劣汰提供依据。

三、教师发展：由"消元"到"多元"

集团化的教师队伍注定是多元的：不同学校文化背景的"次团队"，分布在不同校区的"次团队"，不同体制（传统体制、区聘、派遣、校聘等）教师的"次团队"等等。刚刚进入集团化的一段时间内，我们或多或少地认为这种多元中阻碍集团发展的负面因素较多，主动地做一些"消元"工作。现在，当文化认同基本达成之后，多元正孕育着我们更多的增长点。集团化之初，为了平稳过渡，政府祭出了"照单全收、待遇不变"的人事安排政策，这是集团化最难"化"的一点。对不同批次并入教师，我们扎扎实实地做好团建工作，教师团队的教育理念、业务能力和集团凝聚力整体跃上新的高度，为我们下一步发展教师、用活师资的大棋创造了条件。

用活师资和激活课程相结合。长期以来，学校约定俗成地存在着某些离传统的考试拿分点比较远的"二线"岗位或过渡性岗位，但这些往往又是立德树人的基础学科岗位。习近平总书记指出教育要坚决克服"五唯"的顽瘴痼疾，上述现象或许就是"五唯"在义务教育阶段的具体表现。我们认为，实现高位发展，必须勇敢地走出带有"应试"色彩的教师岗位安排模式，全口径、全视野地分配、摆布师资，实现人对岗位和岗位对人的双向带动效应。一个既没有窗口岗位、更没有"二线"岗位的教育才是平衡、完整的教育。

用活师资和激发潜能相结合。传统的义务教育阶段教师的专业道路历来比较窄，尤其是形成特定业务走向后，俨然成了某个学科的"专家"。这并不符合义务教育的性质，更有悖于课程改革推进学科整合、进行综合性学习的方向。今后，我们的教师培训和评价应该开辟一个新的方向：教师向全科化发展。这一设计并非要求教师学科"通吃"，而是逐渐形成网状的知能结构，消弭课程开发、课程整合的断点，滋养学生综合学习的土壤。随着定向培训、自我修炼和教师新老交替的进程，教师全科化将是我们团队的重要优势。

用活师资和盘活岗位相结合。教育服务的完善势必带动教师工作模式的多样化，像我们这样大体量的集团校，有条件按需求分化出新型岗位。以下岗位已经或正在出现：特殊学生辅导教师，对学习困难（特别是数学和英语）的学生提供专门辅导；心理辅导教师，对学生的心理问题进行专业辅导；校区巡回教师，不同校区巡回，承担特定课程指导；线上学习指导教师，帮助学生选择课程，汇总学习需求，维护云课资源；社区教育辅导员，专门协调社区教育工作，开发社区教育资源。

四、教育协同：从个别划重点到全面建网络

义务教育阶段的传统名校往往和特定社区相伴而生，比如高校或科研院所附近、特权机关家属区等。进入新世纪以来，随着教育公平理想的逐步落实，优质学校以各种方式来到寻常百姓的家门口。我们深知名校扩张规模易，做实优质难，独木实难行，协同方致远。

反哺社区，培育协同发展的基础。所谓教育的不公平，表面上看是学校之间办学

水平的差距，更深层次的问题是薄弱学校与弱势社区形成了长期的滞后带。现在，城市和集团化学校新布局调整撬动了原有的配伍，也把新的使命交给学校。我们发现，表面上看可利用的社区教育资源变得稀薄，但铺开的亮点和特色更多了；表面上看是社区对学校的配合有些迟缓，但社会期望值更大。如果说，在集团化初期我们的重点是眼睛向内，"十四五"期间我们必须更多地在学校之外培植高位发展的增长点。学校首先要承担反哺社区的历史责任，与社会一起建设均衡发展的社区来支撑均衡的教育。一是设置专门岗位，主动参与社区教育；二是加大学校开放力度，设立高质量的家长课堂；三是推动亲子同步学习，营造陪伴式成长环境；四是牵线社区联动，由优质老社区向新社区输送经验。

融入社区，疏通协同发展的管道。前文在制度建设和课程供给部分都提到了社区的重要性，对这种重要性的认同也是文艺二校人的基本共识。学校将真诚地做好以下工作：问政于社区，共管则共治，共治则共进，让社会力量感到现代学校制度的张力所在；问需于社区，习近平总书记说要扎根中国大地办教育，我们最朴素的理解就是基于国情民风办教育，用我们专业的力量满足家长的需求；问学于社区，课堂走向社区，家长走上讲台，用好最近的学习实践之窗；问标于社区，让社会力量参与学校评价，我们不用等待诸如第三方评价等特定环节，学校的反馈窗口随时打开。

越是在高位谋发展，越应该注重基础工作；越是追求实践创新，越应该谨记教育的初心与使命。为"十四五"开好局，定好向，文艺二校教育集团将再次扬帆，从容迈向第三个五年。

后　记

　　我在文艺二校工作近十五年，参与学校各类图书的编著不止一次，但我感觉这本书的创作过程，是最独特的。首先是这本书的阶段性意义，它对 2009 年学校启动集团化以来，学校在各个层面所做出的探索做了一次全面的梳理；其次是为完成这本书我们在校内做了最广泛的动员，几乎集团每一位优秀教师都挤出时间，就这本书的课题进行了深入的思考，并以自己的工作视角认认真真给予总结反馈，他们的智慧和投入又一次震撼到我，我为他们骄傲；最重要的是这本书一直受我们开放的心态所驱动，从而赢得了最强有力的外部智力支持。

　　这本书在创作和编辑过程中，有上级主管部门领导的具体指导和帮助；有我的恩师们对于一些论述上的雕琢和补漏，他们的言传身教一直是我们前进的原动力所在；有学校专家委员会针对每一篇章每一个案例反复给出修订建议，他们为我们打开了触类旁通的门户，赋予这本书更广阔的天地；有与我们一样在基础教育领域开拓的同行，这使我们受益匪浅、茅塞顿开，让这本书向着正确的方向精进。在编写委员会 32 位成员之外，还有更多帮助我们的人，我将他们的情谊镂刻于心，并向他们致以最诚挚的谢意。

　　这是一次"长途"般的课题写作，当旅程即将抵达终点的时候，我却没有感到一丝的如释重负，反倒多了些惶恐之感。因为每次重读书稿，我都有一种不完美感，还是缺乏一些学术高度的见地，在教育科学这座大厦的知识穹顶下，我们的苦心勾勒真是"不足道"。甚至是与我们翻过一座座大山的集团化进程相比，与文艺二校品牌在社会上的真正影响力相比，还是太过"单薄"一些，太多"直白"一些，太过就事论事一些。但是这本书依然可以传递我们不渝的初心，依然记录着二校近年来一个个清晰的前进路标，从中依然看到了我们每一位教师的成长、成熟，依然呈现着责任文化的延展和扩围。因此，我希望这本书能够被更多的校长所看到，来与我们深入沟通，印证得失，来共同构筑基础教育更美好、更均衡的未来，联手打造适应新时代要求的新名校。我希望这本书能够被更多的小学教师看到，让他们吸收更多正能量，更好地融入环境，找到平台，开拓立体的"赠人玫瑰，手有余香"的职业生涯。我希望这本书能够被有能力为基础教育事业做出贡献的人看到，希望被更多家长看到，让他们了解，今天的教育工作者，依然在鞠躬尽瘁，理想之火不灭。新西兰登山家希拉里在登上珠穆朗玛峰后，经常被记者问一个问题：你为什么要爬？他总不回答，于是记者总问，终于有一次，他答出了一个让所有人都无法再问的答案：因为它（指珠峰），就在那里！我们的前行与攀登亦然：因为校园，就在那里。

还要把这本书献给所有文艺二校的家长与学生，让你们以二校为荣，也是我们不懈跋涉的重要目的。

田冬

沈河区文艺二校教育集团总校长